高等学校应用技术型经济管理系列教材（会计系列）

高等学校应用型经济管理规划教材

十三五

总主编／李　雪　主审／徐国君

U0753955

物流企业会计

Logistics Enterprises Accounting

李艳花◎主　编

马俊云　张　玲◎副主编

立信会计出版社
LIXIN ACCOUNTING PUBLISHING HOUSE

图书在版编目(CIP)数据

物流企业会计 / 李艳花主编. —上海：立信会计
出版社，2019.7
高等学校应用技术型经济管理系列教材. 会计系列
ISBN 978-7-5429-6204-1

Ⅰ.①物… Ⅱ.①李… Ⅲ.①物流企业—会计—高等
学校—教材 Ⅳ.①F253.7

中国版本图书馆 CIP 数据核字(2019)第 140169 号

策划编辑　　　方士华
责任编辑　　　方士华
封面设计　　　南房间

物流企业会计

出版发行	立信会计出版社			
地　　址	上海市中山西路 2230 号		邮政编码	200235
电　　话	(021)64411389		传　　真	(021)64411325
网　　址	www.lixinaph.com		电子邮箱	lixinaph2019@126.com
网上书店	http://lixin.jd.com			http://lxkjcbs.tmall.com
经　　销	各地新华书店			

印　　刷	上海肖华印务有限公司
开　　本	787 毫米×1092 毫米　　　　1/16
印　　张	13.25
字　　数	319 千字
版　　次	2019 年 7 月第 1 版
印　　次	2019 年 7 月第 1 次
印　　数	1—2100
书　　号	ISBN 978-7-5429-6204-1/F
定　　价	35.00 元

如有印订差错，请与本社联系调换

总　序

　　教材是高校实现人才培养目标的重要载体,教材及教材建设对高校发展具有举足轻重的作用。与培养模式相对应的教材是培养合格人才的基本保证,是实现培养目标的重要工具。由于历史的原因,在财经类教材的出版方面,相关出版社出版研究型本科或者高职高专、中等职业等层次的教材较多,也较成熟,而在应用技术型本科教材出版上比较欠缺,虽然近年来也出版了一些这方面的教材,但总体而言,还是缺乏权威性、普适性、实用性和创新性。造成这种状况的原因主要在于:出版社对财经类应用技术型大学本科教材的出版还不够重视,没有进行有效的组织;财经类应用技术型本科院校多为新建院校,教材建设相对滞后,主观上也较愿意使用研究型大学本科教材;在教材使用中存在比较严重的混用现象,教材的目标读者群不明确,如不少教材既适用于研究型大学本科又适用于应用技术型大学本科,或者既适用于大学本科又适用于高职高专。

　　由于目前应用技术型教材种类和数量匮乏或质量欠佳,应用技术型本科不得不沿用传统研究型教材,比如,东北财经大学会计系列教材(包括《基础会计》《中级财务会计》《管理会计》《高级财务会计》《审计》等),中国人民大学会计系列教材(如《成本会计》),教育部统编教材(如《财务管理》)等国家级规划教材。这些教材本身的质量很好、级别很高,但是并不适用于应用技术型本科的教学,教师和学生普遍反映不好用。即使从全国范围看,也还没有相对成套、成熟的适合应用技术型高校使用的教材,不适应教育教学要求。存在的主要问题包括:①教材的定位和要求较高;②教材的内容多、难度大;③教材着重于理论解释,相关案例、实训等内容较少,缺乏普适性、实用性。所以,需要编写适应学生水平、便于学生接受的应用技术型教材。

　　我们组织具有多年应用技术型人才培养经验的优秀教师和实务界专家编写了本套系列教材。本套系列教材由《会计基本技能》《基础会计》《中级财务会计》《成本会计》《管理会计》《财务管理》《会计信息系统》《审计学原理》《审计实务》《税法》《经济法》《金融学》等构成。为了保证教材的质量,我们聘请了著名高校的专家、教授对本套系列教材编写进行专门指导和审核。每本教材至少有一名本学科的知名专家或学科带头人提出审核指导意见,有一名高等院校教学一线的高级职称教师参与组织编写,有一名行业协会、实务界专家和教学研究机构人员提出编写建议。

　　本套系列教材的特色如下。

　　1. 应用性

　　应用技术型本科教材应坚持培养应用技术型本科人才的定位,充分吸收和借鉴传统的普通本科教材与高职高专类教材建设的优点和经验,以就业为导向,做到理论上优于高职高专类教材、动手能力的培养上优于传统的本科院校教材。

本套系列教材体现了应用技术型本科的定位，体现了素质教育和"以学生发展为本"的教育理念，遵循了高等教育教学基本规律，重视知识、能力和素质的协调发展，根据应用技术型人才培养模式对学生的创新精神、实践能力和适应能力的要求，在内容选材、教学方法、学习方法、实验和实训配套等方面突出了应用性特征。

2. 针对性

本套系列教材的编写符合会计学、财务管理和审计学专业的培养目标、培养需求、业务规格(知识结构和能力结构)和教学大纲的基本要求，与各专业的课程结构和课程设置相对应，与课程平台和课程模块相对应。本套系列教材在结构的布局、内容重点的选取、示例习题的设计等方面符合教改目标和教学大纲的要求，把教师的备课、试讲、授课、辅导答疑等教学环节有机地结合起来。

3. 先进性

本套系列教材反映了应用技术型会计人才教育教学改革的内容，能够反映学科领域的新发展。本套系列教材的整体规划、每一种教材构造等均体现了实用性和创新性。本套系列教材还强调了系列配套，包括了教材、学习指导书、教学课件等。

4. 基础性

本套系列教材打破传统教材自身知识框架的封闭性，尝试多方面知识的融会贯通，注重知识层次的递进，体现每一门科目的基本内容，同时，在具体内容上突出实际的运用知识的能力，使本套系列教材做到"教师易教，学生乐学，技能实用"。

5. 易于自学性

自学能力的培养是高等教育应该教授给学生的一项基本能力。只有具备了自主学习的能力，才能最终建立起终身学习的保障体系，这也是应用技术型本科人才培养的客观要求。应用技术型高校的生源素质与其他高校相比存在较大差距，除一部分高考发挥失误的学生外，有相当一部分学生在学习习惯、基础知识等方面存在一定的欠缺，这就要求本套系列教材要能调动这部分学生的学习积极性，在理论方面尽量通俗易懂，在实践方面尽量采用案例式教学。为了有利于学生课后自主学习，本套系列教材配套了学习指导书和教学课件。

因此，本套系列教材的定位把握准确，教材的特色明显，适用于应用技术型高等学校教学，容易得到学生和市场的认可，便于学生的自学和教师的教学。

高等学校应用技术型经济管理系列教材(会计系列)凝聚了众多领导、教授和专家多年来的经验和心血。当然，由于我们的经验和人力有限，教材中难免存在不足，我们期待着各位同行、专家和读者的批评指正。我们将随着经济发展和会计环境的变迁不断地修订教材，以便及时反映学科的最新发展和人才培养的最新变化。

李 雪

2019 年 7 月

前　言

　　随着我国经济的发展和人民生活水平的不断提高,我国第三产业蓬勃发展。物流企业是我国第三产业中重点发展的行业,它在推动经济社会发展、扩大就业、促进国际文化交流、满足人民群众日益提高的生活需要等方面都发挥了巨大的作用,其会计信息的质量不容忽视。本书对物流企业的业务类型、核算特点作了介绍,对物流企业资产类业务核算、成本与费用核算、收入与利润核算进行了详细的阐述。

　　本书作为高等学校应用技术型经济管理系列教材之一,以《企业会计准则》为依据,紧密结合物流企业生产经营的特点,全面、系统地阐述了物流企业会计的基本理论和会计实务的具体处理方法。在本书编写过程中,每章都加入了"案例导入""推荐阅读""相关思考""本章小结"等内容,力求体例完整,内容丰富。本书适应面较广,既可以作为高等院校会计专业选修课教材,也可以作为各类物流企业财务人员的业务培训用书。

　　本课程编写特点如下。

　　1. 注重理论联系实际

　　结合我国物流企业的实际情况,尽可能地通过例题来对每部分内容加以说明。同时尽量将理论知识与实务相结合,重视知识、能力和素质的协调发展,以培养应用型人才为目的,并提高学生的创新精神、实践能力和适应能力。

　　2. 案例丰富

　　本书在编写时对部分较难处理的业务事项精心设计,编写了具体且有针对性的经营案例,并对此展开全面、准确、深入的解析,最大限度地贴近和还原物流企业的实际会计操作实务。

　　3. 紧密结合税收实务

　　本书在对物流企业的会计实务进行分析的基础上,还注意到税收这一影响企业收益的重要支出事项,因此在编写时特别对经济业务的涉税问题进行了详细分析,实现会计与税务实务的有效结合。

　　4. 辅以图表,便于理解

　　在编写时注意学生的习惯,深入浅出,讲解详细;并借助相关图、表等工具进行讲解,图文并茂,并穿插鲜活案例,通俗易懂。

　　本书由李艳花任主编,马俊云、张玲为副主编,闫婷婷、张燕、马树敏为编者。具体分工如下:第1章总论(李艳花),第2章物流企业的业务类型(李艳花),第3章物流企业会计核算的特点(张燕、马树敏),第4章物流企业资产类业务的核算(张玲),第5章物流企业成本与费用的核算(马俊云),第6章物流企业收入与利润的核算(马俊云),第7章物流企业会计报表(闫婷婷),第8章物流企业税金的核算及纳税申报(马树敏、张燕、张玲、李小林),第9章物流企业财务报表分析(闫婷婷)。

在本书的编写过程中,我们参考了大量相关教材和论著,在此向有关作者致以深深的谢意。

在本书的编写过程中,我们经过多次讨论研究,力求内容编排合理、避免错误,但难免存在考虑不周、表达不妥的地方,书中疏漏不足之处,敬请读者批评指正。

编　者

2019 年 7 月

目　录

第1章 总 论

内容提要

本章主要从物流企业会计概述、核算基础,以及会计工作组织三个方面进行讲解;具体介绍了物流企业会计概念、工作组织、会计核算基础、物流企业会计核算组织程序等。

重点难点

本章重点为物流企业会计核算基础;难点为物流企业会计核算组织程序。

学习目标

通过本章学习,学生应了解物流企业会计的概念及作用,了解物流企业会计档案管理与交接制度,领会物流企业会计的职能,理解物流企业会计核算的基本内容;掌握物流企业会计核算的组织程序。

知识框架

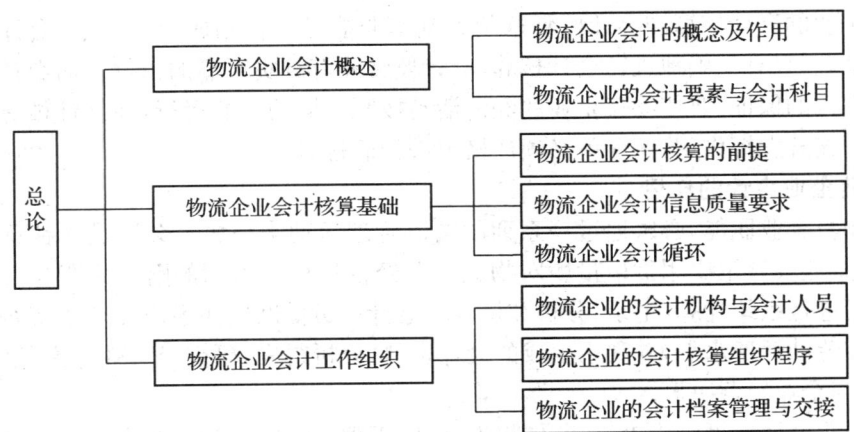

情景引例 物流企业的认知

新邦物流有限公司是一家集汽车运输、代理国际国内航空货运出港、物流配送业务、铁路运输、仓储及配送于一体,跨区域、网络化、信息化,具有供应链管理能力的国家 AAAA 级综合型物流企业,是典型的运输企业。

新邦物流有限公司旗下目前拥有多家全资子公司,分布在华南、华东、华北、西南等地,数百家营业网点及几千名员工,拥有和整合千余台运输车辆,数百套物流设备,几十万平方米仓库、分拨场地,日吞吐数千吨物资。公司与国内外数万家企业建立合作关系,网络覆盖全国各大中城市,在全国各大中城市开通专、快线长途零担与整车业务,并在珠江三角洲与长江三角洲区域内开展城际配送业务。

该案例中物流企业的主要经营活动有哪些?与制造业企业有什么区别?

1.1 物流企业会计概述

1.1.1 物流企业会计的概念及作用

1. 物流企业会计的概念

物流企业会计是以货币为主要计量单位,借助专门的程序和技术方法,通过收集、加工和提供以会计信息为主的经济信息,对特定物流企业的资金运动进行全面、综合、连续和系统的核算与监督的一种经济管理活动。

物流企业会计具有会计核算和会计监督两大基本职能。

会计核算职能即反映职能,贯穿于物流企业经济活动的全过程,是物流企业会计最基本的职能。物流企业会计将物流企业已经发生的个别、大量的经济业务,以货币为主要计量单位,经过确认、计量、记录、报告等环节,对特定物流企业的经济活动进行记账、算账、报账,为有关方面提供物流企业经济信息。

会计监督职能即控制职能,是物流企业的会计人员在进行会计核算的同时,对特定物流企业经济活动的合法性、合理性进行审查。会计机构、会计人员要监督会计核算反映的会计信息是否真实、可靠、完整;监督物流企业的经济活动是否符合国家有关的财政政策和财经纪律;监督物流企业的经济活动是否按照事先确定的财务目标和编制的各项预算进行;发现脱离预算的偏差,及时反馈并采取相应措施予以调整。

物流企业的会计核算和会计监督这两大基本职能是相辅相成的。其中,会计核算是会计监督的基础,只有正确地进行会计核算,会计监督才有真实可靠的依据。而会计监督则是会计核算进行的保证,要使物流企业的经济活动按照预期的目的运行,使会计核算在企业的经营管理中充分发挥作用,企业就必须严格地进行监督。

2. 物流企业会计的作用

实现物流企业职能,必须通过一系列的物流管理活动来完成。会计是一种重要的管理活动,物流企业会计主要用货币量度对物流企业经营过程中占用的财产物资与各环节发生的成本费用进行系统计算、记录、分析和检查。会计人员借助这些手段充分了解企业的资金占用情况和劳动耗费水平,并利用生成的会计资料,分析得失,研究经济效益高低的原因,趋利避害,参与企业经营决策。

物流企业会计还可以为投资者、债权人、政府管理部门以及与企业有经济利益的各相关方提供有用信息。

因此,物流企业做好物流企业会计工作,对促进劳动生产率的提高,加快物品流通,促进生产作业要素的充分利用和资源的有效配置以及降低物流成本及期间费用,增强其市场竞争力,提高经济效益有着重要的意义。

1.1.2　物流企业的会计要素与会计账户

1. 物流企业财务报告

根据《企业会计制度》和《企业财务会计报告条例》的规定,物流企业于会计期间终了,必须将企业经营活动的财务状况、经营成果和现金流量以书面形式进行综合反映。企业的各项经济业务虽然按照一定的程序和方法记录到相关的会计账簿中,账簿中的财务资料比较详细、具体,但数量较大,并且相对分散,难以集中、概括地反映企业的财务状况和经营成果。为了向各界信息需求者提供更为简洁和综合的会计信息,就需要对日常业务核算作进一步的分类、调整和汇总,并以表格和文字的形式,即以财务报告的形式予以公布。因此,财务报告是企业会计信息系统的输出,是经济业务数据经过核算程序处理后的产物。它的目标与财务会计的目标是一致的,即向财务报告信息的使用者提供与企业财务状况、经营成果和现金流量等有关的会计信息,反映企业管理层受托责任的履行情况,有助于财务报告使用者作出经济决策。

物流企业的财务报告通常包括会计报表、会计报表附注与其他应当在财务会计报告中披露的相关信息和资料。

2. 物流企业的会计要素

会计要素是会计用于反映财务状况、确定经营成果的因素,是会计工作的具体对象。我国《企业会计准则——基本准则》严格定义了资产、负债、所有者权益、收入、费用和利润六大会计要素。这六大会计要素可以划分为两类:资产、负债和所有者权益是构成资产负债表的要素,归类为反映企业财务状况的会计要素;收入、费用和利润是构成利润表的要素,归类为反映经营成果的会计要素。对会计要素进行分类,有利于依据各个要素的性质和特点,分别制定对其进行确认、计量、记录、报告的标准和方法,并且为合理建立会计账户体系和设计财务会计报告基本框架提供依据。会计要素的分类如图 1-1 所示。

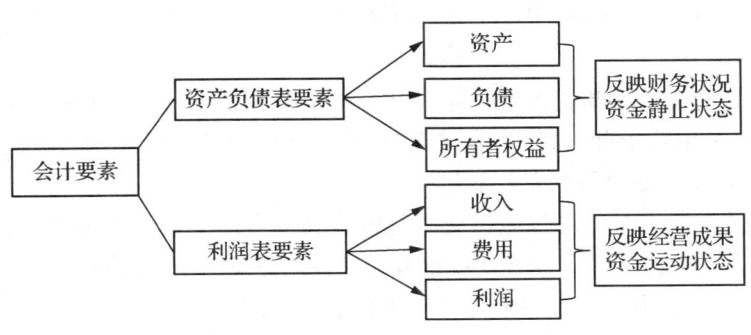

图 1-1　会计要素的分类

1) 反映企业财务状况的会计要素

企业的财务状况一般通过资产负债表来反映。它是指企业在某一日期经营资金的来源和分布情况。财务状况的好坏通常用流动性和获利性来表示。它主要包括以下三方面内容:

(1) 资产。资产是指企业过去的交易或者事项形成的、由企业拥有或者控制的、预期会给企业带来经济利益的资源。

资产的基本特征包括：

① 资产是由于过去的交易或事项所形成的。资产必须是现实的资产，而不能是预期的资产，是由于过去已经发生的交易所产生的结果。至于未来交易或事项以及未发生的交易或事项可能产生的结果，则不属于现在的资产，不得作为资产确认。

② 资产是由企业拥有或者控制的资源。一般来说，一项财产要作为企业的资产予以确认，对于企业来说要拥有其所有权，即该财产必须归企业所有，也就是企业对该财产具有产权。对于一些特殊方式形成的资产，企业虽然对其不拥有所有权但按照实质重于形式的要求，也应当作为资产确认。

③ 资产最重要的特征是预期会给企业带来经济利益。它是指能够给企业带来现金流入的经济资源。资产必须具有交换价值或使用价值。没有交换价值或使用价值的物品，不能给企业带来未来效益，则不能作为资产确认。

资产分为流动资产和非流动资产。流动资产是指可以在1年或者超过1年的一个营业周期内变现或者耗用的资产，包括现金及银行存款、交易性金融资产、应收及预付款项、存货等。非流动资产主要包括可供出售金融资产、持有至到期投资、长期股权投资、投资性房地产、固定资产和无形资产等。

（2）负债。负债是指企业过去的交易或者事项形成的、预期会导致经济利益流出企业的现时义务。

负债的基本特征包括：

① 负债是基于过去的交易或事项而产生的。也就是说，导致负债的交易和事项已经发生。例如，购置货物或使用劳务会产生应付账款，接受银行贷款则会产生偿还贷款的义务。只有源于已经发生的交易或事项，会计上才有可能确认负债。正在筹划的未来交易或事项，如企业的业务计划，不会产生负债。

② 负债是企业承担的现时义务。现时义务不等同于未来承诺，如果仅仅是企业管理层决定在今后某一时间购买资产，其本身并不产生现时义务。一般情况下，只有在资产已经获得时才产生义务。

③ 现时义务的履行通常关系到企业放弃含有经济利益的资源，以满足对方的要求。现时义务的履行可采用若干种方式，如支付现金、转让其他资产、提供劳务、以其他义务替换该项义务、将该项义务转换为所有者权益等。

④ 负债通常在未来某一时日通过交付现金或其他资产或提供劳务来清偿。有时，企业可能通过承诺新的负债或转化为所有者权益来了结一项现有的负债，前一种情况只是负债的延期，后一种情况则相当于增加所有者权益而了结负债。

负债分为流动负债和非流动负债。流动负债是指将在1年或者超过1年的一个营业周期内偿还的债务，包括短期借款、应付票据、应付账款、预收款项、应付职工薪酬、应交税费、应付股利、其他应付款等。非流动负债是指偿还期在1年以上或者超过1年的一个营业周期以上的债务，包括长期借款、应付债券、长期应付款等。长期应付款包括应付融资租入固定资产的租赁费、以分期付款方式购入固定资产等发生的应付款项等。

负债虽然是企业筹措资金的重要渠道，但是必须按期归还或者偿付，不能归企业永久支配使用。负债实质上反映了企业与债权人之间的一种债权债务关系。

（3）所有者权益。所有者权益是指企业资产扣除负债后由所有者享有的剩余权益，包括企业投资人对企业的投入资本以及形成的资本公积,直接计入所有者权益的利得和损失(其他综合收益),盈余公积和未分配利润等。投入资本是投资者实际投入企业经营活动的各种财产物资。国家拨给企业的专项拨款,除另有规定外,应当作为国家投资入账。资本公积是指归所有者所共有的、非收益转化而形成的资本,主要包括资本溢价(股本溢价)和其他资本公积等。直接计入所有者权益的利得和损失是指不应计入当期损益、会导致所有者权益发生增减变动的、与所有者投入资本或者向所有者分配利润无关的利得或者损失。盈余公积是指按照国家有关规定从利润中提取的公积金。未分配利润是企业留存于以后年度分配的利润或待分配利润。

企业的任何资产都是处于特定所有权关系下的资产,而负债与所有者权益是资产的两个来源渠道,共同体现了企业资产的所有权关系,从总体上看资产必然等于负债与所有者权益之和,可以用下列公式来表示:

$$资产=负债+所有者权益$$

2)反映企业财务成果的会计要素

经营成果表现为企业在一定时期内生产经营活动的结果。具体来说,它是指企业生产经营过程中取得的收入与耗费相比较的差额。经营成果要素一般通过利润表来反映。它包括以下几个构成要素:

(1)收入。收入是指企业在日常活动中形成的、会导致所有者权益增加的、与所有者投入资本无关的经济利益的总流入。按照企业从事的日常活动在企业中的重要性,可将收入分为主营业务收入和其他业务收入。按照企业从事日常活动的性质,可将收入分为销售商品收入、提供劳务收入、让渡资产使用权收入、建造合同收入等。物流企业为第三方或者客户代收的款项不包括在企业的收入内。企业应当合理地确认收入,并且将实现的收入及时入账。

收入的基本特征包括:

① 收入是从日常的活动中产生的,而不是从偶发的交易或事项中产生的。

② 收入可能表现为资产的增加,也可能表现为负债的减少。

③ 收入能导致所有者权益的增加。

④ 收入只包括本企业经济利益的流入,不包括为第三方或客户代收的款项。

(2)费用。费用是指企业在日常活动中发生的、会导致所有者权益减少的、与向所有者分配利润无关的经济利益的总流出。按照与收入的密切程度不同,费用可以分为营业成本和期间费用两部分。营业成本是指企业为销售商品,提供劳务而发生的各种耗费。期间费用指企业在当期发生的直接计入当期损益的各项耗费,包括销售费用、管理费用和财务费用。企业必须按照配比原则,合理地确认本期的费用。

费用的基本特征包括:

① 费用最终会减少企业的资源(与收入相反)。

② 费用最终会减少企业的所有者权益。

(3)利润。利润是指企业在一定会计期间的经营成果。利润包括收入减去费用后的净额、直接计入当期利润的利得和损失等。企业获得的利润按照国家的规定缴纳相应的所得税。企业实现的利润总额减去所得税之后的差额就为企业的净利润。

　　企业在一定会计期间从事经营活动所获得的收入与所发生的耗费形成企业收入和费用。费用按照企业自主经营、自负盈亏、独立核算的要求,应该从相应的收入中抵补。一般情况下,收入减去费用后为正数,表示企业形成了营业利润;若为负数,即表示企业发生了营业亏损。反映收入、费用和利润三个会计要素关系的会计等式如下:

$$收入-费用=利润$$

3. 物流企业的会计账户

　　会计账户是指为记录各项经济业务,而对会计要素的具体内容进行分类核算的项目。

　　物流企业的会计账户按照反映的经济内容的不同,可以划分为资产类账户、负债类账户、所有者权益类账户、成本类账户、共同类账户和损益类账户六个大类。损益类账户又可以进一步划分为费用类账户和收入类账户两个小类。物流企业的其他会计账户又可以分为许多具体项目。

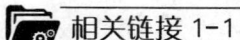 相关链接 1-1 ....

物流企业的会计账户

　　财政部于2006年2月颁布了《企业会计准则》,自2007年1月1日起在上市公司执行,同时鼓励其他企业执行。《企业会计准则》取代了原来的行业会计制度,所以物流企业所使用的会计账户也应遵循《企业会计准则——应用指南》(2017)的要求,具体如表1-1所示。

表 1-1　　　　　　　　《企业会计准则——应用指南》会计账户一览表

序号	编号	会计账户名称	序号	编号	会计账户名称
		一、资产类	18	1411	周转材料
1	1001	库存现金	19	1471	存货跌价准备
2	1002	银行存款	20	1481	持有待售资产
3	1101	交易性金融资产	21	1482	持有待售资产减值准备
4	1121	应收票据	22	1501	持有至到期投资
5	1122	应收账款	23	1502	持有至到期投资减值准备
6	1123	预付账款	24	1503	可供出售金融资产
7	1131	应收股利	25	1511	长期股权投资
8	1132	应收利息	26	1512	长期股权投资减值准备
9	1221	其他应收款	27	1521	投资性房地产
10	1231	坏账准备	28	1531	长期应收款
11	1401	材料采购	29	1532	未实现融资收益
12	1402	在途物资	30	1601	固定资产
13	1403	原材料	31	1602	累计折旧
14	1404	材料成本差异	32	1603	固定资产减值准备
15	1405	库存商品	33	1604	在建工程
16	1406	发出商品	34	1605	工程物资
17	1408	委托加工物资	35	1606	固定资产清理

（续表）

序号	编号	会计账户名称	序号	编号	会计账户名称
36	1701	无形资产	63	4001	实收资本
37	1702	累计摊销	64	4002	资本公积
38	1703	无形资产减值准备	65	4003	其他综合收益
39	1801	长期待摊费用	66	4101	盈余公积
40	1811	递延所得税资产	67	4103	本年利润
41	1901	待处理财产损益	68	4104	利润分配
二、负债类			69	4201	库存股
42	2001	短期借款	五、成本类		
43	2101	交易性金融负债	70	5001	生产成本
44	2201	应付票据	71	5101	制造费用
45	2202	应付账款	72	5201	劳务成本
46	2203	预收账款	73	5402	工程结算
47	2211	应付职工薪酬	六、损益类		
48	2221	应交税费	74	6001	主营业务收入
49	2231	应付利息	75	6051	其他业务收入
50	2232	应付股利	76	6101	公允价值变动损益
51	2241	其他应付款	77	6111	投资收益
52	2245	持有待售负债	78	6115	资产处置损益
53	2401	递延收益	79	6117	其他收益
54	2501	长期借款	80	6301	营业外收入
55	2502	应付债券	81	6401	主营业务成本
56	2701	长期应付款	82	6402	其他业务成本
57	2702	未确认融资费用	83	6403	税金及附加
58	2801	预计负债	84	6601	销售费用
59	2901	递延所得税负债	85	6602	管理费用
三、共同类			86	6603	财务费用
60	3101	衍生工具	87	6701	资产减值损失
61	3201	套期工具	88	6711	营业外支出
62	3202	被套期项目	89	6801	所得税费用
四、所有者权益类			90	6901	以前年度损益调整

财政部在《企业会计准则——应用指南》中指出,企业应当按照企业会计准则及其应用指南的规定,设置会计账户进行账务处理,在不违反统一规定的前提下,可以根据本企业的实际情况自行增设、分拆、合并会计账户。不存在的经济业务,可以不设置相关的会计账户。该应用指南中的会计账户编号,供企业填制会计凭证、登记会计账簿、查阅会计账目,采用会计软件系统参考,企业也可以结合本企业的实际情况自行确定会计账户编号。所以在实务中,物流企业在进行日常业务处理时可根据自身特点选择合适的会计账户,具有一定的灵活

性,如物流企业在进行成本核算时除了用到"主营业务成本",还经常用到"营运间接费用""辅助营运费用"等账户。

　　表1-1中列示的会计账户属于总分类账户,也称一级会计账户。它是对会计要素的具体内容进行总括分类的会计账户,一般由财政部或企业主管部门统一制定。与之相对应的是明细账户。明细账户是对总分类账户所包含的内容再作详细分类的会计账户,其提供了更加详细具体的指标,更能体现企业特点,企业可以根据实际需要自行设置。表1-2列示了部分物流公司在实务中用到的一级会计账户及其明细账户。

表1-2　　一级会计账户及明细账户

一级账户	明细账户(子目和细目)
原材料	轮胎(内胎、外胎、垫带)
	燃料(库存、车船存)
	其他材料
包装物	桶、箱、瓶、坛、袋等
低值易耗品	一般工具
	修理用工具
	随车工具
	管理用具
	劳动保护用品
	其他
主营业务收入	运输收入
	仓储收入
	装卸收入
	代理业务收入
其他业务收入	材料销售收入
	车辆修理业务收入
	其他对外服务收入
主营业务成本	运输成本
	仓储成本
	装卸成本
	包装成本
	配送成本
管理费用	公司经费
	咨询费
	诉讼费
	其他费用
销售费用	通信费
	市场调研费
	广告费
	其他费用

（续表）

一级账户	明细账户（子目和细目）
财务费用	利息支出
	手续费
	其他费用

物流企业的各项资产、负债和所有者权益，在为客户提供物流服务过程中必然会发生一定的增减变动，并且还会发生收入和费用，所有这些业务都属于会计核算和监督的具体内容。然而资产包括很多内容，它们分别分布在不同的形态上，发挥着各自不同的作用。负债和所有者权益也包括了很多内容，它们又来自不同的渠道。收入的来源和费用的用途也多种多样。因此，物流企业要全面、系统、完整地核算和监督物流企业的各项经济活动以及由此引起的资金增减变动，通过设置会计账户，对会计要素的具体内容进行科学的分类。

1.2 物流企业会计核算基础

1.2.1 物流企业会计核算的前提

会计核算的基本前提也称为会计假设，是进行会计核算时必须明确的前提条件。物流企业在会计核算中因为要面对的社会环境极其复杂多变，所以必须首先对会计核算所处的时间、空间、环境提出合理必要的假设条件，才能够在特定社会环境下进行合理的会计处理。一般来说，在我国，企业会计核算的基本前提包括会计主体、持续经营、会计分期和货币计量四项。

1. 会计主体

会计主体是指会计人员所核算和监督的特定单位，它又可以称作会计实体或者会计个体，会计主体的前提要求是会计人员只能核算和监督所在主体的经济业务；会计主体的基本前提为会计人员界定了从事会计工作和提供会计信息的空间范围，同时也为会计人员在日常会计核算中对各项交易或事项作出正确判断、对会计处理方法和会计核算组织程序作出正确选择提供了依据。

提出会计主体假设的主要意义在于：

（1）只有明确了会计主体，会计所要处理的交易或事项的范围才有可能划定。只有对那些影响会计主体经济利益的交易或事项加以确认和计量，会计主体资产、负债和所有者权益的增减，收入的取得与费用的发生等才能得以确定。

（2）只有明确了会计主体，会计处理才有可能得到准确的把握，做到有的放矢。

（3）只有明确了会计主体，才能将会计主体的经济活动与会计主体所有者的经济活动区分开来，从而真实地反映会计主体的财务状况、经营成果和现金流量，为企业管理者进行经营决策提供可靠的会计信息。

2. 持续经营

持续经营是指在可以预见的未来，该会计主体不会破产清算，所持有的资产将正常营运，所负的债务将正常偿还，即会计主体的生产经营活动在可以预见的将来，会按照目前的规模和状态持续不断地经营下去。只有在持续经营的假设下，企业在会计信息的收集和处理上所使用的会计处理方法才能保证稳定,会计的记录和会计报告才能真实可靠。当然,任何企业都存在破产的可能性,一旦进入破产清算,持续经营基础就将为清算基础所取代,从而使这一前提不复存在,但是这不会影响持续经营这一前提在大多数正常经营企业的会计核算中发挥作用。

3. 会计分期

会计分期指物流企业为方便确认某个会计期间的收入、费用、利润,确认某个会计期末的资产、负债、所有者权益,编制财务报表,从而将企业的经营活动人为地划分成若干个相等的时间间隔。这样便于企业分期结算账目,计算盈亏,并向有关各个方面提供企业的会计信息。这一基本前提界定了会计信息的时间范围。

作为会计主体的企业,在持续生产经营的情况下,其生产经营活动是持续不断的。将持续不断的经营活动人为地划分为若干相等的、较短的期间,定期进行结账、报账,及时发布会计信息,才能满足财政税务部门、债权人和投资者及时了解企业经营状况的需求,同时能为企业定期提供其纳税依据和决策所需的会计信息。会计分期的前提有利于满足企业内部管理和外部决策的各个方面的需要。

会计期间根据时间长短的不同,可以分为年度、半年度、季度和月度,其中,半年度、季度和月度均称为会计中期。我国的会计年度的起讫日期采用公历日期。

4. 货币计量

会计核算前提的货币计量,是指在会计核算中,以货币作为计量单位,记录和反映会计主体的生产经营活动。因为在市场经济条件下,货币是衡量一般商品价值的共同尺度,因此,只有货币计量才能为会计核算提供一个能够普遍使用的手段,才能全面地反映企业的财务状况和经营成果。在我国,由于人民币是国家法定的货币,因此,规定人民币为记账本位币。

这四项基本前提,即会计主体、持续经营、会计分期和货币计量,为各项会计原则的确认奠定了基础。

上述会计核算的四项基本前提之间具有相互依存、相互补充的关系,会计主体确定了会计核算的空间范围;持续经营与会计分期确立了会计核算的时间长度;货币计量为会计核算提供了必要手段。没有会计主体,就不会有持续经营;没有持续经营,就不会有会计分期;没有货币计量,就不会有现代会计。

1.2.2 物流企业会计信息质量要求

会计信息质量要求是对企业财务报告中所提供会计信息质量的基本要求,是财务报告中所提供会计信息应具备的基本特征,它主要包括可靠性、相关性、可理解性、可比性、实质重于形式、重要性、谨慎性和及时性。

1. 可靠性

可靠性要求企业的会计核算必须以实际发生的交易或事项为依据进行会计确认、计量和报告,如实反映符合确认和计量要求的各项会计要素及其他相关信息,保证会计信息真实可靠、内容完整的会计信息质量要求。

会计作为一个信息系统,其提供的会计信息是投资者、债权人、企业内部管理层和国家宏观经济管理部门进行决策的重要依据。如果会计信息不能真实客观地反映企业经济活动的实际情况,将无法满足有关各方进行决策的需要,甚至导致决策失误。

因此,可靠性要求会计核算必须以实际发生交易或事项时所取得的合法的书面凭证为依据,不得弄虚作假,不得伪造、篡改凭证,以保证所提供的会计信息与会计反映对象的客观事实相一致。

2. 相关性

相关性是指企业提供的会计信息应当与财务报告使用者的经济决策需要相关,有助于财务报告使用者对企业过去、现在或者未来的情况作出评价或者预测的会计信息质量要求。

会计信息的价值在于其与决策相关,有助于决策。如果提供的会计信息没有满足会计信息使用者的需要,对其经济决策没有什么作用,就不具有相关性。因此,相关性要求企业应当在确认、计量和报告会计信息的过程中充分考虑财务报告使用者的决策模式和其对信息的需要。

3. 可理解性

可理解性是指企业提供的会计信息应当清晰明了,便于财务报告使用者理解和使用的会计信息质量要求。

企业编制财务报告、提供会计信息的目的在于使用,而要使财务报告使用者有效地使用信息,应当能让其了解会计信息的内涵,弄懂会计信息的内容,这就要求财务报告所提供的信息应当清晰明了,易于理解。只有这样,才能提高会计信息的有用性,实现财务报告的目标,满足向财务报告使用者提供决策有用信息的要求。

4. 可比性

可比性是指企业提供的会计信息应当具有可比性的会计信息质量要求。它具体包括下列两个要求:一是同一企业不同时期发生的相同或者相似的交易或事项,应当采用一致的会计政策,不得随意变更。确实需要变更的,应当在附注中说明。二是不同企业发生的相同或者相似的交易或者事项,应当采用规定的会计政策、确保会计信息口径一致、相互可比。

可比性要求企业都采用一致的、规定的会计政策进行核算,使企业和企业之间不同时期的会计信息建立在相互可比的基础上,提供的会计信息便于比较、分析和汇总,这样既能使投资者和债权人对企业的财务状况、经营成果和现金流量以及发展趋势作出准确的判断,又能满足国民经济宏观调控的需要。

5. 实质重于形式

实质重于形式是指企业应当按照交易或事项的经济实质进行会计确认、计量和报告,不应仅以交易或事项的法律形式为依据的会计信息质量要求。

在实际工作中,交易或事项的外在法律形式并不总能完全真实地反映其实质内容。所以,会计信息要想反映其拟反映的交易或事项,就必须根据交易或事项的实质和经济现实来进行判断,而不能仅仅根据它们的法律形式。例如,融资租入的固定资产,在租赁期未满之前,从法律形式上来看,企业并不拥有其所有权,但是由于融资租赁合同中规定的租赁期长,该资产的租赁期限通常超过了该资产使用寿命的75%,而且租赁期满时,承租人能以很低的价格购置该项资产。因此,从经济实质上来看,承租人能够控制融资租入固定资产所创造的未来经济利益,所以应将这种固定资产视为企业自有的固定资产。

6. 重要性

重要性是指企业提供的会计信息应当反映企业财务状况、经营成果和现金流量等有关的所有重要交易或事项的会计信息质量要求。

重要性要求企业在进行会计核算过程中,应当区别交易或者事项的重要程度,从而对其采用不同的核算方法。在实务中,重要性的应用需要依赖职业判断,企业应根据其所处的环境和实际情况,从项目的性质和金额大小两个方面加以判断。

重要性与会计信息的成本效益直接相关。因此,物流企业对于重要的交易或者事项,应当单独、详细反映,对于不具有重要性、不会导致投资者等有关各方面决策失误或者误解的交易或者事项,可以合并、粗略反映,以节省提供会计信息的成本,但必须在不影响会计信息真实性和不至于误导财务会计报告使用者的前提下进行。

7. 谨慎性

谨慎性要求企业在会计核算中保持应有的谨慎,不得高估资产或者收益、低估负债或者费用,也不得设置秘密准备,故意低估资产或者收入,或者故意高估负债或者费用。

在会计核算的整个过程中,谨慎性体现在包括会计确认、计量和报告等会计核算的各个方面。在市场经济条件下,企业存在着经营风险,实施谨慎性原则要求企业对存在的风险作出合理的预计,这样就能在风险实际发生之前将其化解并且防范风险,从而有利于企业作出正确的决策和提高其在市场上的竞争力。

8. 及时性

及时性要求企业会计核算应当及时进行,不得提前或者延后。现在的市场信息瞬息万变,企业竞争日趋激烈,物流企业为使各有关方面及时利用会计信息进行决策和调控,就必须在保证会计信息的真实性、可靠性的前提下,保证会计信息的时效性。如果会计信息内容可靠真实,但是时效性很差,可能就发挥不了应有的作用。因此,在会计核算中必须做到及时记账、算账、报账,会计信息的及时性与可靠性同等重要。

1.2.3 物流企业会计循环

1. 物流企业会计循环概念

会计循环是指会计信息按照一定顺序,周而复始地进行账务处理的过程。会计循环是企业形成会计信息所必需的过程,为了及时提供准确的会计信息,就必须依照特定的程序,把纷繁复杂的日常经济业务按照一定的步骤和方法加以归集、分类和整理,最终形成各种简明扼要的会计报表,以提供给各种不同的会计信息的使用者使用。

2. 物流企业会计循环基本内容

一个完整的会计循环,应由以下几个基本内容构成,如图1-2所示。

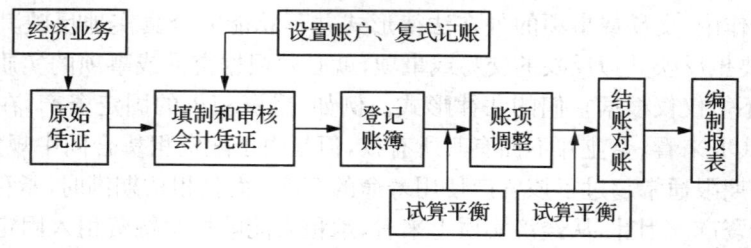

图1-2 企业会计循环的内容构成

(1) 设置会计账户及账户。设置会计账户和账户是指对会计对象的具体内容进行分类核算和监督,确定会计账户,开设会计账户的一种专门方法。

在我国,企业的账户是按照国家统一会计制度中的会计账户设置的。《企业会计准则》规定,企业可以根据企业的实际情况自行增设、减少或合并某些账户。

(2)复式记账,会计分录。复式记账是一种记账方法,是指以资产和权益平衡关系为记账基础,对每一笔经济业务都要以相等的金额,在两个或两个以上相互联系的账户中进行记录的方法。每一项经济业务发生后,都要编制会计分录,分析发生的业务对哪些账户有影响,增加还是减少,金额是多少。在实际工作中,编制会计分录是根据记载经济业务的原始凭证对经济业务作出相应的分类,并在记账凭证上作出分类登记。

(3)填制和审核会计凭证。经济业务发生时,为了明确经济责任,应当填制或取得原始凭证,并依据原始凭证对经济业务进行审核,然后按照借贷记账法和会计制度规定填制记账凭证。填制和审核会计凭证是会计核算的专门方法之一,是会计循环的起点和重要环节。

(4)登记账簿。登记账簿是以审核无误的会计凭证为依据,利用复式记账法,在账簿上连续、系统、完整地记录和反映经济业务的一种方法。通过登记账簿,可以将分散的经济业务进行系统的归类和汇总,为成本计算和编制会计报表提供会计数据。

(5)试算平衡。编制试算平衡表,试算平衡表是检验各个分类账户借方余额合计与贷方余额合计是否相等的表格。在任何情况下,遵循借贷记账法记账规则"有借必有贷,借贷必相等",所以在试算表中,所有借方余额总和与贷方余额总和是相等的,但是这并不能保证编制分录和登记账簿中没有错误。

(6)账项结转,成本计算。账项调整主要是按照权责发生制原则,对应收及预收收入、应付及预付费用进行调整,以保证成本和经营成果的合理确定。

账项结转是对账项调整后最终确定的收入或费用所进行的结转,如制作费用的分配和结转,完工产品成本的计算和结转,营业收入、成本和费用的结转等。

成本计算是指按照一定的成本计算方法,对生产经营过程中所发生的成本、费用进行分配归集,并确定各成本计算对象的总成本和单位成本的会计方法。通过成本计算可以正确地对会计核算对象进行计价,可以考核经济活动过程中物化劳动和活劳动的耗费程度,为经营管理中正确计算盈亏提供会计数据。

(7)对账与结账。结账前对账是指在会计核算中,对账簿记录所进行的核算工作,包括账证核对、账账核对和账实核对。

结账是将一定时期内发生的经济业务全部登记入账并将各类账簿结算清楚,然后根据账簿编制会计报表的一项工作。

(8)编制会计报表。编制会计报表是会计循环的最后一项工作,会计报表是会计工作的最终成果。以上是一般会计循环的基本步骤。在实行会计电算化的企业,上述步骤是用计算机来完成的。在操作时,很多步骤都是自动完成,这并不说明会计循环不存在了,只是表现形式不同罢了。

1.3 物流企业会计工作组织

会计工作组织就是根据企业会计工作的特点,制定会计法规制度、设置会计机构、配备会计工作人员,以保证会计工作的有效、顺利进行。物流企业会计工作是一项系统工作,十分繁杂。从经济业务发生、凭证填制、凭证取得、账簿登记、物流成本计算到财务报表编制和分析,涉及业务员经办、负责人批准、会计记账等众多人员及一系列的程序和手续。如果某一人员或某一环节发生差错,就会影响整个会计工作的顺利进行。因此,科学合理地组织会计工作具有十分重要的意义。

1.3.1 物流企业的会计机构与会计人员

1. 物流企业会计机构的设置

1)物流企业会计机构设置的原则

由于各个单位的组织机构、管理体制和经营管理情况有所不同,会计机构设置有不同的模式。物流企业在设置会计机构时,一般应遵循下列原则:

(1)会计机构设置要与各单位的规模和管理要求相适应。单位的规模和管理要求是设置会计机构的依据,它决定经济业务的内容和数量,也影响组织会计工作的方法和会计机构的内部分工。如果规模较大,业务量较大,管理要求高,会计机构就要相应地大一些,内部分工也要细一些;如果规模较小,经营过程比较简单,业务量很小,则机构可以小一些,内部分工也可以粗一些。

(2)会计机构设置应有助于提高工作效率。会计机构是为了完成任务、加强管理、提高经济效益而设置的,因此,会计机构的设置应当贯彻精简、高效、节约的原则,合理设置,防止机构重叠,避免人力、物力的浪费。

(3)会计机构设置应注意内部分工明确具体。每一个单位的会计机构内部,对会计人员都应根据会计业务的不同进行明确的分工。这就要求每个部门和工作人员应有明确的职权、责任与具体的工作内容,做到部门之间职责清楚、任务明确,有利于实行岗位责任制。同时,在内部分工中,要贯彻内部控制制度,做到在工作中相互制约、相互监督,防止工作中的失误和舞弊。

2)物流企业会计机构设置的方式与内容

《中华人民共和国会计法》(以下简称《会计法》)第三十六条明确规定了会计机构设计的方式。归纳起来,有三种情形:一是设置独立的会计机构和会计人员;二是不设置独立的会计机构,在有关机构中设置会计人员;三是不设置会计机构和会计人员,委托中介机构代理记账。下面以单独设置会计机构为例,说明单位会计机构设置的内容。

(1)总会计师的设置。物流企业可以根据需要,自行决定是否设置总会计师。

总会计师一般是在单位负责人直接领导下进行工作的单位领导决策层的成员。总会计师作为单位会计工作的主要负责人,全面负责本单位的财务会计管理和经济核算,参与本单位的重大经营决策活动,是单位负责人的参谋和助手。为了保障总会计师的职权,《中华人民共和国总会计师条例》还规定,凡设置总会计师的单位不能再设置与总会计师职责重叠的副职。

(2)会计机构负责人与会计主管的设置。在独立设置会计机构的单位,应指定会计机构负责人。在没有独立设置会计机构的单位,也需要在会计人员中指定会计主管人员。会计机构负责人和会计主管人员属于单位中层管理人员,具体组织管理本单位的会计工作。

在单位负责人和总会计师的领导下,会计机构负责人负有组织、管理本单位所有会计工作的责任,其工作水平的高低、质量的好坏,直接关系到整个单位会计工作的水平和质量。

在大中型企业里,一般设置专门的会计机构,称为"财务部"或者"财务会计部"。这些机构的负责人,称为"部长"或者"经理"。

（3）会计机构内部分工的设计。实行总会计师制的大中型企业一般有较多的财务、会计人员,在总会计师的监督和财务部长(经理)的领导下分工协作,形成一个以总会计师为首,以财务部长为主管,包括许多小组的财务会计组织体系。

在设计会计机构内部分工时,应考虑企业规模、业务特点、管理要求和会计信息的需要。物流企业会计组织中可以设置以下几个小组:

① 总账报表组。本组负责汇总记账凭证的登记、总账的登记以及报表的编制。本组还负责月终结账、利润结转等工作。

② 工资核算组。本组负责监督工资基金、控制工资奖金支出总额,审查和核算职工工资额,编制工资单。另外,根据成本计算的要求,将工资总额按其类别进行分类,编制工资分配表。

③ 固定资产核算组。本组负责登记企业厂房设备及其他固定资产的分类账以及"累计折旧""在建工程"等有关账户。凡属企业添置和减少固定资产的有关业务,如新建、购置、大修理、更新重置和调出报废等,都由该组核算。

上述各组人数视工作需要而定,少则一人,多则若干人。在分工中应贯彻内部控制原则,便于相互制约。另外,有些大中型企业还设有稽核组,或者在总账报表组内设稽核员。

2. 物流企业会计人员的职责与权限

设置会计机构的单位,应当配备一定数量符合会计从业资格的会计人员。不设专门会计机构的单位,应当在有关机构中配备若干办理会计事务的专职和兼职会计人员。明确会计人员的职责权限,提高会计人员的政治素质和业务水平,是保证会计工作质量的关键。

1) 会计人员的职责

（1）会计核算。会计人员应按照会计法规认真办理会计事务,及时、准确、完整地记录、计量和反映企业单位经营活动,为经营决策提供真实、可靠的会计信息。其主要包括:

① 对于款项和有价证券的收付,财产物资的增减,债权、债务的发生和结算,各种收入、费用的确认和计量,财务成果的计算和分配等,都必须正确、完整地办理会计手续,进行会计核算。

② 按照会计规范的规定记账、算账和报账,做到手续完备、内容真实、数字确凿、账目清楚、账实相符、日清月结,按期编制财务报表。

③ 按照经济核算原则定期检查、分析、考核财务计划、预算的执行情况,揭露经营活动中的问题,为企业经营决策提供可靠的会计信息。

④ 建立会计档案制度,妥善保管会计凭证、账簿和财务报表等会计档案。

（2）会计监督。会计人员通过日常会计工作对经济活动进行监督,具体包括:

① 对于违反现金管理条例、费用开支标准的,会计人员有权拒绝付款、拒绝报销、拒绝执行,并向本单位领导报告,提请处理。

② 发现弄虚作假、营私舞弊、欺骗上级等违法乱纪行为应及时制止、反映和揭露。

③ 揭露和制止现实的和可能发生的损失及浪费,促使有关部门和人员勤俭节约,提高经济效益。

2) 会计人员的权限

为了保证会计人员更好地履行其职责,国家赋予会计人员一定的权限,具体包括:

（1）参与各项经济计划的制订和各项经营方案的预测和决策。

（2）参与有关生产、经营管理会议,分析原因,总结经验,揭露矛盾,提出改进的措施。

（3）参与各种定额的制定以及经济谈判和经济合同签订等事项。

（4）监督、检查本单位的财务收支、资金使用和财产保管及使用等。

3. 物流企业会计岗位责任制

岗位责任制是企业按照工作岗位建立的责任制度。会计人员岗位责任制设计要求是岗位责任制要将工作任务和工作方法、职责和权限、专门核算和群众核算有机地结合起来,保证会计任务的完成。岗位责任制应以会计的职能为设计依据。

1）会计部门主管岗位

（1）领导本单位的会计工作。

（2）组织制定本单位的各项会计制度,并监督贯彻执行。

（3）参加生产经营管理会议,参与经营决策。

（4）审查或参与拟定经济合同、协议及其他经济文件。

（5）负责向本单位领导和职工代表大会报告财务状况和经营成果,审查对外提供的会计资料。

（6）组织会计人员学习政治理论和业务技术,负责会计人员的考核,参与研究会计人员的聘任和调整工作。

2）工资核算岗位

（1）监督工资基金的使用。

（2）审核发放工资和奖金。

（3）负责工资分配的核算。

（4）计提职工福利费和拨交工会经费。

3）固定资产核算岗位

（1）建立健全固定资产管理办法,编制固定资产目录,负责固定资产的明细核算,定期核对,保持账、卡、物相符,按期编报固定资产增减明细表。

（2）计提固定资产折旧。

（3）定期清查盘点固定资产,认真审核并正确处理盘盈、盘亏以及使用不当的设备等,分析固定资产的使用效果,提高固定资产的利用率。

（4）负责核算在建工程及无形资产。

4）总账报表岗位

（1）编制汇总记账凭证,登记总账。

（2）编制资产负债表、利润表和现金流量表,以及其他明细报表,核对其他报表。

（3）管理会计凭证、账簿和账表。

5）出纳岗位

（1）办理现金收付和银行结算业务。

（2）登记库存现金和银行存款日记账。

（3）保管库存现金和各种有价证券。

（4）保管有关印章、空白收据和支票。

6）稽核岗位

（1）审查财务成本计划执行情况。

（2）审查各项财务收支。

（3）复核财务报表。

（4）其他稽核工作。

7）综合分析岗位

（1）综合分析财务状况和经营成果。

（2）编制财务情况说明书和专题分析报告。

（3）进行财务预测,提供经营决策参考资料。

为保证会计工作的顺利开展,会计机构内部应建立健全岗位责任制,明确会计人员各自的岗位及职责范围,实行定员、定岗和定职的管理,以提高会计工作效率。会计人员的工作岗位一般有会计主管、出纳、财产物资核算、工资核算、成本费用核算、收入成本利润核算、资金核算、往来款项核算、总账报表、稽核等。会计工作的岗位分工根据需要确定,可以一人一岗、一人多岗或一岗多人。有条件的单位应进行定期会计轮岗,但不论如何分工,出纳人员均不得兼任稽核、会计档案保管和收入、支出、费用、债权债务账目的登记工作。

1.3.2 物流企业的会计核算组织程序

会计核算组织程序就是规定凭证、账簿的种类、格式和登记方法及各种凭证之间、账簿之间和各种凭证与账簿之间,以及各种报表之间、各种账簿与报表之间的相互联系及编制的程序。我国会计核算工作在长期实践中,形成了四种核算组织程序,即记账凭证核算组织程序、账户汇总表核算组织程序、汇总记账凭证核算组织程序、日记总账核算组织程序。

1. 记账凭证核算组织程序

1）记账凭证核算组织程序的特点

记账凭证核算组织程序的特点是:在登记日记账的同时直接根据记账凭证逐笔登记总分类账。它是最基本的一种会计核算组织程序,其他各种会计核算组织程序都是在这种核算组织程序的基础上,根据经济管理的需要发展而成的。

在采用这种核算组织程序时,记账凭证可以采用通用记账凭证,也可以采用专用记账凭证(包括收款凭证、付款凭证和转账凭证)。序时账簿一般设置三栏式库存现金日记账和银行存款日记账,并将凭证装订成册代替普通日记账;总账也采用三栏式并按一级账户设置,明细账则根据企业经营管理需要来设置。

2）记账凭证核算组织程序的基本内容及流程

（1）根据原始凭证填制记账凭证。

（2）根据记账凭证及所附的原始凭证登记各种明细分类账。

（3）根据记账凭证(收款凭证、付款凭证)登记库存现金日记账和银行存款日记账。

（4）根据记账凭证登记总分类账。

（5）会计期末,库存现金日记账、银行存款日记账的余额,以及各项明细分类账余额之和与总分类账的余额相核对。

（6）根据总分类账和明细分类账提供的数据编制财务报表。

记账凭证核算组织程序流程图如图1-3所示。

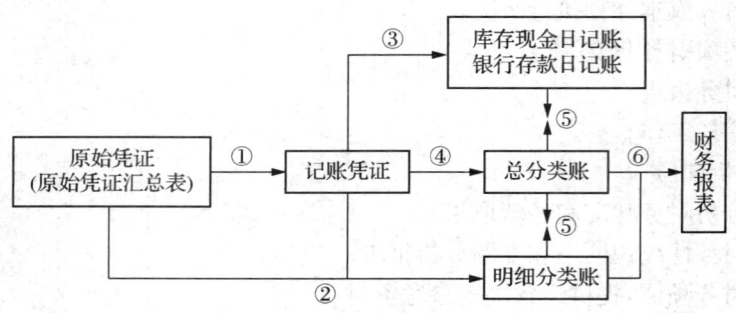

图 1-3 记账凭证核算组织程序流程图

3）记账凭证核算组织程序的优缺点及适用性

记账凭证核算组织程序是最基本的核算组织程序,包括各种核算组织程序的基本要素。它区别于其他核算组织程序的根本特点是根据记账凭证直接逐笔地登记总分类账。其优点是组织程序简单明了,比较详细地反映经济业务发生的情况,便于对账、用账和查账;缺点在于总分类账逐笔登记、工作量较大,也不符合总分类账总括反映的特点。因此,它只适用于规模不大、经济业务数量不多的企业。

2. 账户汇总表核算组织程序

1）账户汇总表核算组织程序的特点

账户汇总表核算组织程序的特点是:先根据所有记账凭证编制账户汇总表,然后根据账户汇总表登记总分类账。

账户汇总表核算组织程序的记账凭证设置和账簿设置与记账凭证核算组织程序基本相同,一般记账凭证可以采用通用记账凭证,也可以采用专用记账凭证(包括收款凭证、付款凭证和转账凭证)。序时账簿一般设置三栏式库存现金日记账和银行存款日记账,并将凭证装订成册代替普通日记账;总账也采用三栏式并按一级账户设置,明细账则根据企业经营管理的需要来设置。

账户汇总表的编制方法是将记账凭证按相同账户区别借贷方汇总编制。账户汇总表的编制时间可根据企业经济业务量的多少来确定,可以每 1 天、3 天、5 天、10 天等汇总一次。

2）账户汇总表核算组织程序的基本内容及流程

（1）根据原始凭证填制记账凭证。

（2）根据记账凭证及所附原始凭证登记各种明细账。

（3）根据记账凭证(收款凭证、付款凭证)登记库存现金日记账和银行存款日记账。

（4）根据记账凭证定期按每一账户的借方和贷方发生额汇总,编制账户汇总表。

（5）根据账户汇总表登记总分类账。

（6）会计期末,库存现金日记账、银行存款日记账的余额,以及各明细分类账余额之和,应与总分类账的余额相核对。

（7）根据总分类账和明细分类账提供的数据编制财务报表。

账户汇总表核算组织程序的流程如图 1-4 所示。

3）账户汇总表核算组织程序的优缺点及适用性

账户汇总表核算组织程序与记账凭证核算组织程序相比,简化了登记总分类账的工作,

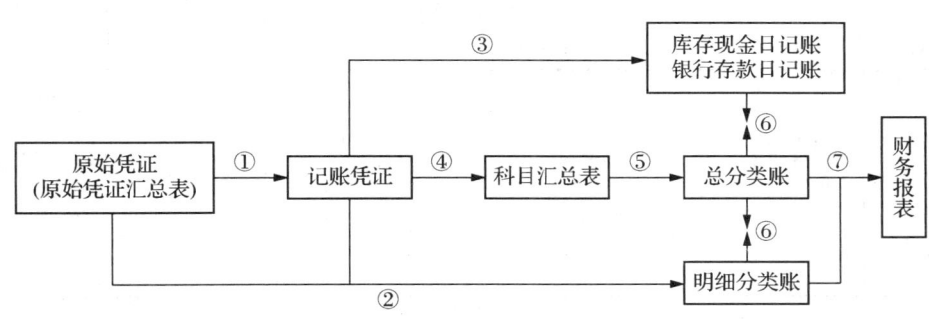

图1-4 账户汇总表核算组织程序流程图

同时,还可以根据各账户本期借方发生额合计数与本期贷方发生额合计数进行平衡试算,能发现汇总和记账过程中的错误,从而保证记账工作的质量;但是账户汇总表及其总分类账都不能反映账户的对应关系,不利于进行经济活动的分析和检查。由于账户汇总表核算组织程序能节省总分类账的登记工作,因此,它一般适用于大中型企业。

3. 汇总记账凭证核算组织程序

1) 汇总记账凭证核算组织程序的特点

汇总记账凭证核算组织程序的主要特点是:先根据记账凭证编制汇总记账凭证,包括汇总收款凭证、汇总付款凭证和汇总转账凭证,然后根据汇总记账凭证登记总分类账。

在采用汇总记账凭证核算组织程序下,记账凭证设置和账簿设置与记账凭证核算组织程序基本相同。其记账凭证一般采用收款凭证、付款凭证和转账凭证三种格式。库存现金和银行存款的日记账和总分类账都可以采用三栏式账页,明细分类账同样应根据经营管理的需要来设置。

汇总收款凭证是根据一定时期的全部收款凭证,按月编制而成的。汇总收款凭证按借方账户库存现金和银行存款设置,按其相对应的贷方账户加以归类,定期汇总,按月编制,月末结算出汇总收款凭证中各贷方账户的合计数,作为登记总分类账的依据。表1-5为汇总收款凭证的格式。

表1-5

汇总收款凭证

借方账户:　　　　　　　　　　　　　年　月　日　　　　　　　　　　　　汇收第　　号

贷方账户	金额				总账页数	
	1日—10日 收款凭证 第 号至第 号	11日—20日 收款凭证 第 号至第 号	21日—30日 收款凭证 第 号至第 号	合计	借方	贷方
合计						

汇总付款凭证是根据一定时期的全部付款凭证,按月编制而成的。汇总付款凭证按贷方账户库存现金和银行存款设置,按其相对应的借方账户加以归类,定期汇总,按月编制,月末结算出汇总付款凭证中各借方账户的合计数,作为登记总分类账的依据。表1-6为汇总付款凭证的格式。

表 1-6 　　　　　　　　　　　　　　汇总付款凭证

贷方账户：　　　　　　　　　　　　　年　月　日　　　　　　　　　　　　汇付第　号

借方账户	金额				总账页数	
	1日—10日 付款凭证 第 号至第 号	11日—20日 付款凭证 第 号至第 号	21日—30日 付款凭证 第 号至第 号	合计	借方	贷方
合计						

汇总转账凭证是根据一定时期的转账凭证按月汇总编制而成的。转账凭证的借贷方账户均无规律性。在实际工作中,统一按贷方账户设置,按与设置账户相对应的借方账户加以归类,定期汇总,按月编制。表 1-7 为汇总转账凭证的格式。

表 1-7 　　　　　　　　　　　　　　汇总转款凭证

贷方账户：　　　　　　　　　　　　　年　月　日　　　　　　　　　　　　汇转第　号

借方账户	金额				总账页数	
	1日—10日 转款凭证 第 号至第 号	11日—20日 转款凭证 第 号至第 号	21日—30日 转款凭证 第 号至第 号	合计	借方	贷方
合计						

2) 汇总记账凭证核算组织程序的基本内容及流程

（1）根据原始凭证填制记账凭证。

（2）根据记账凭证及所附原始凭证登记各种明细账。

（3）根据记账凭证（收款凭证、付款凭证）登记库存现金日记账和银行存款日记账。

（4）根据记账凭证（收款凭证、付款凭证或转账凭证）定期按对应账户汇总后编制各种汇总记账凭证。

（5）月终,根据各种汇总记账凭证结算出的各账户的全月合计数,据以登记总分类账。

（6）会计期末,将库存现金日记账、银行存款日记账的余额,以及各明细分类账余额之和,与总分类账的余额相核对。

（7）根据总分类账和明细分类账提供的数据编制财务报表。

3) 汇总记账凭证核算组织程序的优缺点及适用性

汇总记账凭证核算组织程序大大简化了登记总分类账的程序,节约了会计核算的人力物力,在信息的提供方面符合效益大于成本的原则。当然,编制汇总记账凭证本身也增加了相当的工作量,并且在汇总转账凭证时,不考虑经济业务的性质,不利于会计工作的分工,还容易出现遗漏或重复汇总的错误。因此,该核算组织程序适用于规模较大、业务量较多的企业。

4. 日记总账核算组织程序

1) 日记总账核算组织程序的特点

日记总账核算组织程序的特点是:设置日记总账,并以所有经济业务编制的记账凭证为依据直接登记日记总账。

日记总账核算组织程序的记账凭证设置和账簿设置与记账凭证核算组织程序基本相同。其记账凭证一般采用收款凭证、付款凭证和转账凭证三种格式。库存现金和银行存款的日记账和总分类账都可以采用三栏式账页,明细分类账同样应根据经营管理的需要来设置。

日记总账核算组织程序的关键是要设置日记总账。日记总账是将序时账和总分类账结合在一起的一种联合账簿,要根据业务发生的时间顺序登记总账,将所有账户的总分类核算都集中在一张账页上。

2)日记总账凭证核算组织程序的基本内容及流程

(1)根据原始凭证填制记账凭证。

(2)根据记账凭证及所附的原始凭证登记各种明细分类账。

(3)根据记账凭证(收款凭证、付款凭证)登记库存现金日记账和银行存款日记账。

(4)根据记账凭证及库存现金日记账、银行存款日记账登记日记总账。

(5)会计期末,将库存现金日记账、银行存款日记账的余额,以及各明细分类账余额之和,与总分类账的余额相核对。

(6)根据日记总账和明细分类账提供的数据编制财务报表。

3)日记总账凭证核算组织程序的优缺点及适用性

日记总账核算组织程序的主要优点是把日记账和分类账结合在一起,使记账手续大为简化;同时,将全部会计账户分栏列在一张账页上,可以清楚地表现账户之间的对应关系和经济业务的全貌,有利于进行会计分析。但是这种核算组织程序也有很大的局限性,只能列示为数不多的会计账户。否则,账页过大、栏次过多,不便使用,也容易发生差错,而且不便于分工。因此,它只适用于经济业务较少、使用账户不多的小型企业。

企业在选用适合本单位会计核算组织程序时,应考虑以下几方面的因素:

(1)要适应本单位的经济活动特点、规模的大小和业务的繁简情况,有利于会计核算分工和建立岗位责任制。

(2)要适应本单位、主管部门以至国家经济管理的需要,全面、系统、及时、正确地提供反映本单位经济活动情况的会计核算资料。

(3)要在保证核算资料正确、及时和完整的前提条件下,尽可能地简化会计核算手续,提高会计工作效率,节约人力物力,节约核算费用。

1.3.3 物流企业的会计档案管理与交接

1. 物流企业的会计档案管理

1)会计档案概述

会计档案是指企业、行政事业单位的各种会计资料在会计期间终了之后立卷保存而形成的档案。会计档案包括会计凭证、账簿、财务报告等会计核算专业资料。它是记录和反映经济业务的重要史料和证据,具有法律效力,因而是重要的经济档案。充分利用档案资料,对于总结经济工作经验、分清经济责任、指导经营活动、查证财务问题等具有十分重要的意义。

会计凭证是会计档案的重要组成部分。会计凭证在登记入账后,应该按照凭证的种类、日期、编号,顺序地将记账凭证连同所附原始凭证及其汇总表审查核对、整理装订、立卷归档,每月至少装订一册。为了便于查阅,装订成册的会计凭证力求整齐、完整、牢固,并加具封面,注明企业名称、凭证的所属日期、种类、张数和起讫号数。为了防止拆毁、抽换已装订成册的会计凭证,应在装订线上加粘封条,并加盖骑缝章。会计凭证包括原始凭证、记账凭证、汇总凭证和其他会计凭证。

各种账簿在更换转账以后,应将旧账归入会计档案。活页账和卡片账按页码顺序排列,并要像订本账一样加扉页,注明企业名称、所属日期、记账人员姓名等,然后装订成册,并加盖公章,以便保存利用。会计账簿包括总账、明细账、日记账、固定资产卡片、辅助账簿和其他会计账簿。

财务报告一般在年度终了后,由专人统一收集,整理装订、立卷归档。财务报告归档以后,如果上级主管部门在批复时有所更改变动,应将此项批复连同更正后的资料一起归入档案。财务报告分为月度、季度、年度财务报告,包括财务报表、财务报表附注及财务情况说明书等。

其他重要的会计资料,包括银行存款余额调节表、银行对账单、其他应保存的会计核算专业资料、会计档案移交清册、会计档案保管清册、会计档案销毁清册以及经济合同等重要资料,也应定期收集、单独装订成册、编定页码、加封面、立卷归档。

2）会计档案的保管和利用

当年的会计档案在会计年度终了后,可暂由本单位财会部门保管1年,以便于查核使用。期满以后,应由会计部门编制清册,全部移交给本单位档案部门,不得自行封存保管。档案部门对于财会部门移交的会计档案,应当保持原卷册的封装。

对于个别需要拆封重新整理的,应当征得财会部门主管人员同意并与原经办人员共拆封整理。档案部门应建立健全档案保管责任制,指派专人负责并严格执行安全和保密制度,以保证会计档案的完好无损和会计信息的不随便泄露、不超越规定的传递范围。

必须加强会计档案的利用工作,以充分发挥其史料作用和验证作用,借鉴企业,单位经营管理的经验和教训,查找有关经济问题。借阅会计档案必须严格遵守有关会计档案的保管制度。本单位人员调阅会计档案,须经会计主管人员同意,并履行登记手续,一般应在档案室查阅。外单位借阅会计档案要有正式介绍信,经本单位会计主管或单位领导批准,并办理登记手续,方可在指定地点查阅。原件不能携带外出,需要复印的会计档案须经本单位领导同意方可复印。如有特殊需要借出审阅,须报经企业主管部门批准,限期归还。查阅会计档案时,不允许在会计档案上做任何记录,更不能拆散原卷,抽撤单据。

会计档案的保管期限应按照国家统一规定执行。现行的会计档案管理办法对不同单位、不同类别的会计档案,规定了不同的保管期限。各种会计凭证、会计账簿、会计档案移交清册至少须保存30年。固定资产卡片在固定资产报废清理后至少保管5年。各种月度、季度、半年度财务会计报告至少保存10年;年度财务会计报告需永久保管。会计档案保管期满需要销毁时,要按照档案规范规定,由本单位档案部门提出销毁意见,会同会计部门共同鉴定,严格审查,确无保管必要的,应编制会计档案销毁清册,经本单位领导批准后予以销毁。在销毁前,对其中未了结的债权、债务的原始凭证,应当单独抽出,另行立卷,由档案部门保管至结清债权、债务时止。会计档案保管、销毁清册以及会计档案鉴定意见书应永久保管。

企业在销毁会计档案时,应当由档案部门和财会部门共同派员监督。监销人在销毁会计档案以前应认真进行清点核对,销毁后在销毁清册上签名盖章,归档保存,并将监销情况报告本单位领导。

2. 物流企业的会计工作交接

会计人员因工作调动或其他原因离职时,必须与接管人员办理交接手续,以分清移交人员和接管人员的责任,使会计工作前后衔接,防止账目不清、财务混乱保证会计工作顺利进行。会计人员离职前必须做好移交准备工作,包括如下内容:

(1)已经受理的经济业务尚未填制的会计凭证应填制完毕。

(2)尚未登记的记账凭证应登记完毕,并在最后一笔余额后加盖印章以示责任。

(3)整理应该移交的各项资料,对未了事项必须写出书面材料,列出清单。

(4)编制移交清册,列示所移交的账表、公章、现金和支票簿等各种资料,并注明移交日期,加盖印章。

会计人员工作移交时应按照《会计法》第四十一条的规定进行监交。一般会计人员办理交接手续,由会计机构负责人、会计主管人员监交。会计机构负责人、会计主管人员办理交接手续,由单位行政领导人监交,必要时,可以由上级主管单位派人会同监交,以保证交接工作顺利完成。

重 要 概 念

物流企业会计　会计账户　会计要素　基本前提　信息质量要求　核算组织程序

思 考 题

1. 物流企业会计要素包括哪些内容?

2. 如何设置物流企业会计账户?

3. 物流企业会计核算有哪些基本前提?

4. 物流企业会计信息质量要求有哪些?

5. 物流企业会计核算组织程序有哪些?其具体包括哪些内容?

第 2 章　物流企业的业务类型

内容提要

　　本章主要讲解了物流的产生与发展;物流企业的概念、分类及职能;物流企业的业务类型以及业务特点。

重点难点

　　本章重点为物流企业的职能,物流企业业务类型及业务范围;本章难点为物流企业业务类型及业务特点。

学习目标

　　通过本章的学习,要求学生了解物流的产生与发展,了解物流企业的概念及职能,领会物流企业的业务流程、现代物流的分类;理解物流企业的业务特点;掌握物流企业业务类型及业务范围。

知识框架

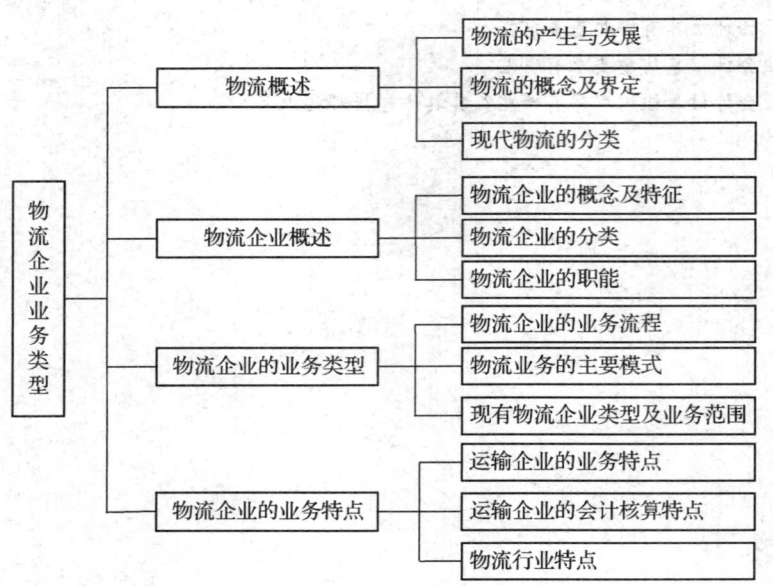

引例　物流现象

从商场的货架上随手取下一瓶洗发水,你能想到这瓶洗发水从走下流水线那一刻起,到你拿到手中为止,中间究竟被多少辆卡车运转到多少个物流配送中心?历经多少道批发商以及多少人的手才被送上货柜?它要经过多少道工序才变成你看到的样子?更重要的是,需要怎样做才能够更经济地将这瓶洗发水送到零售店里去?

在这每一道工序或环节中起到衔接、转运和增值作用的就是我们要说的"物流"。而且,这一物流现象与人们的日常生活息息相关,在一年的 52 周、一周的 7 天和一天的 24 小时内物流始终存在。例如,家中的纯净水用完了,电话约定后,配送工会按时送来,并装到饮水机上;身在异地的大学生,在父母生日之时,可以通过"宅急送"公司送去一束保鲜的鲜花(还可以货到付款);工厂里半成品工件由上道工序传到下道工序、由一个车间传到另一个车间,是通过搬运小车在车间里穿来穿去;仓库里装卸工在忙着把货物从汽车上卸下来又堆放到仓库的货垛上;商店里,店员把从仓库里提出来的货物放到货架上,由售货员向顾客销售货物,并按顾客要求包装好,交到顾客手中。诸如此类人们习以为常的现象,都是物流现象。可以说,如果没有物流的支持,营销和制造的具体实现只能是天方夜谭。

因此,了解物流企业及物流行业,把握好物流企业的业务类型以及业务特点至关重要。

2.1 | 物 流 概 述

2.1.1　物流的产生与发展

1. 物流的产生

物流的产生历史悠久,自从有了人类,物流这种形态就存在于人类社会之中了。但是,人类社会初期的生产力水平低下,这一阶段的物流活动处于原始状态。物流的概念是在社会经济高度发展的条件下才出现的,即是市场经济发展的产物。大机器生产的出现,大大提高了人们的劳动生产率。但是从整个社会来看,总的产品数量还很有限,一般来说,产品生产出来总可以分销出去。所以,人们的注意力都放在了怎样改进生产技术和多生产产品上,而不必过多担心产品分销,进而也就不关心分销及其运输成本和效益,因此也不会产生物流的概念。

现代物流概念最早出现于 20 世纪初的美国,被称为"Physical Distribution"(PD)即"实物分配"或"货物配送"。当时西方国家已开始出现生产大量过剩、需求严重不足的经济危机,迫切需要解决商品的销售和物资流通问题。20 世纪初,在一些经济发达的国家,其生产力发展到较高的水平,社会总产品数量达到比较饱和的程度,社会的总需求也相应有较大程度的增长,市场竞争激烈,企业生产出来的产品不一定都能分销出去,而且再靠提高生产技术已经有一定难度。这时,人们不得不关心分销工作,希望通过分销来打开市场。这样,降低分销成本、提高分销经济效益就成为企业关注的大事。由此,人们才逐渐关注分销物流,物流的概念开始萌芽。在这种背景下,1915年,美国市场营销学创始人阿奇·萧在《市场流通中的若干问题》中首次提出了 Physical Distribution 的概念,有人把它译成"实体分销"也有人译成"物流",这就是最早的物流概念,其实质是"分销物流"。1935年,美国销售协会进一步阐述了物流的概念:"物流是包含于销售之中的物质资料和服务在从生产场所到消费场所的流动过程中所伴随的种种经济活动。"

第二次世界大战中,针对战争中的物资供应问题,美国提出了"Logistics"的概念,其原意为"后勤",也就是所谓的"军事后勤学"。它是指将战时的物资生产、采购、运输、配给等活动作为一个整体统一部署,使战略物资补给的费用更低、速度更快、服务更好。随后,在企业中开始广泛应用"后勤"的概念,它同时包含了生产过程和流通过程的物流管理。

第二次世界大战后,发达国家的经济进一步发展,生产力水平进一步提高,需求规模进一步扩大,市场竞争进一步加剧,于是社会进入了大量生产、大量销售时期。这时候,为了进一步扩大市场占有率、降低流通成本,企业和社会就更加关注物流,使物流的概念更为系统化和普遍化。20世纪80年代,人们对"物流"的概念有了较全面、深刻的认识,认为原来的Physical Distribution作为物流的概念已经不够确切,因为它只描述分销物流。实际上物流不仅包括分销物流,还包括购进物流、生产(制造)物流、回收物流、废弃物流、再生物流等。应该说,这是一个闭环的全过程,就像军事后勤管理(Logistics Management)所包含的内容一样广泛,于是在20世纪80年代末90年代初,人们正式把"Logistics"作为物流的概念。此后,Logistics逐渐取代PD,成为"物流"的概念和英文名词,这也是物流科学走向成熟的标志。

2. 世界物流的发展

根据物流实践的内容、应用技术、实现手段和方式特点等,可以将物流活动的发展分为两大阶段。其中,20世纪80年代中期可以作为一个发展的时间阶段标志。

1) 传统物流阶段

传统物流阶段以手工作业、机械作业为主,重视物流的各项功能。从物流整体发展过程分析,初级物流阶段为20世纪40年代末至80年代中期,其中还可以进一步划分为若干时期。其主要特点是专业化、机械化发展,以提高运输、仓储、配送、外购等各种物流环节的效率、效益为重点。

2) 现代物流阶段

现代物流阶段以电子信息技术为基础,注重服务、人员、技术、信息和管理的综合集成,是现代生产方式、现代管理手段、电子信息技术相结合在物流领域中的体现。同一物流活动中,各运作主体依托电子信息技术,使物流活动能有效地在企业内部、多企业之间、区域、全国乃至国际展开经营活动。现代物流是在现代技术,如电子信息技术、准时制(JIT)、计算机集成制造系统(CIMS)等与现代经营管理,如市场营销、战略管理、全面质量管理等相互促进的过程中发展起来的,也可以说它是现代技术、电子信息技术和现代管理理论综合应用的产物。

3. 我国物流的发展

我国物流业发展历程可分为五个阶段,这五个阶段反映了物流与经济发展的密切联系。

1) 第一阶段——创建阶段(1949—1952年)

创建阶段为中国国民经济恢复时期,当时由于刚解放,百废待兴,物流业也刚开始创建,其货物运输主要依靠铁路及部分公路。其特点是:多数是商物合一型、兼营型的物流企业,附属于专业公司或批发站(一些大城市除外)。在生产部门,物流问题还未提到日程上来。

2) 第二阶段——发展时期(1953—1965年)

发展时期的初期,我国开始了第一个五年计划(1953—1957年)。这一阶段国民经济发展迅速,交通运输建设也有了较大进展,通车里程大为增加,因此物流业也得到了相应的发展。在物资、商业、供销、粮食、外贸等流通部门相继成立了商物分离型、专业型的物流企业，如储运公司、仓储公司、中转站等，以及附属于各专业公司、批发站的商物合一型、兼营型的物流企业，初步形成了物流业。

3）第三阶段——停滞阶段（1966—1977年）

停滞阶段由于受众所周知的"文化大革命"的影响，物流业的发展处于停滞状态。

4）第四阶段——改革、开放阶段（1978—1998年）

1978年年底，中共十一届三中全会决定进行经济体制改革和对外开放，并推行了一系列政策和措施。中国的现代化建设得到了迅速发展，交通运输建设也加快了步伐，物流业有了很大进展，不仅流通领域的专业性、兼营性的物流企业增加，在生产部门也重视物流合理化的研究，建设和加强了国有物流企业，还出现了集体和个体的物流企业或储运专业户，国内横向经济联合加强，物流打破了部门、地区的界限，更加专业化和社会化。

5）第五阶段——大发展和国际化阶段（1999年至今）

1999年11月25日，时任国务院副总理的吴邦国在现代物流发展国际研讨会上指出：现代物流是一项跨行业、跨部门、跨地区，甚至跨国界的系统工程，现代物流作为一种先进的组织方式和管理技术，被广泛认为是企业在降低物资消耗、提高劳动生产率以外的重要利润源泉，在国民经济和社会发展中发挥着越来越重要的作用。这一重要讲话标志着我国政府开始重视现代物流的发展。随后，各地区和城市纷纷制定物流发展规划，并积极开展国际物流业务，使物流向国际化方向迈进。

我国物流业尚处于发展期向成熟期过渡的阶段。首先，物流企业资产重组和资源整合步伐进一步加快，形成了一批所有制多元化、服务网络化和管理现代化的物流企业；其次，物流市场结构不断优化，以"互联网＋"带动的物流新业态增长较快；最后，社会物流总费用与GDP的比率逐渐下降，物流产业转型升级态势明显，物流运行质量和效率有所提升。

各国物流业的发展史都说明了一个问题，即物流业的发展取决于一个国家和地区的经济发展程度；而发展了的物流业又进一步促进了这个地区和国家的经济繁荣与发展。当然，经济体制的变革和科技进步、物流技术提高等，都会对物流业的发展起到重要作用。

4. 我国物流行业发展的趋势

现代物流是借助现代科技特别是计算机网络技术的力量，对社会现有的物流资源进行整合，实现物品从生产地到消费地的快速、准确和低成本转移的全过程，获取物流资源在时间和空间上的最优配置。随着全球和区域经济一体化的深度推进，以及互联网信息技术的广泛运用，全球物流业的发展经历了深刻的变革并获得越来越多的关注。

目前，现代物流已经发展成包括合同物流（第三方物流）、地面运输（公路和铁路系统提供的物流）、快递及包裹、货运代理、第四方物流、分销公司在内的庞大体系。中国物流业市场规模位居全球第一，美国位列其次，预计未来几年，全球物流业仍将快速发展。现代物流行业的发展趋势是从基础物流、综合物流逐渐向供应链管理发展。供应链概念是传统物移理念的升级，将物流划为供应链的一部分，综合考虑整体供应链条的效率和成本。供应链是生产及流通过程中，涉及将产品或服务提供给最终用户活动的上游与下游企业，所形成的网链结构。供应链管理渗透至物流活动和制造活动，涉及从原材料到产品交付最终用户的整个物流增值过程。供应链管理属于物流发展的高级阶段，供应链管理的出现标志着物流企业与客户之间从物流合作上升到战略合作高度。物流企业从基础服务的提供逐渐转变为供应链方案的整合与优化,在利用较少资源的情况下,为客户创造更大的价值。

未来物流发展趋势将向智能化、规范化、标准化方向,面向供应链方向的物流核心是综合优化和协同发展。

2.1.2　物流的概念及界定

1. 物流的定义

中国物流行业起步较晚,随着国民经济的飞速发展,中国物流行业保持较快增长速度,物流体系不断完善,行业运行日益成熟和规范。

物流是指为了满足客户的需求,以最低的成本,通过运输、保管、配送等方式,实现原材料、半成品、成品或相关信息进行由商品的产地到商品的消费地的计划、实施和管理的全过程。物流是一个控制原材料、制成品、产成品和信息的系统,从供应开始经各种中间环节的转让及拥有而到达最终消费者手中的实物运动,以此实现组织的明确目标。现代物流是经济全球化的产物,也是推动经济全球化的重要服务业。世界现代物流业呈稳步增长态势,欧洲、美国、日本成为当前全球范围内的重要物流基地。

现代物流不仅单纯地考虑从生产者到消费者的货物配送问题,而且还考虑从供应商到生产者对原材料的采购,以及生产者本身在产品制造过程中的运输、保管和信息等各个方面,全面地、综合性地提高经济效益和效率的问题。因此,现代物流是以满足消费者的需求为目标,把制造、运输、销售等市场情况统一起来考虑的一种战略措施。这与传统物流把它仅看作是"后勤保障系统"和"销售活动中起桥梁作用"的概念相比,在深度和广度上又有了进一步的含义。

根据中华人民共和国国家标准《物流术语》(GB/T 18354—2006),物流是指物品从供应地向接收地的实体流动过程。物流是根据实际需要,将运输、储存、装卸、搬运、包装、流通加工、配送、信息处理等基本功能实施有机结合的过程。

总的来说,物流是包括运输、搬运、储存、保管、包装、装卸、流通加工和物流信息处理等基本功能的活动,它是由供应地流向接受地以满足社会需求的活动,是一种经济活动。

2. 传统物流与现代物流

传统物流一般指产品出厂后的包装、运输、装卸、仓储,而现代物流提出了物流系统化或总体物流、综合物流管理的概念,使物流双向延伸,加入了新的内涵,并将社会物流与企业物流有机结合在一起,从采购物流开始,经过生产物流,再到销售物流。与此同时,要经过包装、运输、仓储、装卸、加工配送到达用户(消费者)手中,最后还有回收物流和废弃物流。现代物流包含了产品从"生"到"死"的流动全过程。

在物流概念传入我国之前,我国实际上一直存在着物流活动,即运输、保管、包装、装卸、流通加工等物流活动,其中主要是仓储和运输活动。国外提出的物流业基本上等同于我国当时的储运业,而现代含义的物流的范畴则远不止于此。

传统物流与现代物流的区别主要表现在以下几个方面:

(1) 传统物流只提供简单的位移,现代物流则提供增值服务。

(2) 传统物流是被动服务,现代物流是主动服务。

(3) 传统物流实行人工控制,现代物流则利用信息技术,实施信息管理。

(4) 传统物流无统一服务标准,现代物流则实行标准化服务。

（5）传统物流侧重点到点、线到线的服务，而现代物流则要构建全球服务网络。

（6）传统物流是单一环节的管理，现代物流是整体系统的优化。

2.1.3 现代物流的分类

1. 按作用领域分类

按照作用领域分类，物流可分为供应物流、生产物流、销售物流、回收物流和废弃物物流。

1）供应物流

供应物流（Supply Logistics）是为下游客户提供原材料、零部件或其他物品时所发生的物流活动。供应物流包括原材料等一切物资的采购、进货运输、仓储、库存管理、用料管理和供应管理，也称为原材料采购物流，对企业生产经营的正常、高效率运营发挥着保障作用。企业供应物流不仅要实现保证供应的目标，而且要在低成本、低消耗、高可靠性的限制条件下来组织供应物流活动，因此难度比较大。

供应物流包括采购、仓储、库存管理、装卸、运输和生产资料供应。因不同企业、不同供应环节和不同的供应链而有所区别，企业的供应物流出现了许多不同种类的模式，主要有以下四种基本组织方式：第一种是委托社会销售企业代理物流方式；第二种是委托第三方物流企业代理供应物流方式；第三种是企业自供物流方式；第四种是近年随供应理论发展起来的供应链供应方式。

2）生产物流

生产物流（Production Logistic）是指制造企业在生产过程中，原材料、在制品，半产成品等的物流活动，生产物流是企业物流的关键环节，起于原材料、外购件的投入，止于成品仓库。它贯穿生产全过程，横跨整个企业（车间、工段），其流经的范围是全过程的，物料投入生产后即形成物流，并随着时间进程不断改变自己的实物形态（如加工、装配、储存、搬运，等待状态等）和场所位置（如各车间、工段、工作地、仓库等）。

3）销售物流

销售物流（Distribution Logistics）是指生产企业、流通企业在出售商品过程中所发生的物流活动，是企业为保证本身的经营利益，不断伴随销售活动，将产品所有权转给用户的物流活动。销售物流活动带有较强的服务性，以满足买方的要求，最终实现销售。销售以送达用户并经过售后务才算终止。在这种前提下，企业销售物流的特点，便是通过包装、送货、配送等一系列物流实现销售，这就需要研究送货方式、包装水平、运输路线等并采取各种诸如少批量、多批次、定时、定量配送等特殊的物流方式达到目的。

4）回收物流

回收物流（Returned Logistics）是指退货、返修物品和周转使用的包装容器等从需方回供方所引发的物流活动。在生产销售过程和生活消费中，部分物料可通过收集、分类、加工、供皮等环节转化成新的产品，重新投入到生产或消费中，这样就形成了回收物流。例如，货物运输中发生的包装容器、废旧装载工具及工业生产中产生的边角余料、废旧钢材等在回收中所发生的物流活动。在一个企业中，如果回收物品处理不当，往往会影响整个生产过程，甚至影响产品的质量，也会占用很大空间，造成浪费。另外，在企业的经管管理活动中，有时会产生突发性回收物流，如产品召回，这种情况较多地出现在汽车、医药和食品等行业，通常由于产品质量方面的问题而产生了回收的需求,这种同题如果不处理好,将会影响企业的信誉,甚至危及企业的生存。

5)废弃物物流

废弃物物流(Waste Material Logistics)是指将经济活动中失去原有使用价值的物品,根据实际需要进行收集、分类、加工、包装、搬运、储存等,并分送到专门处理场所的物流活动。

2. 按照系统性质分类

1)企业物流

企业物流(Internal Logistics)是指企业内部的物品实体流动。它从企业角度上研究与之有关的物流活动,是具体的、微观的物流活动的典型领域。企业物流又可以分为不同类型的具体物流活动:企业供应物流、企业生产物流、企业销售物流、企业回收物流,企业废弃物物流等。

2)行业物流

在一个行业内部发生的物流活动被称为行业物流(Industry Logistics)。

通常而言,同一行业的各个企业往往在经营上是竞争对手,但为了共同利益,在物流领域中却常常互相协作,共同促进物流系统合理化。在国内外有许多行业均有自己的行业协会,并对本行业的行业物流进行研究。在行业物流活动中,有共同的运输系统和零部件仓库以实行统一的集体配送;有共同的新旧设备及零部件的流通中心;有共同的技术服务中心进行对本行业的维护人员的培训;有统一的设备机械规格、采用统一的商品规格、统一的法规政策和统一的报表等。行业物流系统化的结果使行业内各个企业都得到相应的利益。

3)社会物流

社会物流(External Logistics)是企业外部的物流活动的总称。社会物流是以全社会为范畴、面向广大用户的物流。社会物流涉及在商品的流通领域所发生的所有物流活动,因此社会物流带有宏观性和广泛性,所以也称之为大物流或宏观物流。伴随商业活动的发生,物流过程通过商品的转移,实现商品的所有权转移这是社会物流的标志。

3. 按照空间范围分类

按照空间范围分类,物流可分为地区物流、国内物流与国际物流。

1)地区物流

地区物流(Regional Logistics),也称为区域物流,是指全面支撑区域可持续发展总体目标而建立的适应区域环境特征,提供区域物流功能,满足区域经济、政治、自然、军事等发展需要,具有合理的空间结构和服务规模,实现有效组织与管理的物流活动体系。区域物流主要由区域物流网络体系、区域物流信息支撑体系和区域物流组织运作体系组成。区域物流研究的重点是城市物流,城市经济区域的发展有赖于物流系统的建立和运行。

2)国内物流

国内物流(Domestic Logistics)是指为国家的整体利益服务,在国家自己的领地范围内开展的物流活动。国家或相当于国家的实体,是指拥有自己的领土、领海和领空的政治、经济实体。国内物流作为国家的整体物流系统,具体包含以下几方面的内容:物流基础设施的建设,如公路、高速公路、港口、机场、铁道的建设,以及大型物流基地的配置等;制定各种交通政策、法规,如铁道运输、卡车运输、海运、空运的价格规定,以及税收标准等;物流活动有关的各种设施、装置、机械的标准化,这是提高全国物流系统运行效率的必经之路;物流新技术的开发、引进和物流技术专门人才的培养等。

3)国际物流

国际物流(International logistics)是跨越不同国家或地区之间的物流活动。国际物流是不同国家之间的物流,这种物流是国际贸易的一个必要组成部分,各国之间的相互贸易最终通过国际物流来实现。国际物流是现代物流系统中重要的物流领域,近十几年有很大发展,也是一种新的物流形态。从企业角度看,跨国企业发展很快,不仅是已经国际化的跨国企业,即便是实力一般的企业也在推行国际战略,企业在全世界寻找贸易机会,寻找最理想的市场,寻找最好的生产基地,这就将企业的经济活动领域必然地由一个国家或地区扩展到各个国家之间。这样一来,企业的国际物流也提到议事日程上来,企业必须为支持这种国际贸易战略,更新自己的物流观念,扩展物流设施,按国际物流要求对原来的物流系统进行改造。对跨国公司来讲,国际物流不仅是由商贸活动决定,而且也是本身生产活动的必然产物。企业的国际化战略的实施,使企业分别在不同国家生产零件、配件,又在其他国家组装或装配整机,企业的这种生产环节之间的衔接也需要依靠国际物流。

2.2 | 物流企业概述

2.2.1 物流企业的概念及特征

1. 物流企业的概念

物流企业指独立于生产领域之外,专门从事各种物流经营活动,为客户的物流提供管理、控制和专业化服务,能够自主经营、自负盈亏、自我发展、自我约束的具有法人资格的企业。

由上述定义可见,物流企业主要是相对于生产企业而言的,物流企业的经营内容主要是提供诸如仓储、运输、配送和相关物流信息咨询等物流服务的。物流企业是以物流为主体功能同时必然伴随有商流、资金流和信息流,其具体包括仓储业、运输业以及批发业、零售商业和外贸等行业分流出来的物流业务组织。

2. 物流企业的特征

从物流企业的概念可知,物流企业具有如下特征:

(1)物流企业是国民经济流通产业机体的细胞,是具有健全机能和旺盛生命力的有机体。

(2)物流企业是在市场经济的运行和发展过程中,专门从事与实体商品交换活动有关的各种经济活动的经济组织。

(3)物流企业为维系生存和发展,具有自身的利益驱动机制。

(4)物流企业是具有流通服务职能、平等参与竞争、享有合法权益的法人。

2.2.2 物流企业的分类

物流企业可以按照不同的标准进行简单分类:

　　根据作业类别不同,可将物流企业分为运输企业、仓储企业、流通加工企业和配送企业等。

　　根据所有制形态不同,可将物流企业分为外资或合资物流企业、国有物流企业和民营物流企业。

　　根据组织管理水平不同,可将物流企业分为传统物流企业和现代物流企业。

　　根据服务主体不同,可将物流企业分为第一方物流企业、第二方物流企业、第三方物流企业和第四方物流企业。第一方物流企业是指生产企业直营的物流企业;第二方物流企业是指提供仓储、运输等物流服务的企业;第三方物流企业是指借助第二方物流企业资源提供一体化服务的物流企业;第四方物流企业是指提供综合物流解决方案或咨询服务的企业。

2.2.3　物流企业的职能

　　在市场经济条件下,社会生产总过程是由生产、分配、交换和消费四个基本环节构成的。生产是起点,消费是终点,分配和交换是中间环节。商品的流通是连续的交换,或者是总体上的交换。商品的流通是社会生产总过程中相对独立的环节,是连接生产和消费的中间环节。

　　生产企业只有相互交换各自需要的物质产品,才能使各自的生产过程不间断地进行。因此,社会物质产品的生产能力同社会物质产品的流通能力是彼此制约、互相作用的。物流企业作为独立于生产企业之外、专门从事商品交换活动的经济实体,从全社会来看,其基本的职能是以商品的买者和卖者的双重身份交替出现在市场中,按照供求状况来完成物质的交换,解决社会生产与消费之间在数量、质量、时间和空间上的矛盾,实现生产和消费的供求结合,保证社会再生产的良性循环。这是物流企业的基本职能,也称宏观职能。

　　商品流通全过程一般分为购、销、存、运四个相对独立的环节。物流企业的宏观职能是通过其微观职能来实现的。其微观职能表现如下。

1. 组织社会物质资源的职能

　　组织社会物质资源的职能是物流过程的起点。物流企业根据市场的需求,用货币购买生产企业的劳动成果——物质产品,引入流通领域。从社会生产总过程来看,生产企业生产的物质产品实现了从商品到货币的转换,为它们的再生产提供了条件——持币待购再生产所需的商品;从物流企业来看,则表现为从货币到物质资源的转换,意味着完成了流通过程的第一个环节,掌握了物质资源,为商品的销售奠定了可供需求的货源基础。

2. 商品供应的职能

　　商品供应职能是物流过程的终点,是商品从流通领域返回生产、消费领域的最后环节。从物流企业来看,这一职能表现为物质资源到货币的转换,意味着物流企业在满足了再生产的物质需要、完成了商品的供应任务后,除了弥补流通成本之外,还要获得增值的货币——销售利润;从社会生产总过程来看,又是生产企业的货币到再生产需求的物质资料的转换,意味着取得了进行再生产的物质要素,并实现了物质产品的价值。物流企业购销商品的职能完成了物质产品所有权的让渡。

3. 商品储存的职能

　　商品储存是指物质产品离开生产领域,但还没有进入消费领域而在流通领域内的暂时停滞。物流企业的这一职能是由生产社会化决定的,即每个生产企业生产的商品具有单一性,而其消费却是多样性、复杂性的。通过物流企业"蓄水池"的职能,将购进的物质产品加以积累,并根据消费的需要进行分类、编配、加工等,使商品实体适时、适量、适质、齐备地满足用户消费的需求,从而创造生产总过程的时间价值。

4. 运送物质实体的职能

这是由物质产品在生产和消费之间的空间矛盾所决定的,因为某类物质产品生产相对分散,消费相对集中,或者是消费相对分散,生产相对集中,只有当它们完成了空间位置的移动,才能满足消费的需求。物流企业的这一职能,将暂时停留在流通领域的物质产品,借助于运输完成其物质实体在空间分布上的转移,运送到消费者所在地,从而创造出生产总过程的空间价值。物流企业的存和运两个职能,是物流全过程中两个相对独立的中间环节。通过对实体产品的存和运,物流企业才能实现其使用价值。

5. 信息流通的职能

在市场经济社会,最重要、最大量的信息来自市场。由于物流企业连接产需双方及其直接置身于市场的特殊地位,使它们在收集信息方面具有得天独厚的条件,将市场供求变化和潜在需求的信息反馈给供求双方,起到了指导生产、引导消费和开拓市场的作用。

综上所述,物流企业的宏观职能是靠其微观职能的具体实施完成的。宏观职能为微观职能指明方向,微观职能又是实现宏观职能的具体体现,两者互为条件,彼此制约。

2.3 物流企业的业务类型

2.3.1 物流企业的业务流程

1. 客户委托

(1) 客户可通过公司网站,登陆客户服务端,实现网上下单,保证单据传递的实时性、准确性及电子化。

(2) 客户可通过传真、电子邮件等形式向公司发送客户运输服务委托单。

2. 业务受理

(1) 公司物流部的操作部门在接收客户发出的委托单后,仔细核对委托单上所有信息,对客户委托内容不全面、不清楚时,必须主动联系,逐项落实准确。

(2) 对委托单内容实行快速反应,及时调配合理运载车辆,前往仓库提货。必须使每一单货物的运作均在主管经理的直接监控之下。

(3) 发车前再一次确认车辆状态,保证车辆行驶途中的安全。

(4) 物流部主管要登记发车记录,同时开具承运单,交付财务部记录,并交付客服部作跟踪依据。

3. 现场装货/供应商送货

(1) 前往仓库提货时,由物流部管理人员中专项现场人员带领车辆,必须保证每一单货物的运作均在主管经理的监控之下。

(2) 现场人员抵达仓库后应对承运货物的外包装状况逐一仔细检查并使其符合长途运输的要求,从初始状态上避免因外包装原因而造成的破损。

(3) 与客户联系明确装货事宜,并办妥有关手续。

（4）现场人员要仔细清点装货数量，与货单进行核对。

（5）装货完毕，经清点无误后，由现场物流部管理人员签单封车。

（6）发车时再一次清点检验驾驶员的手机电池、车载电源的配备及驾驶员手机话费情况，保证行车途中的通讯畅通。

（7）对于供应商送抵仓库需暂存的货物，由公司物流部与仓管人员，按客户要求进行清点核对到库数量，并开具入库单。

（8）接客户委托单装车发运时，由公司物流部管理人员与仓管人员交接，并签具出库单，进行清点交接，即装车发运。

4. 运行监控

（1）货物发车后，单据移交物流管理人员，由物流部管理人员填写运行记录。

（2）物流部管理人员每日对车辆进行跟踪，填写《车辆运行状态登记表》。

（3）客户可通过物流公司网站，实现网上货物即时信息查询，同时物流部管理人员将《车辆运行状态登记表》每日两次以电子邮件形式反馈给客户，并做到信息的准时、准确，严禁敷衍作假行为。

（4）《车辆运行状态登记表》主要包括：发车时间、到货时间、每日运行状态、运行过程的异常情况及到货信息的确认。

（5）车辆运行中出现重大异常情况立即报公司领导，启动应急方案。

5. 卸货交付

（1）车辆到达目的地后，及时与当地客户取得联系，由其与仓库协商安排卸货事宜。

（2）入库卸货时，客户与驾驶员同时监督清点卸货数量。

（3）发生货损、货差，由驾驶员与收货方共同分清责任，同时提交公司。

（4）对于运输责任造成货损、货差，总结经验，避免类似状况发生。

（5）卸货完毕后，签收单由驾驶员带回公司，便于回单管理，及向客户及时返送回单。

6. 回单管理

（1）物流部管理人员及时催要回单，已收回回单，填写《回单登记表》。

（2）定期向客户返送回单，由物流部管理人员填制回单交接表，将回单交接表与回单原件同时交付客户，由收单人在回单交接表签字签收。

7. 财务对账

（1）物流部管理人员将每日填制的货物承运单传递至财务部，以便于进行对账统计表的登录。

（2）物流部管理人员定期将回单交接表的客户签收联传递至财务部，作为对账核对依据。

（3）统计人员根据物流管理人员单据，整理对账表，至月底与客户指定人员进行账务核对，确认无误后开具发票，并由专人送至客户处签收。

2.3.2 物流业务的主要模式

（1）自营模式，是指企业自备仓库、自备车队等，企业拥有一个自我服务的体系的物流模式。

（2）第三方物流，是指业利用一家外部的物流公司完成其全部或部分物料管理和产品配送的职能的物流模式。

（3）物流联盟，是指企业选择少数稳定且有较长时间业务往来的相关企业与之形成长期互利的、全方位的合作关系，通过彼此之间的优势互补，实现各自的物流目的和战略。

（4）第四方物流，是指一个物流集成商调集和管理组织的物流模式，用自己的以及具有互补性的服务提供商的资源、能力和技术，以提供一个综合的物流解决方案。它是建立于第三方物流和物流联盟基础之上并发展而来的一个新的物流模式。第三方物流、物流联盟和第四方物流均属于企业的物流外包业务，区别在于外包业务中企业之间的合作程度存在差异。

2.3.3 现有物流企业类型及业务范围

现有物流业务类型有运输型、仓储型、配送型、综合服务型四大类。

1. 运输型物流企业

运输型物流企业是指以从事货物运输服务为主，包括小件包裹快递服务或代理运输服务，并包含其他物流服务活动，具备一定规模的实体企业，具体要求如下。

1）主营业务活动

（1）企业的主要业务活动应以为客户提供门到门运输、门到站运输、站到门运输、站到站运输等一体化运输服务，以实现货物运输为主。

（2）根据客户需求，运输型物流企业可以提供物流功能一体化服务。

2）设施设备要求

（1）企业应具备一定的办公场所，以及业务经营活动的场所。

（2）按照业务要求，企业应具备必要的运输设备。

（3）按照业务要求，企业应具备或租用必要的仓储设施、设备。

（4）企业应具备一定的网络信息传递设备，保证信息系统的正常运行。

3）管理要求

（1）企业已建立一整套健全管理机构和与之相适应的管理制度，并有效实施。

（2）企业应具备合理的人力资源管理与绩效考核制度并有效实施。

（3）培训制度健全，能够对员工在技术及职业道德等方面进行系统培训及考核。

4）服务要求

（1）企业应配置专门的机构和人员，建立完备的客户服务体系，能及时、有效地提供客户服务。

（2）具备网络化信息服务功能，对所运货物可通过信息系统进行状态查询、监控。

2. 仓储型物流企业

仓储型物流企业是指以从事区域性仓储服务为主，包含其他物流服务活动，具备一定规模的实体企业。其具体要求如下。

1）主营业务活动

（1）企业应以为客户提供货物储存、保管、中转等仓储服务，以及为客户提供配送服务为主。

（2）企业应可以为客户提供其他仓储增值服务，如商品经销、流通加工等。

2）设备设施要求

（1）企业应具备一定的办公场所，以及业务经营活动的场所。

（2）企业应具备一定规模仓储设施、设备。

（3）按照业务要求，企业应具备或租用必要的货运车辆。

（4）企业应具备一定的网络信息传递设备，保证信息系统的正常运行。

3）管理要求

（1）企业已建立一整套健全管理机构和与之相适应的管理制度，并有效实施。

（2）企业应具备合理的人力资源管理与绩效考核制度并有效实施。

（3）培训制度健全，能够对员工在技术及职业道德等方面进行系统培训及考核。

4）服务要求

（1）企业应配置专门的机构和人员，建立完备的客户服务体系，能及时、有效地提供客户服务。

（2）具备网络化信息管理功能，应用信息系统可对货物信息进行状态查询、监控等各项信息处理。

3. 配送型物流企业

物流配送的主要工作有：备货、储存、加工、分拣及配货、配装、配送运输、送达服务。

物流配送行业常见的配送模式有自营型的物流配送模式、第三方物流配送模式、自营＋第三方配送模式和消费者自提＋第三方物流这四种配送模式，从各方面满足了客户和消费者的需求。企业可以选择自己合适的配送模式，以利于公司的发展。

合理的物流目标具体要求：

（1）将各项物流费用视为一个整体。在致力于改善顾客服务的过程中，重要的是努力降低物流总成本，而不只是个别项目成本费用的增减。

（2）将全部市场营销活动视为一个整体。在各项市场营销活动中，都必须考虑到物流目标，联系其他活动的得失加以权衡，避免因孤立地处理某一具体营销业务而导致物流费用不适当地增加。

（3）善于权衡各项物流费用及其效果。为维持或提高顾客服务水平而增加的某些成本项目视为必需，而不能使消费者受益的成本费用则要坚决压缩。

4. 综合型服务物流企业

综合服务型物流企业是指以从事多种物流服务活动，并可以根据客户的需求，提供物流一体化服务，具备一定规模的实体企业。其具体要求如下。

1）主营业务活动

（1）业务经营范围广泛，可以为客户提供运输、货运代理、仓储、配送等多种物流服务项目，并能够为客户提供契约性一体化物流服务。

（2）为客户制定整合物流资源的解决方案，提供物流咨询服务。

2）设施设备要求

（1）企业应具备一定的办公场所，以及业务经营活动的场所。

（2）按照业务要求，企业应具备或租用必要的运输设备以及仓储设施及设备。

（3）企业应具备一定的网络信息传递设备，保证信息系统的正常运行。

（4）企业应具有跨区域性货物分拨网络。

3）管理要求

（1）企业已建立一整套健全管理机构和与之相适应的管理制度，并有效实施。

（2）企业应具备合理的人力资源管理与绩效考核制度并有效实施。

（3）培训制度健全,能够对员工在技术及职业道德等方面进行系统培训及考核。

4）服务要求

（1）企业应配置专门的机构和人员,建立完备的客户服务体系,能及时、有效地提供客户服务。

（2）具备网络化信息服务功能,应用信息系统对物流服务整个过程的信息进行状态查询和有效监控等。

2.4 物流企业的业务特点

现有物流企业的业务类型由运输型物流企业逐渐衍生而来,所以物流企业的业务特点以运输企业为例。

2.4.1 运输企业的业务特点

在阐述运输企业会计核算的特点之前,我们先分析一下运输企业的业务特点。应该说,公路、水路、铁路及航空等各个运输企业都各具特点,但与一般的工商企业相比,它们又具有业务上的共性特征,但足以使运输企业与一般工商企业区别开来。归纳起来,运输企业的特点主要包括以下几个方面。

1. 运输生产的过程比较特殊

运输过程通常也被称为运输的生产经营过程,但在运输的生产经营过程中,只能消耗劳动工具,不能像工业企业一样消耗劳动对象,也不能改变劳动对象(旅客和货物)的属性和形态,如果运输生产过程中消耗了劳动对象,则意味着交通事故的发生。在特殊的运输生产过程中,不会产生任何有形产品,运输生产的唯一功能就是把人员及货物的空间位置转移,是一种纯粹的运送服务。

2. 运输生产的产品非常特殊

运输业的产品表现为运输服务的完成,这种产品的特殊性就在于它是无形的,而且不能保存和积累。运输过程既是生产过程,同时也是销售和消费过程。运输业务的开始意味着收入赚取过程和消费过程的开始,运输业务的结束意味着营业收入的实现和消费过程的结束。因此,运输业对于产品质量的要求比其他任何行业都更加细致和严格,因为运输产品无法退换,一旦运输质量出现了问题,就可能造成永远无法挽回的损失。

3. 运输生产的形式比较特殊

一般工商企业的生产经营活动都是在某一个固定地点进行的,如生产企业的生产一般在车间进行,商品销售活动一般在商场进行等。而运输生产则具有极强的流动性,它不可能在室内某一个固定的场所进行,而是在户外广阔的空间进行。因业,运输生产受自然条件甚至外界环境的影响较大,安全问题比较突出。与一般工商企业相比,运输生产收入的实现过程更加复杂。比如,铁路运输就需要通过铁路运输部门以及运输沿线各单位、各部门、各工种的工作人员,在不同空间和时间内的密切配合和分工协作才能完成。

4. 交通运输企业与制造企业生产经营特点的比较

交通运输企业与制造企业生产经营特点的比较如表 2-1 所示。

表 2-1   交通运输企业与制造企业生产经营特点的比较

序号	交通运输企业的生产经营特点	制造企业生产经营特点
1	生产过程具有流动性、分散性。除港口、车站卸装场地固定外，其整个运输的过程始终在一个广阔的空间不断流动，且流动的方向很分散	一般是在一个固定的厂房或工地内从事生产经营活动
2	在生产过程中不改变劳动对象(旅客和货物)的属性和形态，不创造新的物质产品，只改变其空间位置	通过对劳动对象(原材料)等进行生产加工活动，不断创造新的物质产品
3	运输生产与消费同时进行。不生产有形产品，也不能转让产品，其运输生产的过程也就是产品消费的过程。要提高经济效益，就要充分消费，提高载运率，避免回程空载	生产与消费不同时进行。生产有形产品，能储存产品，也能转让产品
4	在运输生产中只消耗劳动工具(运输设备与工具)，不消耗劳动对象(原材料)	在制造业生产过程中既消耗劳动工具(机器、设备等)，也消耗劳动对象
5	固定资产比重大，流动资产占用少。在流动资产中，原材料比重较小，燃料、备品配件及轮胎等比重较大	在流动资产中，原材料比重较大
6	各种运输方式之间替代性较强	制造业不同的生产经营活动的替代性较弱

5. 铁路运输企业的业务特点

铁路运输企业除了具有前面阐述的运输企业共有的特点之外，还具有以下两个特点：

(1) 业务周转量较大。与西方发达国家相比，我国的铁路客货运输业务量非常大。我国幅员辽阔，人口众多，铁路运输生产具有运输距离长、站点多、覆盖面广的特点，服务的范围涉及全国各个地区和角落，日常铁路客货运输的周转量较大。应该说，不论是客运还是货运，铁路运输在我国所有各类交通运输方式中基本上都排在第一位，铁路运输是我国最主要和最重要的客货运输手段。

(2) 组织结构和管理体制比较复杂。铁路是国民经济的命脉，多年以来，我国的铁路运输一直由国家铁路总公司直接控制。铁路总公司在全国下设若干铁路局，一个铁路局管辖几千千米线路，拥有几十万名职工和几百亿元固定资产。生产中广大职工的劳动不是固定在一个地点，而是分散在铁路沿线。为适应这种点多线长的客观要求，在铁路局内部又设置有机务、车辆、工务、电务、车站、材料供应等基层单位，各部门在铁路局的统一指挥和领导下，从事各项铁路运输的生产经营活动。整个铁路局的铁路运输工作是由铁路局、铁路分局或主管业务处以及机务、车辆等基层单位分级管理并完成的。

2.4.2 运输企业的会计核算特点

从会计核算方法来看，公路运输、水路运输、铁路运输及航空运输等各行业都各具特点，彼此之间很难像一般的工商业会计一样予以统一，尤其是铁路运输和航空运输。当然，与一般工商企业相比，这些运输企业在会计核算上也可以归纳出几个共同的特点，主要表现在以下几个方面。

1. 资产和负债要素的核算

由于运输服务的完成需要依赖运输工具，而运输工具在运输企业是作为固定资产核算的，因此，在运输企业固定资产中，运输工具的比重比一般行业多得多，金额也大得多。另外，由于运营中需要大量的油料、燃料、备品备件、维修设备等，因此，在运输企业流动资产中，燃料、轮胎、备品备件、维修设备、低值易耗品的比重也比一般行业多得多，金额也大得多。总之,汽车、轮船、火车、飞机等交通工具属于运输企业特有的固定资产,也是运输企业固定资产核算的主要对象;而燃料、轮胎、备品备件、维修设备等是运输企业存货的主要存在形式,也是运输企业流动资产核算的主要对象。

从负债方面看,由于运输企业在运输工具方面的投资可能性比较大,并且贷款购置运输工具的情况较多,因此,有时会产生金额较大的负债,这些负债可能是从金融机构取得的贷款,也可能是因融资租赁形成的负债。比如,航空公司一般都会因为融资租赁飞机而产生金额巨大的长期应付款。

2. 营运成本及费用的核算

从基本框架上看,运输企业营运成本及费用的核算原则与一般工商企业的营运成本及费用的核算原则是一样的。但由于公路运输、水路运输、铁路运输以及航空运输等运输企业的业务特点与一般工商企业并不一致,因此,运输企业成本费用的核算方法也不可能与一般工商企业的核算方法完全一致。事实上,由于业务特点有所差异,这几类运输企业彼此之间成本费用的构成和核算方法也并不完全一致,主要表现在营运成本和营运费用的归集和分配上。关于营运成本及费用的核算,将在第五章各节具体阐述。

3. 营运收入的核算

相对而言,运输企业在营运收入核算方面的特点是最突出的。以铁路为例,其运输企业的生产需要由运输部门以及运输沿线各单位、各部门、各工种的工作人员的密切配合和分工协作来完成,因此,其运输收入就必须在承担运营任务的各个环节之间分配。以航空公司为例,一次航空运输需要由售票网点、承运公司、机场、空中服务等多家企业和部门共同配合才能完成,因此,机票收入也需要在各个环节、各个部门之间分摊和分配。总之,运输企业尤其是铁路运输企业和航空运输企业营运收入的核算是其会计核算的焦点问题。营运收入的会计核算将在第六章相关各节中具体阐述。

4. 铁路运输企业的会计核算特点

铁路运输企业的会计核算特点是由其业务特点决定的,主要表现在以下几个方面。

1)实行分级核算

分级核算是指铁路运输企业实行铁路局、铁路分局和基层单位分层次进行会计核算的做法。在分级核算中,由铁路局掌管全局的资金,根据铁路总公司批准的生产计划,组织生产,计算运输收入、确定经营成果;铁路分局和基层单位属于铁路运输企业内部的经济核算单位,对铁路企业的经营活动进行局部的、独立的核算,按计划核收铁路局划拨的运营资金,正确核算本单位的运输支出,并计算应取得的运输清算收入。

2)上下级往来业务较多

铁路运输企业的分级演算方式决定了上下级单位之间的往来业务较多,主要包括以下几个方面。

(1)投资资金转拨业务。投资资金转拨是指铁路运输企业内部上下级之间转拨投资资金的经济业务。投资资金在企业内部转拨时,上级单位的"拨付所属投资"增加,下级单位的"上级拨入投资"增加。拨出资金对上级来说是一种投资,对下级来说是一种集资。

(2)运营资金清算拨款业务。运营资金清算拨款业务是指铁路运输企业内部上下级之间因运输工作需要发生的运营资金预付和结算的经济活动。为了保证生产的正常进行,在铁路运输企业内部,上级单位要定期向下级单位预付营运资金。拨款以后,上级单位应收下级的款项增加,下级单位应付上级的款项也将增加。完成运输工作以后,下级单位要向上级单位清算所拨付的运营资金。

（3）运输收入结算业务。运输收入结算就是铁路运输企业内部上下级之间因完成运输工作而形成的内部收入的结算。铁路运输企业的运输收入由铁路局集中核算,实行独立核算的铁路分局和基层单位分别向铁路局结算,并取得相应的收入,以弥补支付的成本费用。完成运输工作的运输收入结算款,对下级单位来说是收入,对上级单位来说是支出。

（4）利润解缴业务。解缴利润是通过基层单位上缴到铁路分局、铁路分局上缴到铁路局、铁路局再上缴铁路总公司来完成的。对于下级单位来说,解缴利润时"利润分配"增加;对于上级单位来说,解缴利润时"所属上缴利润"增加。

3）铁路运输收入进款单独进行会计核算

铁路运输收入进款是指在铁路沿线各个点上实现的,由列车站的收款点收取的,以车站（段）为单位按有关规定的手续通过银行向铁路分局、铁路局逐级解缴的客货运输收入。对于铁路运输收入进款,各站段应当在银行开立运输收入进款存款专户专项存储,逐级上缴到铁路总公司,再由铁路总公司按照规定的方法重新分配到各铁路分局。总之,在铁路运输企业会计中,对铁路运输收入进款应实行单独核算,单独设立会计账户和账户,单独编制会计报表,不能与各核算单位的其他核算业务混淆进行。

2.4.3 物流行业特点

1. 物流行业

物流行业被业界称为"第三利润源",被媒体称为"21世纪最大的行业"。

第一,物流行业是一个复合型产业。物流行业是指物流资源的产业化而形成的一种复合型或聚合型产业,物流资源有运输、仓储、装卸、搬运、包装、流通加工、配送、信息平台等,其中运输又包括铁路、公路、水运、航空、管道等。这些资源产业化就形成了运输业、仓储业、装卸业、包装业、加工配送业、物流信息业等。这些资源分散在多个领域,包括制造业、农业、流通业等。把产业化的物流资源加以整合,就形成了一种新的物流服务业。这是一种复合型产业,也可以称聚合型产业,因为所有产业的物流资源不是简单的叠加,而是通过优化整合,可以起到1+1>2的功效。

第二,物流行业是生产型服务业。生产型服务业是指为第一、第二、第三产业的实物生产和服务生产提供服务的产业。

众所周知,国内物流业当前阶段以小散为主要特征,最终必然逐步走向整合,这个发展方向已经被发达国家物流业的发展历程所证实。然而我们所不知道的是这个行业如何整合,哪些力量会成为最终驱动行业整合的推动力。今天的物流公司,要思考如何判断趋势,顺应发展趋势。不同行业发展的历程告诉我们,改变行业的力量一定不仅仅是行业内的竞争,我们必须用更宽的视野来看待行业整合的驱动力。

物流行业的整合大幕已然拉开。目前看来,至少有三个方面会成为中国物流行业整合的重要驱动力:

（1）电子商务平台的发展。

（2）联盟或平台模式的发展。

（3）资本和人才的推动。

2. 第三方物流的特点和优势

1）第三方物流的特点

从字面上来看,第三方物流是相对于"第一方"发货人和"第二方"收货人而言的。它超越了传统基础物流一单对一单的服务内容,增加了一些新的特点,如长期性——1年以上的稳定关系;正规性——通过合同确定合约双方关系;密切性——第三方从货主的角度管理物流业务,服务的增值性——除了运输与仓储业务,还涵盖了相关的管理、分析、设计等增值服务内容。

2）第三方物流的优势

第三方物流越来越受到工商企业的青睐,原因就在于它使企业能够获得比原来更大的竞争优势,这种优势主要体现在以下几个方面:

（1）归核优势。一般来说,生产企业的关键业务不会是物流业务,并且物流业务也不是它们的专长,而新兴的第三方物流企业由于从事多项物流项目的运作,可以整合各项物流资源,使物流的运作成本相对较低,物流作业更加高效,生产企业如果将物流业务交给它们来做,将得到更加专业的物流服务,同时也可以集中精力开展核心业务。

（2）业务优势。

第一,使生产企业获得自身不能提供的物流服务。由于客户所从事的行业不同,客户服务要求也千差万别,例如,生鲜产品客户对快速、及时、冷藏的要求,危险化工品客户对安全、仓储设备的要求。这些要求的差异往往是生产企业内部的物流系统所不能满足的,但却是第三方物流市场细分的基础。生产企业通过物流业务的外包就可以将这些任务转交给第三方物流公司,由它们来提供具有针对性的定制化物流服务。

第二,第三方物流不受企业资源限制。小企业的物流部门缺乏与外部资源的协调,当企业的核心业务迅猛发展时,企业自营物流系统受硬件设施和信息网络的局限,物流系统无法快速跟上,而第三方物流恰好可以突破这种资源限制的瓶颈。

（3）成本优势。

第一,第三方物流可降低生产企业运作成本。专业的第三方物流提供商利用规模生产的专业优势和成本优势,通过提高各环节资源的利用率实现费用节省,使企业能从分离费用结构中获益。对于生产性企业来说,物流成本在整体生产成本中占据了较大的比重。另外,由于企业使用外协物流作业,可以事先得到物流服务供应商申明的成本或费用,可变成本转变成不变成本,稳定的成本使规划和预算手续更为简便,这也是物流外包的积极因素。

第二,第三方物流可以减少固定资产投资。现代物流领域的设施、设备与信息系统的投入是相当大的,企业通过物流外包可以减少对此类项目的建设和投资,变固定成本为可变成本,并且可以将由物流需求的不确定性和复杂性所带来的财务风险转嫁给第三方。尤其是那些业务量呈现季节性变化的公司,物流外包对公司资产投入的影响更为明显。

（4）客服优势。

第一,第三方物流的信息网络优势。第三方物流企业所具有的信息网络优势使它们在提高顾客满意度上具有独特的优势。它们可以利用强大便捷的信息网络来加大订单的处理能力,缩短对客户需求的反应时间,进行直接到户的点对点的配送,实现商品的快速交付,提高顾客的满意度。

第二,第三方物流的服务优势。第三方物流企业所具有的专业服务可以为顾客提供更多、更周到的服务,加强企业的市场感召力。另外,设施先进的第三方物流企业还具有对物流全程监控的能力,通过其先进的信息技术和通讯技术对在途货物的实施监控,及时发现、处理配送过程中出现的意外事故,保证订货及时、安全送到目的地。

重 要 概 念

物流　物流行业　物流企业　现代物流　第三方物流

思 考 题

1. 什么是物流?什么是物流企业?
2. 现代物流的主要功能有哪些?它是如何分类的?
3. 物流企业的业务类型有哪些?
4. 物流企业的业务范围有哪些?
5. 物流企业的业务特点有哪些?

第3章 物流企业会计核算的特点

内容提要

物流企业会计是现代企业会计的一个重要分支。物流企业会计核算与其他企业会计核算之间存在着哪些相同点与不同点呢？本章旨在通过对比物流企业会计核算与其他企业会计核算,对物流企业会计核算特点有最直观的认识。

重点难点

本章重点为物流企业与其他企业会计核算的相同点和不同点。

学习目标

通过本章的学习,学生应了解物流企业与其他企业会计核算的相同点和不同点,为学习物流企业会计核算实务奠定基础。

知识框架

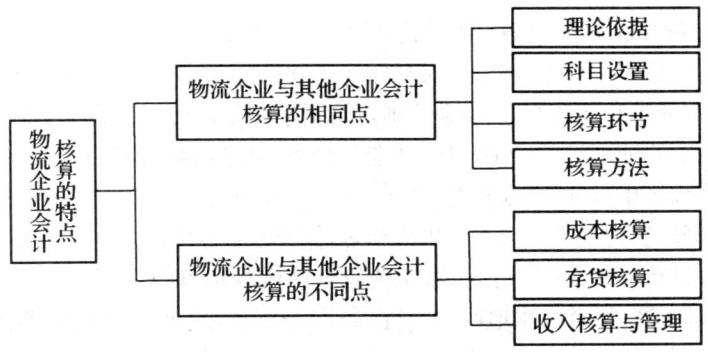

引例 德邦物流

德邦快递成立于1996年,致力成为以客户为中心,覆盖快递、快运、整车、仓储与供应链、跨境等多元业务的综合性物流供应商。凭借坚实的网络基础、强大的人才储备、深刻的市场洞悉,为跨行业的客户创造多元、灵活、高效的物流选择,让物流赋予企业更大的商业价值,赋予消费者更卓越的体验。德邦快递始终紧随客户需求而持续创新,坚持自营门店与事业合伙人相结合的网络拓展模式,搭建优选线路,优化运力成本,为客户提供快速高效、便捷及时、安全可靠的服务。截至2018年12月,全国转运中心总面积168万余平方米,网点10 000余家,覆盖全国96％的区县、94％的乡镇,网络覆盖率行业领先,为客户提供标准定价、一单到底的快递服务。目前,德邦快递正从国际快递、跨境电商、国际货代三大方向切入港澳台及国际市场,已开通港澳台地区以及美国、欧洲、日韩、东南亚、非洲等国家线路,全球员工人数超过 14 万名。

德邦定位自己为中国"精准物流领导者",即把控从下单到交货间的每一个细小环节,确保 100% 安全到达。为实现这一点,德邦快递做到了作业流程标准化及顾客服务人性化。德邦快递在标准化作业方面已遥遥领先国内同行。从下单、装卸、运输到提货各个环节,都做到了规范化管理。顾客服务人性化,想客户所想,予客户所需。德邦快递根据客户货物材质的不同,设计最佳的包装方案;GPS 定位全程跟踪,方便客户即时查询货物的位置和状态,货到短信告知;为客户代收货款,帮助客户及时并安全地回笼资金;提供保价运输,为客户解决一旦货物出险的后顾之忧。德邦快递物流配送图如图 3-1 所示。

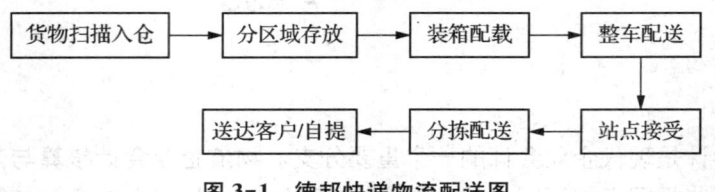

图 3-1　德邦快递物流配送图

思考:德邦物流与一般制造企业有什么差异? 在会计核算可能存在什么异同?

3.1 物流企业与其他企业会计核算的相同点

在过去的会计学习中,我们对制造企业、商业企业会计核算已经非常熟悉,在本书中我们将学习物流企业会计核算。那么物流企业会计核算与制造企业、商业企业会计核算之间存在什么联系呢? 下面将从理论依据、账户设置、核算环节和核算方法等方面介绍物流企业与其他企业会计核算的相同点。

3.1.1 理论依据

物流企业会计核算和制造企业、商业企业的会计核算都严格以财政部颁布的《企业会计准则》以及有关的财会、税法法规等为依据,对其经济业务进行会计核算。会计的核算对象是经济业务,而物流企业经济活动和制造企业、商业企业经济活动都是社会经济的重要组成部分。其中,物流企业作为专门从事物流活动的经济实体,从全社会看,其基本职能是以商品的买者和卖者的双重身份交替出现在市场中,按照供求状况来完成物质的交换,解决生产与消费之间在数量、质量、时间和空间上的矛盾,实现生产和消费的供求结合,保证社会再生产的良性循环。因此,物流企业也能通过会计核算进行管理和决策。在物流企业会计核算实务中,货币资金、应收款项、固定资产、无形资产及递延资产、投资性房地产、金融投资等一般性经济业务的核算理论仍然适用。在此基础上,结合物流企业的行业特点,需重点掌握物流企业的陆路运输业务、水路运输业务、多式联运业务、包装仓储派送等业务的会计核算。最终,根据财务报表的相关规定出具财务报告。

3.1.2 账户设置

物流企业会计在账户设置和制造企业、商业企业会计账户设置都不能违背《企业会计准则》及其应用指南。物流会计账户设置按照《企业会计准则》及其应用指南规定,使用规定的会计账户记录物流企业的相关业务,如库存现金、银行存款、其他货币资金、应收账款固定资产、无形资产等资产类账户,应付账款等负债类账户,实收资本等所有者权益类账户,主营业务收入和主营业务成本等。

还有一些物流会计账户设置在满足一般经济业务账户设置的基础上,要充分考虑物流企业会计核算的特点。例如,考虑到物流企业很少进行工业生产而运输耗用的燃料较多的特点,不设置"原材料"账户,而设置"材料""燃料"账户;考虑到物流企业周转材料中的轮胎、低值易耗品比较多而符合包装物定义的包装物较少的情况,不设置"周转材料"账户,而分别设置"轮胎""低值易耗品"账户;考虑到绝大多数物流服务属于一次性劳务或开始及完成同属一个会计期间的劳务,其劳务成本不通过"劳务成本"账户核算,而直接记入"主营业务成本"账户,从而减少将已完成的劳务成本结转计入当期费用的会计处理程序。另外,在物流成本的核算内容、应交税费的具体内容、物流企业内部各单位的结算、物流企业与联运企业或业务代理企业之间的资金结算等方面也存在特殊性。但是,物流企业会计账户在设置上不能违背《企业会计准则》规定的会计账户。

3.1.3 核算环节

物流企业的一切活动和制造企业、商业企业经济活动一样,最终体现为经济活动。按照现代经济管理的理论,所有经济活动必然要求进行经济核算、成本计算、费用控制和经济效益业绩考核。物流企业和制造企业一样,都需要通过企业会计核算来服务于经济核算、成本计算、费用控制和经济效益业绩考核。而物流企业这些方面的核算贯穿于企业整个物流活动的全过程。由于企业的物流活动包括运输、储存、装卸、搬运、包装、流通加工、配送和信息处理等多个环节,决定了物流企业会计核算分为如下环节。

1. 运输环节的核算

运输是指用特定的设备和工具,将物品从一个地点向另一个地点运送的物流活动,它是在不同地域范围内,以改变物的空间位置为目的对物进行的空间位移。通过这种位移创造商品的空间效益,实现其使用价值,满足社会的不同需要。运输是物流的中心环节之一,也是现代物流活动最重要的一个功能。

运输是国民经济的基础和先行,是国民经济的命脉。根据运输方式的不同,可分为铁道运输、公路运输、水上运输、航空运输和管道运输,各种运输方式分别有不同的特点,各自发挥着不同的作用。

运输是物流企业的主体,在现行物流企业中占有主体地位。对运输环节的核算包括运输收入的确认和计量;运输费用的计算和确定;运输成本的汇集、分配和结转;运输营运收入应交税金的结算和交纳,以及运输利润的计算。

2. 储存环节的核算

储存是指保护、管理、储藏物品的物流活动。储存是包含库存和储备在内的一种广泛的经济现象,也是一切社会形态都存在的经济现象。在任何社会形态中,对于不论什么原因形成停滞的物资,也不论是什么种类的物资,在没有生产加工、消费、运输等活动之前,或在这些活动结束之后,总是要存放起来,这就是储存。与运输概念相对应,储存是以改变物的时间状态为目的的活动,从克服产需之间的时间差异而获得更好的效用和效益。

储存是物流活动的另一重要环节,它具有物资保护、调节供需、调配运能、实现配送、节约物资等功能。对储存环节的会计核算包括储存收入的确认和计量,储存成本和费用的汇集和结转,储存物资损耗的处理与分摊,以及储存业务利润的计算。

3. 装卸、搬运环节的核算

装卸是指物品在指定地点以人力或机械装入运输设备或卸下的活动。搬运是指在同一场所,对物品进行水平移动为主的物流作业。在实际操作中,装卸和搬运是密不可分的,两者是伴随在一起发生的。在物流过程中,装卸活动是不断出现和反复进行的,它出现的频率高于其他各项物流活动,每次装卸活动都要花费很长时间,所以往往成为决定物流速度的关键。装卸活动所消耗的人力也很多,所以装卸费用在物流成本中所占的比重也较高。以我国为例,铁路运输的始发和到达的装卸作业费大致占运费的20%,船运在40%左右。因此,为了降低物流费用,装卸是个重要的环节。装卸、搬运是一种附属性、伴生性的活动,它对整个物流活动具有支持性和保障性的作用。

4. 包装环节的核算

包装是指为了在流通过程中保护商品、方便运输、促进销售,按照一定的技术方法而采用的容器、材料及辅助物等的总体名称。包装也指为了达到上述目的而采用容器、材料和辅助物的过程中施加一定技术方法等的操作活动。

在社会再生产过程中,包装处于生产过程的末尾和物流过程的开头,既是生产的终点,又是物流活动的起点。在物流过程中,包装具有保护商品、跟踪流转、便利运输、提高效率、促销商品的功能。包装环节的会计核算主要是对包装环节中发生的材料成本、人工费用、设计技术费用进行计算、归集和分配。

5. 流通加工环节的核算

流通加工是指物品在生产地到使用地的过程中,根据需要施加包装、切割、计量、分拣、刷标志、拴标签、组装等简单作业的总称。流通加工是流通中的一种特殊形式,它是在物品从生产领域向消费领域流动的过程中,为了促进销售、维护产品质量和提高物流效率,对物品进行的加工,使物品发生物理、化学或形状的变化。

流通加工是国民经济中重要的加工形式,在商品流转过程中进行简单的、必要的加工能够有效地完善流通,也是现代物流中的重要利润来源。流通加工环节的会计核算,既要确认和记录流通加工中的业务收入,又要归集、计算和结转加工成本;计算和缴纳相关税金;最终核算出加工环节的营业利润。

6. 配送环节的核算

配送是指物流企业按照用户订单或配送协议进行配货,通过科学统筹规划,选择经济合理的运输路线与运输方式,在用户指定的时间内,将符合要求的货物送达指定地点的一种方式。配送是物流中一种特殊的、综合的活动形式,是商流与物流的紧密结合,包含了商流活动和物流活动,也包含了物流中若干功能要素的一种形式。

从物流来讲,配送几乎包括了所有的物流功能要素,是物流的一个缩影或在某小范围中物流全部活动的体现。一般的配送集装卸、包装、保管、运输于一身,通过这一系列活动完成将货物送达的目的。特殊的配送则还以加工活动为支撑,包括的方面更广泛。配送环节会计核算的内容包括:配送营业收入的核算;配送过程中运输费用、分拣费用、配装费用、加工费用的归集、分配和结转;配送环节营业利润的核算。

3.1.4 核算方法

对制造企业、商业企业会计核算方法的学习有助于理解物流企业的核算方法。目前物流企业的成本核算在理论上尚没有基本的方法,在实务中也没有可参考的模式,但各企业的成本核算大多根据企业性质的不同以及对物流成本概念的理解,采用不同的成本核算方法。目前有以下几种方法。

1. 大型第三方物流企业多采用生产企业成本核算方法

资产型、多功能、大规模的第三方物流企业,把对外提供物流服务看成是一种无形产品,把相关物流功能整合成的合同服务看作是企业的一个生产品种,以此作为成本计算对象,采用生产企业常用的品种法将各成本项目细分为直接材料、直接人工、间接费用,而营业费用、管理费用作为期间费用。但由于直接材料、直接人工占企业总成本的比重很小,而间接费用比重却很大,同时这些企业又缺乏合理有效的间接费用分配方法,而是采用按月分摊的方法,无形中削弱了间接费用与各个合同服务之间的关联度,从而影响各个成本计算对象成本信息的准确性。

2. 以运输为主的物流企业的成本核算方法

传统运输转型的物流企业,均沿用了交通运输企业成本核算方法。这些企业的成本计算对象有的是以业务划分,如货运业务、装卸业务;有的是以营运工具划分,如货柜车、散货车、空调车;有的是以运输路线来划分,并把成本费用构成细分为运输营运成本、仓储成本、管理费用。运输营运成本与仓储成本的简单累加就构成该类企业的物流成本。这种核算方法的不足之处在于没有从企业整体业务考虑来确定成本计算对象,无法提供不同业务或者不同客户的成本,更无法计算企业提供增值服务的成本。

3. 配送中心通常采用统一费率法

一些为生产企业从事物料配送、为大型连锁超市从事商品配送的配送中心,通常按照营业费用、管理费用、财务费用三项总费用计算企业的成本费用。为了便于客户谈判,通常采用的办法是以上年的实际营运情况,制定一个参照基准费率(上年成本费用总额/上年配送总金额),再根据配送物品具体特征、客户重要性程度、客户的需要等具体情况在基准费率基础上制定浮动费率。业务部门与客户定价基础就是浮动费率加目标利润率。这种成本计算方法只是按月归集实际费用,谈不上成本核算,因为没有固定的成本计算对象。

4. 邮政物流企业采用"倒扣法"计算成本

以快递、速递等业务为主的邮政物流企业因其业务繁杂,求得单项业务成本的计算一直是通过"倒扣法"得到的,即从收入中扣除一定百分比的利润,剩余部分被作为成本,在每个会计期间与收入配比。但是各项业务"倒扣"得到的成本总额与实际发生的费用总额差异很大,不得不采取人为方式进行调节,为此,在报表中的成本费用无法得到真实的反映,无法真正体现出收入与费用的配比。

5. 作业成本法

20 世纪 70 年代以来,世界科学技术和社会经济环境发生了重大变化。这些变化对企业成本核算方法产生了一定的影响,使传统的成本核算方法已经不能适应经济环境的发展变化,特别是以服务为主的物流产业,在成本核算方法上越来越感到传统成本核算方法的局限性,进而催生了一种新的成本核算方法——作业成本法。

作业成本法的基本原理是:作业消耗资源,产品消耗作业,生产导致作业的发生,作业导致费用或成本的发生。即企业的成本和价值不是孤立存在的,它们以作业为中介联系在一起。成本的发生是消耗各种资源的作业引起的,而产品的成本取决于各自对作业的需求量。

作业成本法与传统的成本核算最大的不同在于,它不是以成本论成本,而是把着眼点放在成本发生的前因后果上,从而进行全方位的索本求源,实现成本计算与控制结合。

 延伸阅读 3-1 ....

物流公司账务处理

物流公司的账务相对而言比较简单,主要是成本核算,其成本主要有:

(1) 油。

(2) 维修。

(3) 车辆应交的各种税费、保险等。

(4) 人员工资等。

(5) 运输途中的费用。

3.2 物流企业与其他企业会计核算的不同点

物流企业属于服务业范畴,是通过向市场及客户提供物流服务而获得收益的;制造企业生产经营活动主要是购进原材料、生产产品、销售产品,是通过销售产品而获得收益的;商业企业(即商品流通企业)是独立从事商品流通活动的企业单位,是通过低价格购进商品、高价格出售商品的方式获取商品进销差价,以此弥补企业的各项费用和支出,获得利润的。三种不同类型的企业主要的经营业务不同,因此会计核算方面也存在一定的差异,下面通过成本核算、存货核算、收入核算与管理三个方面来进行比较。

3.2.1 成本核算方面的不同

物流企业属于服务业范畴,是通过向市场及客户提供物流服务而获得收益的,物流成本控制是需要重视的方面和关键因素。物流会计核算能够突出物流成本。物流企业的会计核算需要与企业经营、物流成本相匹配,能够较好地反映出和突出物流成本。物流企业会计核算在结合一般会计中的营业收入、利润及资产收益等财务指标的情况下,实现差异化的会计核算,把具体的物流成本作为核算细则融入物流会计核算方式方法中。因此,物流会计核算是要在普通会计核算基础之上的细化核算,能够衡量出物流成本情况,使物流企业经营管理者能够从物流会计核算中获得相关的物流成本信息,有助于对物流企业的经营管理作出调整和优化,实现对成本的较好控制。

制造业企业生产经营活动分为供应、生产、销售三大环节,其中生产环节为组织产品生产所发生的直接材料、直接人工和制造费用,按产品对象形成产品生产成本,即为制造成本。产品制造成本核算的准确与否,直接影响到产品销售成本结转的正确性,进而影响当期的会计利润和应纳税所得额。因此,对制造成本的核算是重点。商业企业不进行生产、无生产成本类账户的核算。商品采购成本的确定常用的方法是,如果国内购进用于国内销售和用于出口的商品,以进货时所支付的价税款扣除按规定计算的进项增值税款后的数额以及购进商品所发生的进货费用计入采购成本。

1. 主要会计账户的设置比较

按照物流企业的特点和企业会计准则,物流企业进行成本核算时应设置的主要会计账户有"主营业务成本"和"制造费用"。物流企业成本中的直接费用,发生时直接记入"主营业务成本"账户;物流企业成本中的间接费用,发生时先归集在"制造费用"账户,需分配时,再分配记入各项"主营业务成本"账户。

产品制造企业成本核算时需设置"制造费用"账户、"生产成本"账户等主要会计账户。对于能直接归属于成本核算对象的各项生产费用,可直接记入"生产成本"账户;对于不能直接计入各成本核算对象的各项生产费用,先记入"制造费用"账户,然后根据不同的分配标准,分配制造费用,分别记入"生产成本"账户。

商业企业设置"主营业务成本"账户,来核算企业的商品销售成本。

三者的差异主要表现在"主营业务成本"(损益类账户)和"生产成本"(成本类账户)上,前者影响的是企业的经营成果,后者一方面影响的是企业的经营成果(当产品已销售时),另一方面影响的是企业的财务状况(当产品还未销售时)。

2. 成本项目的内容比较

对于制造企业来说,产品成本对象的费用主要包括直接人工费用、直接材料费用和制造费用等。商业企业设置"主营业务成本"账户,该账户应按商品类别或品种设置明细账,进行明细分类核算。

物流企业有其特殊性,它依靠的是大量的物流设备及现代化的物流技术,因此其成本构成中的直接人工费用、直接材料费用占的比例少,而间接费用占的比例较大,间接费用能否合理分配到成本计算对象至关重要,因此物流企业和制造企业设置的成本项目大不相同。其设置的成本项目具体包括有物流活动中的仓储成本、运输成本、装卸搬运成本、包装成本、物流信息成本、流通加工成本等。这一设置我们可以理解为是在按劳务种类不同来划分的。

需要注意的是,制造企业中的成本项目是作为成本核算明细账中的项目来设置的,而物流企业中的成本项目则是作为物流企业成本核算中的二级账户来进行的,如"主营业务成本——堆存成本""主营业务成本——代理成本""主营业务成本——装卸支出"等。拿"主营业务成本——运输支出"来说,其成本项目又包括有直接人工、直接材料、其他直接费用和营运间接费用四个部分。这一体系的设置除了具体内容以外,与制造企业还是颇有些相似。这样看来,物流企业的成本项目分了两个层次:一是按不同的劳务种类划分的;二是在具体劳务种类中又划分不同的成本项目。

3. 成本核算对象的比较

在制造企业中,各种成本计算方法的区别表现在各成本核算对象的不同上,而成本核算对象又是由生产特点和管理要求来决定的。在成本计算工作中,主要有三种不同的成本核算对象:产品的品种、产品的批别、产品品种及其所经过生产步骤。

在物流企业会计中,以运输成本为例,有以运输车队为成本核算对象的,有以各运输工具为成本核算对象的(沿海运输成本核算中),还有按照运输作业项目、运输组织方式作为成本核算对象的等。以装卸成本为例,物流企业经营装卸业务时,应根据机械化作业、人工作业分别核算成本,如以机械作业为主可只计算机械作业成本,如以人工作业为主可只计算人工装卸成本。对于一些大型配送中心,只是采用按月归集实际费用;还有一些物流企业采用了按物流企业与客户签订的每项企业为成本核算对象。物流企业提供物流服务方式,主要是通过与客户签订物流服务合同实现的,同时物流企业与客户签订合同具有唯一性,几乎没有两份完全一样的服务合同,因为每个购买者要求的服务内容不同。每一个合同的服务内容都是按照客户的要求"量身定做"的,客户个性化的需要决定了物流企业提供服务的内容、水平、复杂程度均有不同,并且提供者因受工作经验、情绪等影响而提供不同质量的服务。由此分析,物流服务合同相当于特殊产品,随客户的不同而变化,服务合同是明确的、可辨认的,完全可以取代物流服务这种无形的成本对象,作为归集物流费用的"容器"。因此,将物流企业与客户签订的每项服务合同作为物流企业成本核算对象不仅有理论依据,而且实务操作上也是可行的。

4. 划分的界限及成本核算程序的比较

成本核算中,程序是核算的根本,只要确定了程序,核算工作便已完成大半,好比是建房屋时搭好的"框架"。制造企业基本上是在它的生产车间或分厂完成产品的生产,其生产费用也几乎都是在生产车间或分厂里发生的,只要把发生的这些生产费用对象化到产品,就构成了该产品的制造成本。因此,制造企业成本核算中,需要划分的各种界限是:各种支出的界限、各期费用成本的界限、产品成本和期间费用的界限、各种产品成本界限、本期完工产品成本与期末在产品成本的界限。一般采用的成本核算程序是:生产经营费用的审核和控制→生产费用在各个成本核算对象之间进行归集和分配→生产费用在完工产品和期末在产品之间进行分配。

但是,物流企业提供每一项合同服务的过程毕竟与制造企业生产产品的过程不同。物流企业生产合同的服务产品是由整个物流企业共同完成的,其生产费用遍布每个角落,要想把这些生产费用归集到合同产品,需要精挑细拣,否则会影响合同产品成本计算的合法性,演变成完全成本法。因此物流企业成本核算程序中,必须正确划分以下界限:收益性支出与资本性支出、营业外支出的界限,物流成本与期间费用的界限,物流成本和非物流成本的界限。具体来说:

第一,收益性支出与资本性支出、营业外支出的界限。以购建或融资租赁方式取得固定资产和无形资产所发生的支出以及在资金运作管理,进行对外投资支出时不能计入物流成本,应予资本化计入相关的资产价值;与物流业务运作无关的滞纳金、罚款、违约金、非常损失等不能计入物流成本,应列作营业外支出。

第二,物流成本与期间费用的界限。物流成本是指物流企业发生的与合同服务产品的运作直接相关的支出,主要有系统开发费、运输费、仓储费、装卸费、加工费、包装费等;期间费用是指企业当期发生的必须从当期收入中得到补偿的费用,按其经济用途可分为营业费用、管理费用、财务费用。其中,营业费用是指与合同服务产品的运作间接相关的支出,如客户询价、物流方案设计、物流方案投标、合同签订等方面所发生的业务承揽费以及客户关系维护、处理客户投诉、评价与审核客户等方面所发生的客户服务费。管理费用、财务费用应按《企业会计准则》的相关规定执行。

第三,物流成本和非物流成本的界限。物流企业为了规避风险,往往在主营业务外,还有其他业务。这些业务也许是与物流业务相同的主营业务,也许是性质不同的辅营业务。凡是能归属于这些非物流业务的费用应直接计入非物流业务成本,而不得将其列入非物流业务的成本计入物流成本。

一般采用的成本核算程序是:由于物流业务的现代化,其经营业务涉及的范围广泛,其成本核算程序不一而定,有的成本核算程序基本与制造企业成本一致,如运输成本的计算;有的则与制造企业成本核算程序不一致,如作业成本法的程序是:界定物流企业系统中涉及的各个作业→确认企业物流系统中涉及的资源→确认资源动因,把资源分配到作业→确认成本动因,将作业成本分配到产品或服务中。

5. 成本核算期的比较

成本核算期是归集费用到成本对象的时间范围。成本核算期有的与会计期间一致,有的与会计期间不一致,如制造企业是按产品的生产周期或公历月份。物流企业提供的物流服务是合同导向的物流服务,合同签订的时间有长短之分,如签订的契约型合同,可长达5～6年,若是要等到该项合同履行完之后才能提供其成本信息,不符合财务会计的及时性原则。再说物流企业有的服务合同是短期"门到门"的运输＋仓储＋配送业务流程,甚至不到1个月就履行完合同,特别是当物流企业提供适时制配送,或者自动补货则是即时完成的。在这种情况下,若以营运周期作为成本核算期,实务中是很难达到这个即时成本信息要求的。鉴于上述分析,物流企业应看成是服务业,采取与会计期间一致、按公历月份作为成本核算的做法,至于时间跨度长于会计期间的合同,可以采用完工百分比法来确定其当期的成本。

6. 核算方法的比较

对于物流企业的核算方法,有不同的说法,有按支付形态划分并核算物流成本的,具体表现为按配送费、运费、物流利息等;有按功能划分并核算物流成本的,具体划分为包装、配送、保管搬运、信息等;有按适用对象划分并核算物流成本的,如把商品、地区、顾客或营运单位作为适用对象的;有采用作业成本法的,也就是以作业为基础,根据资源动因将企业消耗的资源分配到作业,以及根据作业动因将作业收集的作业成本分配到成本对象的一种核算方法。还有一些业务繁杂的物流企业,如邮政物流企业是通过"倒扣法"求得单项业务成本的,即从收入中扣除一定百分比的利润,剩余部分被作为成本,在每个会计期间与收入配比。

延伸阅读3-1

物流企业的会计核算方法与物流成本控制

物流企业进行会计核算的最终目的是提高物流企业的经营管理效率,降低运营成本,在保证物流服务质量和水平的前提下,实现物流成本的有效控制。基于物流企业的物流成本控制导向,根据会计核算的要求以及物流企业经营管理的实践状况,物流企业会计核算的方法主要有以下几点:

(1) 实现有针对性的会计核算。物流企业会计核算的对象是具有服务型企业特征的组织,在会计核算方法上要区别于传统的会计核算对象,紧密契合物流企业的经营特征,按照物流会计核算的目标和职能,重视一般会计核算理论方法与物流会计核算的结合,从而提高物流企业会计核算的效果。伴随现代物流业的快速发展,物流企业所涉及服务功能,诸如运输配送、仓储、装卸搬运、流通加工等等功能要素会不断发生变化。物流会计核算就要针对物流企业经营管理过程中各个环节的情况,作出具有针对性、具体性的会计核算,突出物流会计核算的目标性,以会计核算促进物流企业的经营发展,降低物流企业经营成本,提高市场竞争力。

(2) 加强物流会计核算方法的运用。物流企业的会计核算同样是以货币为核算的计量单位,通过会计核算,以货币形式反映出物流企业的经营状况,包括物流成本运营状况。物流企业的会计核算则要对物流活动的整个过程进行较为系统、全面的分析,以货币为统计的主要依据,在时间上保持一定的连续性和延续性,加强物流会计核算方法的运用,提高运用的效果。例如,物流企业可以通过定期编制物流会计核算的报告,及时反映物流运营发展情况,进而为物流企业的成本管理以及物流经营管理者的经营决策提供必要的参考依据。物流企业必须充分结合物流活动的经营特点,采用符合物流企业自身特点的会计核算方法,强化物流会计核算方法的有效运用,目的是提高物流成本控制的效果,实现物流服务质量和服务能力的提高,在激烈的市场竞争中获得竞争优势,实现快速发展。

(3)注重成本控制导向。物流企业会计核算方法需要注重对成本控制的导向。需要明确的是,物流企业的成本控制并非一味地降低或减少成本支出,而是更为强调物流成本的优化配置。物流成本控制导向可以通过目标成本管理的方法,在物流企业的会计核算过程中,基于物流会计核算的数据,对于物流企业的运营收入和未来的利润等有较为准确的把握,是基于会计核算层面的战略性管理。目标成本管理可以与物流企业的会计核算相结合,根据物流会计核算出的结果,在保证物流服务质量和水平不变或提高的前提下,为获得更多的经济收益和利润的目标,实现物流企业的成本控制目标值。成本控制导向,更加注重成本在物流企业经营管理中的地位和作用,通过会计核算的运用,达到物流企业成本的控制,促进物流企业的成长和市场竞争力的提升。

3.2.2 存货核算方面的不同

按照我国《企业会计准则》,存货是指企业在生产经营过程中为销售或者耗用而储存的各种资产,包括商品、产成品、半成品、在产品以及各类材料、燃料、包装物、低值易耗品等。由于不同行业的企业从事不同的生产经营活动需要有不同类型的存货,因此,存货比较能够反映行业生产经营的特点。比如,制造业的主要生产经营活动是将一种产品转换为另一种产品,因此它既要储备用来生产的原材料,又会有处于生产过程和生产阶段的在产品,还会有已经完成制造过程、待发出、销售的产成品等。商业企业不进行生产经营活动,不会采购原材料,其存货类型主要是商品。但是商业企业在组织商品流通过程中需要用于盛装和包装商品的物资,即包装物,但并非所有的包装物都通过"包装物"账户来核算。其中,专为储存商品用的容器,如油柜、糖柜、酒坛、酒罐等,若价值比较小,使用年限比较短,则以"低值易耗品"核算;使用一次就消耗掉的包装物品,如纸袋、纸盒、纸绳、铁丝、铁皮、塑料袋等,购进时应作为"原材料"核算;只有随商品流通多次周转使用的自有包装物,才通过"包装物"账户核算。

因此,工业企业的存货核算范围包括原材料、包装物、低值易耗品、委托加工物资、半成品、产成品和分期收款发出商品等。商业企业的存货核算范围包括原材料、包装物、低值易耗品、库存商品等,存货类别单一,规格繁多。物流企业主要从事运输活动,没有生产制造过程,其存货主要为各类燃料及修理交通运输工具的备品备件,没有或少有在产品和产成品。在物流企业,为了正确计算营运业务成本,存货一般包括以下内容:

(1)材料,包括各种消耗性材料,如轮胎、内胎、垫带、修理用备件(备品备件)等。物流企业营运的材料主要是指车辆、装卸设备、机械在维护、保养和修理过程中所耗用的材料,包括钢材、木材、润料等,也包括用于辅助生产部门的零配件和工业性作业所消耗的原料及主要材料和辅助材料。

(2)库存商品,包括物流企业外购和委托加工完成验收入库用于销售的各种商品。

(3)燃料,包括具有各种用途的液体、气体、固体燃料及可用于燃烧的废料。燃料在物流企业营运过程中耗用的数量较大,是一项主要的物质消耗,同时车辆耗用燃料在领发手续上也较为复杂,为确保成本核算的相对准确,一般将燃料单独归类,进行专门的管理与核算。

(4)轮胎,包括车辆、装卸机械用的在库和车用轮胎外胎。

(5)低值易耗品,包括一般工具、修理用工具、随车工具、管理用具、劳动保护用品,以及在营运过程中周转所用的包装容器等不属于固定资产的劳动资料。其特点是单位价值较低,或耐用时间短,易损耗的物品等。

3.2.3　收入核算、管理方面的不同

《企业会计准则——收入》对我国企业应该如何确认、计量收入,给予了全面、细致的规定。仔细分析准则的内容,我们不难看到,准则之中的收入涉及较多的行业,是各行业会计在核算收入时的综合体现。不同行业的收入构成有差异。营业收入可以分为主营业务收入和其他业务收入两部分。主营业务收入和其他业务收入的范围依行业性质不同而异。工业企业的主要生产经营活动是供应、生产与销售,因此在工业企业中主营业务收入是销售产成品、自制半成品、提供工业性劳务等取得的销售收入,其他业务收入是指转让无形资产使用权(注意是使用权,不是所有权)、出售原材料、对外投资(收取的利息收入、股利收入)等与经常性活动相关的其他活动产生的收入。商业企业是通过商品购进、销售、调拨、储存(包括运输)等经营业务实现商品流转,其中购进和销售是完成商品流通的关键业务,调拨、储存、运输等活动都是围绕商品购销展开。因此在商业企业中主营业务收入是用来核算企业销售商品收入的,其他业务收入主要用来核算出售包装物的收入以及出租无形资产取得的收入等。

而物流企业主要从事运输、储存、包装、装卸搬运、配送等基本活动。因此物流企业的主营业务收入是从事运输、装卸、堆存、代理业务、港务管理等业务活动所取得的营运收入。物流企业的营运收入具体如下。

1. 运输收入

运输收入是指物流企业经营货物运输业务所取得的营业收入,包括货运收入和其他运输收入,其中货运收入是最主要的主营业务收入,如长短途整车、零担货运收入以及自动装卸车运输货物收取的装卸费。

2. 装卸收入

装卸收入是指企业经营装卸业务所取得的主营业务收入,如按规定费率向货物托运人收取的装卸费(不包括自动装卸车运输货物收取的装卸费),联运货物换装、火车汽车倒装收入及临时出租装卸机械的租金收入。

3. 堆存收入

堆存收入是指企业经营仓库、堆场业务所取得的主营业务收入。

4. 代理业务收入

代理业务收入是指企业办理联运业务及为其他运输企业和社会车辆办理代理业务收取的手续费的收入。

5. 其他业务收入

物流企业的其他业务收入是指经营除以上主营业务以外的其他各种业务所取得的收入,主要内容如下:

(1) 车辆修理业务收入。这是指企业辅助生产部门对外单位的车辆、装卸机械等修理业务而取得的收入。

(2) 材料销售收入。这是指企业对外单位销售燃料、材料及配件等取得的收入。

(3) 固定资产出租收入。这是指企业出租固定资产所取得的租金收入。

(4) 技术转让收入。这是指企业向外单位转让技术所取得的收入。

(5) 其他对外服务收入。这是指企业除上列各项收入以外的其他对外服务收入。

相关思考 3-1

物流企业收入核算存在的问题有哪些？

物流企业收入构成一般包括运输收入、仓储收入、包装收入、装卸搬运收入、配送收入等。物流企业收入核算存在的主要问题有：

（1）收入核算内容分散、结算相对滞后。现代物流企业业务范围比较广，涵盖运输、仓储、装卸、加工、包装、中转、报关等多元化业务，而且客户较多，财务或业务人员将经常四处奔波结算营业收入，其收入呈分散状况。另外，客户多为长期固定服务对象，其在营业收入结算中存在相对滞后的现象，经常造成债务链，影响企业正常经营，这些特点也使收入核算问题复杂化。

（2）收入确认时间不合理。物流企业并没有严格按照权责发生制原则正确划分与核算当期营业收入，主要表现为营业收入的入账时间被人为提前或推迟了，如一些物流企业为了调节当期应纳流转税税额，采取推迟确认营业收入的手法来调减当期应纳流转税税额的计税基数，从而达到控制当期应缴税款的目的。

（3）收入计量方法不统一。我国目前的会计制度、会计准则和财政部的各种实施细则、解答都没有对物流行业的收入计量方法作出相关规定，在物流企业收入计量实务操作中，比较有代表性的主要有全额计入收入法和差额计入收入法两种方法。这两种不同的收入法造成不同区域、不同物流企业会计处理方法不一致，税基税负、享受的政策待遇方面不一致，破坏了物流企业的市场公平竞争环境，不利于整个物流行业的健康发展。

重 要 概 念

物流企业会计　物流成本　物流收入　物流环节

思 考 题

1. 物流企业的经营有何特点？
2. 物流企业与其他企业相比，会计核算有何相同点？有何不同点？

第4章 物流企业资产类业务的核算

内容提要

本章主要讲解了物流企业资产的概念、特征及核算的内容;购置设备的核算,包括固定资产的计量属性、成本的构成、账户的设置及会计处理;供应过程的核算,包括核算的内容、账户的设置及会计处理。

重点难点

本章重点为购置设备以及供应阶段的账户设置及相关会计处理;难点为供应阶段特殊业务的核算,包括短缺或溢余的核算及购货折扣的核算。

学习目标

通过本章的学习,学生应掌握物流企业购置设备和供应阶段的相关会计处理;了解物流企业资产类业务核算的意义和内容。

知识框架

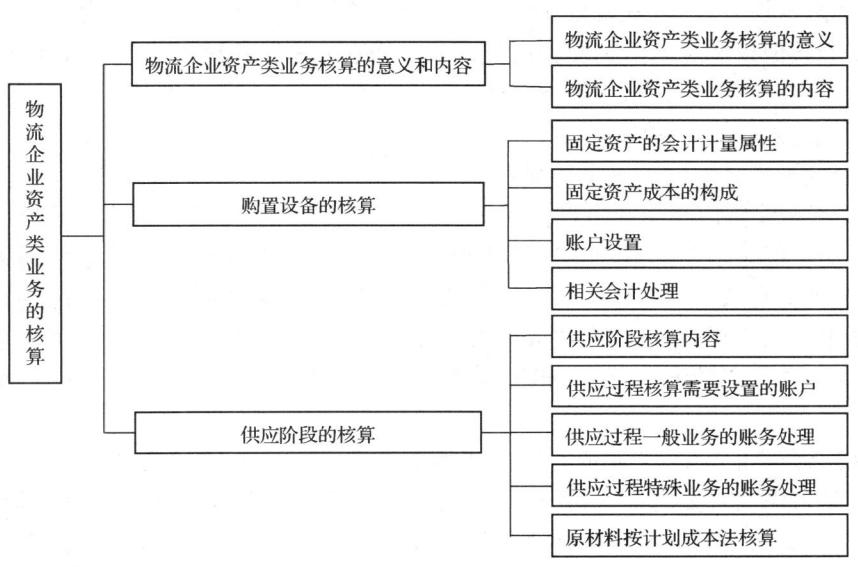

引例　京东商城配送物流案例

京东商城物流现在在全国有将近 50 万平方米的仓库,城际传货车达到 300 余辆(主要为依维柯、金杯等)、配送人员达到 6 000 多名,这些数据无不显示其实力。京东商城加大物流投入,强化基础服务,为未来的高效发展提供永续动力。

京东商城的物流模式主要有两种:自建物流体系与自建体系＋第三方物流相结合。以下就通过这两种模式和其他相关物流发展的相关举措分别对京东商城的物流发展进行探讨和分析。

第一,自建物流体系。根据资料显示,2009 年,京东分布在华北、华东、华南的三大物流中心已经覆盖了全国各大城市。2009 年 3 月,京东网上商城用 2 000 万元人民币成立了上海圆迈快递公司,使上海及华东地区乃至全国的物流配送速度和服务质量得到全面提升。2009 年年初,京东融资的 2 100 万美元中有 70%将用于成立控股物流子公司,购买新的仓储设备,配备手持 RF 扫描器,建设自有的配送队伍。

第二,自建体系＋第三方物流相结合。在发达城市外,京东商城选择和当地的快递公司合作,完成产品的配送。而在配送大件商品时,京东商城选择与厂商合作。因为厂商在各个城市均建有自己的售后服务网点,并且有自己的物流配送合作伙伴。然而据相关媒体称,京东于 2010 年年底停掉了绝大多数地县级市的COD 服务,部分原因是京东商城自建物流破坏了这些第三方快递公司的合作模式,破坏了与这些企业的关系。这种矛盾来自京东商城的物流发展策略,自建物流在一定程度上会削弱第三方物流的经济效益,从而减少第三方物流的潜在利润。

第三,其他物流发展的相关举措。2009 年 2 月,京东商城尝试推出特色上门服务,特色上门服务属于物流下游环节中的部分,可以通过加入增值服务来创造和挖掘潜在利润。这又增加了对配送员的素质要求,即企业要将工作人员培训为配送和推销的复合型人员。

4.1 物流企业资产类业务核算的意义和内容

4.1.1 物流企业资产类业务核算的意义

1. 物流企业资产的概念

物流企业资产是指过去物流的交易、事项形成并由企业拥有或控制的资源,该资源预期会给企业带来经济效益,或者说企业拥有或控制的能以货币计量的经济资源,包括各种物流财产、债权和其他权利。物流企业资产是企业开展物流活动和提供物流服务所必需拥有的,它可以通过自有资产购买、租用等方式获取。

2. 物流企业资产的特征

物流企业资产具有以下三个特征:

(1)物流企业资产是一项由过去的交易或者事项形成的资源。物流企业资产必须是现实的资产,而不能是预期的资产。这里所指的企业过去的交易或者事项包括购买、生产、建造行为或其他交易或者事项。预期在未来发生的交易或者事项不形成物流企业资产。例如,企业通过购买、自行建造等方式形成某项设备,会形成物流企业的资产,但企业预计在未来某一时点将要购买的设备,引起相关的交易或者事项尚未发生,就不能作为物流企业的资产。

(2)物流企业的资产应为企业拥有或者控制的资源。通常在判断物流资产是否存在时,所有权是考虑的首要因素,但在有些情况下,虽然某些物流资产不为企业所拥有,即企业并不享用其所有权,但企业控制这些物流资产,同样表明企业能够从这些物流资产中获取经济利益。

（3）物流企业资产预期会给企业带来经济利益。预期会给企业带来经济利益，是指直接或间接导致现金和现金等价物流入企业的潜力。物流资产必须具有交换价值和使用价值。没有交换价值和使用价值，就不能给企业带来未来经济利益的流入，也不能确认为企业的物流资产。例如，待处理财产损失或已失效、已毁损的存货，它们已经不能给企业带来未来经济利益，就不应该再作为物流资产出现在物流资产负债表中。

3. 物流企业资产类业务核算的意义

物流企业是独立于生产领域之外，专门从事与商品流通有关的各种经济活动的企业。在市场经济条件下，物流企业的基本职能和任务是根据市场的总供给与总需求，以服务生产为目的，通过有计划的购、销、储、运等经济活动完成商品在生产单位之间以及生产单位和消费者之间的价值和使用价值的实现，保证社会生产和再生产正常进行。

物流企业为了进行正常的经营活动，首先必须拥有相当的资金用于建造库房、购买运输设备、原材料、包装物等。然后，随着经营活动的进行，企业的资金以货币资金—储备资金—营运资金—货币资金的形式不断运动。

资金投入企业后，一方面被用于购买企业固定资产，如购置营业用房、库房及购买各种运输设备、装卸设备、管理设备等，另一方面被用于购买必要的存货。当企业购置了必要的存货后，就可以为客户提供各种物流服务了。在此期间，包装物等存货资金随着服务的提供就逐渐转化成为营运资金了，企业的固定资产以计提折旧的方式也转化为营运资金参与运转。另外，还有一部分货币资金是用来支付员工工资和经营管理费用的，这部分随着物流服务的提供，也转化成为营运资金。当完成物流服务后，就可以收回服务报酬，从而收回货币资金。

从资产负债表层面来讲，没有资产的会计核算就没有资产负债表的形成。物流企业资产类业务的核算是会计业务循环中必不可少的环节，在整个资金循环过程中具有重大的意义。

4.1.2 物流企业资产类业务核算的内容

1. 货币资金业务的核算

货币资金是指物流企业中以货币形态存在的那部分资产，是物流企业中流动性最强的资产，它是流动资产的重要组成部分。物流企业购置各种物流设施设备、购买材料物资、支付职工薪酬、结算物流服务收入款、缴纳各种税费、支付各种经营管理费用等交易事项都需要一定数量的货币资金，为了保证物流企业经营活动的正常进行，必须保持一定的货币资金持有量，而货币资金收支也贯穿于整个物流活动过程。因此，物流企业必须严格进行货币资金管理、核算和监督工作，以确保货币资金的安全完整，提高货币资金的使用效率。

货币资金按其存放地点和用途不同，可分为库存现金、备用金、银行存款和其他货币资金四类：

（1）库存现金。它是指企业财会部门为了备付日常零星开支而保管的现金。

（2）备用金。它是指企业拨付给有关职能部门或工作人员在一定限额内周转使用的现金。

（3）银行存款。它是指企业存放在银行或其他金融机构的各种款项。

（4）其他货币资金。它是指企业除库存现金、备用金和银行存款以外的各种存款。它包括银行本票存款、银行汇票存款、信用卡存款、外埠存款和信用证保证金存款等。

2. 应收及预付款项业务的核算

应收及预付款项是指企业在日常物流经营过程中发生的各项债权,是企业变现能力较强的一项资产,也是企业流动资产的重要组成部分。

物流企业为了有利于物流经营活动的开展,往往采用商业信用的方式赊账提供物流服务或预付账款,以广泛地吸引客户或争取货源,因此形成了对其他企业的债权关系。

在市场经济条件下,存在着激烈的竞争,商业信用的应用虽然给企业的物流经营提供了便利,同时也给企业带来了不确定的因素。应收及预付款项常常会有一部分不能及时收回,影响了企业的资金周转和偿债能力,造成坏账损失。因此,物流企业在提供物流服务活动中,必须注意调查客户和供货单位的信用状况,制定合理的信用标准,对已发生的应收及预付款项应及时进行清算或催收,以控制风险和损失,并应根据谨慎性会计信息质量要求计提坏账准备。

应收及预付款项按其经济内容不同,可分为应收票据、应收账款、预付账款、应收股利、应收利息和其他应收款六种:

(1) 应收票据。它是指企业因提供物流服务等而收到已承兑的商业汇票。

(2) 应收账款。它是指企业因提供物流服务而应向客户收取的款项。

(3) 预付账款。它是指企业按照购货合同规定预付给供货单位的款项。

(4) 应收股利。它是指企业应收取的现金股利和应收取其他单位分配的利润。

(5) 应收利息。它是指企业交易性金融资产、持有至到期投资和可供出售金融资产等应收取的利息。

(6) 其他应收款。它是指企业除应收票据、应收账款、预付账款、应收股利和应收利息等以外的其他各种应收、暂付款项。

3. 存货业务的核算

存货是指企业在日常活动中持有以备出售的产成品或商品、处在生产过程中的在产品,以及在生产过程或提供劳务过程中耗用的材料和物料等。从定义可以看出,企业持有存货的最终目的是生产耗用或者出售,而不是自用,流动性较强,这很容易与固定资产等非流动性资产区分开来。

不同行业的企业,存货的组成内容有所不同。物流企业存货一般包括以下内容:

(1) 原材料。它是指物流企业购入的各种原料、主要材料、辅助材料、燃料、修理用备件、外购半成品等,如轮胎、内胎、垫带等。

(2) 库存商品。它是指物流企业外购和委托外单位加工已完成验收入库的各种商品。

(3) 包装物。它是指为了包装各种产品而储存的各种包装容器,如桶、箱、瓶、坛、袋等。

(4) 低值易耗品。它是指使用期限较短,或者单位价值比较低,能够多次使用而不改变其原有实物形态的各种用具和物品,包括一般工具、修理用工具、随车工具、管理用具、劳动保护用品,以及在营运过程中周转所用的不属于固定资产的劳动资料。

4. 固定资产业务的核算

固定资产是指为生产商品、提供劳务、出租或经营管理而持有的、使用寿命超过一个会计年度、单位价值较高的有形资产。使用寿命是指企业使用固定资产的预计期间,或者该固定资产所能生产产品或提供劳务的数量。

企业确认固定资产必须同时满足以下两个条件：一是与该固定资产有关的经济利益很可能流入企业；二是该固定资产的成本能够可靠地计量。

固定资产具有使用寿命长，单位价值高，并在使用过程中长期保持原有实物形态的特点。它在业务经营过程中，由于不断地使用而逐渐发生损耗，其损耗的价值逐步转入成本、费用中去，并从营业收入中得到补偿。这样固定资产损耗的价值，随着时间的推移，不断地从实物形态转变为货币形态直至固定资产报废清理时才全部完成这一转变过程。因此，占用在固定资产上的资金需要较长的时间才能完成周转。这与流动资产的不断循环运转，不断地从实物形态转变为货币形态，又从货币形态转变为实物形态的情况有很大的区别。

固定资产是物流企业重要的劳动手段，代表着物流企业的生产经营能力。它在提高劳动效率、改善工作环境、减轻劳动强度、提高库存品的质量、降低库存品的损耗、改善经营管理和提高经济效益等方面发挥着重要的作用。

固定资产有多种不同的分类，物流企业采用的是固定资产按经济用途和使用情况综合分类，可以分为以下七类：

（1）生产经营用固定资产。它是指直接服务于企业生产经营过程的固定资产，如生产经营用房屋、仓库、经营设备、运输工具和办公设备等。

（2）非生产经营用固定资产。它是指不直接服务于生产经营过程的固定资产，如用于职工物质文化生活上需要的食堂、医务室、托儿所、职工宿舍、文化娱乐设施等。

（3）租出固定资产。它是指企业出租给外单位的固定资产。

（4）未使用固定资产。它是指已完工或已购建的尚未交付使用的固定资产以及因进行改建和扩建等原因停止使用的固定资产。它不包括由于季节性或进行大修理等原因而暂时停止使用的固定资产。

（5）不需用固定资产。它是指本企业多余或不适用需要调配处理的固定资产。

（6）土地。它是指企业已经估价单独入账的土地。

（7）融资租入固定资产。它是指企业采取融资租赁方式租入的固定资产。

5. 无形资产业务的核算

无形资产是指企业拥有或者控制的没有实物形态的可辨认非货币性长期资产。物流企业的无形资产可以分为专利权、非专利技术、商标权、著作权、土地使用权和特许权。

4.2 购置设备的核算

4.2.1 固定资产的会计计量属性

为了正确核算固定资产的价值，加强对固定资产的管理，便于分析其结构，正确计提折旧费用，应当按照规定的会计计量属性进行计量，确定其金额。会计计量属性内容如下。

1. 历史成本

历史成本也称原始购置成本或原始价值，是指物流企业购建某项固定资产达到预定可使用状态前所发生的一切合理、必要的支出。物流企业新构建固定资产的计价、确定计提折旧的依据等均采用这种方法。其主要特点是具有客观性和可验证性，即按这种方法确定的价值，均是实际发生的并有支付凭证的支出。正是由于具有客观性和可验证性的特点，历史成本计量是固定资产的基本计价标准。

2. 重置成本

重置成本也称重置完全价值,是指在当前的生产技术条件和市场情况下,物流企业重新购置某项固定资产所需要的全部支出。物流企业按重置完全价值计价,虽然可以比较真实地反映固定资产的现实价值,但是其会计实务操作比较复杂。因此该方法的使用范围有限,仅在清查财产中确定盘盈固定资产的价值时使用,或在对报表进行补充、附注说明时采用。

3. 可变现净值

在可变现净值计量下,固定资产按照其正常对外销售所能收到现金或者现金等价物的金额扣减该资产至完工时估计将要发生的成本、估计的销售费用及相关税费后的金额计量。

4. 现值

在现值计量下,固定资产的价值按照预计从其持续使用和最终处置中所产生的未来净现金流入量的折现金额计量。

5. 公允价值

在公允价值计量下,固定资产的价值按照在公平交易中熟悉情况的交易双方自愿进行资产交换或者债务清偿的金额计量。

物流企业在对固定资产进行计量时,一般应当采用历史成本。采用重置成本、可变现净值、现值、公允价值计量的,应当保证所确定的会计要素金额能够取得并可靠计量。

4.2.2　固定资产成本的构成

1. 购置的不需要经过建造过程即可使用的固定资产

物流企业购置的不需要经过建造过程即可使用的固定资产,以实际支付的买价、相关税费、使固定资产达到可使用状态前所发生的归属该项资产的运输费、装卸费、安装费和专业人员服务费等,作为入账价值。外商投资企业因采购国产设备而收到税务机关退还的增值税税款,冲减固定资产的入账价值。

2. 购置的需要经过安装方可使用的固定资产

物流企业购置的需要安装的固定资产,应在购入的固定资产取得成本(包括实际支付的买价、相关的税金、包装费、运输费等)基础上,再加上安装调试成本作为固定资产的入账价值。

4.2.3　账户设置

1. "固定资产"账户

"固定资产"账户核算企业固定资产的原价,属于资产类账户,借方登记企业增加的固定资产原价,贷方登记企业减少的固定资产原价,期末借方余额,反映企业期末固定资产的账面原价。企业应当按照固定资产类别或项目进行明细核算。"固定资产"账户设置如图 4-1 所示。

固定资产	
登记固定资产原价的增加数额	登记固定资产原价的减少数额
期末余额:反映企业固定资产的账面原价	

图 4-1　"固定资产"账户设置示意图

2."在建工程"账户

"在建工程"账户核算企业基建、技改等在建工程发生的价值,属于资产类账户,借方登记企业各项在建工程的实际支出,也包括固定资产发生的大修理费、更新改造支出、房屋的装修费用等后续支出,贷方登记完工工程转出的成本,期末借方余额,反映企业尚未达到预定可使用状态的在建工程的成本。本账户应当按照"建筑工程""安装工程""在安装设备"以及单项工程进行明细核算。"在建工程"账户设置如图4-2所示。

在建工程	
登记企业发生的各项在建工程的实际支出	登记结转完工工程的实际成本
期末余额:反映企业尚未完工的在建工程的价值	

图4-2 "在建工程"账户设置示意图

4.2.4 相关会计处理

1.购置不需安装固定资产的核算

物流企业购入不需要安装的固定资产,应按购入时实际支付的买价、包装费、运输费、安装成本、缴纳的有关税金等,借记"固定资产"账户,贷记"银行存款"等账户。

【例4-1】 琴岛物流公司购入不需要安装的货车两辆,买价300 000元,支付的增值税为39 000元,另支付其他费用6 000元,款项已通过银行存款支付。

该固定资产的原价=300 000+6 000=306 000(元)

借:固定资产——生产经营用固定资产	306 000
应交税费——应交增值税(进项税额)	39 000
贷:银行存款	345 000

【例4-2】 琴岛物流公司向天津叉车厂购进液压叉车一辆,取得增值税专用发票列明买价80 000元,增值税税额10 400元,运输及装卸费600元,增值税税额54元,全部款项一并从银行汇付对方。该叉车也已达到预定可使用状态,并验收使用。

该固定资产的原价=80 000+600=80 600(元)

计入进项税的金额=10 400+54=10 454(元)

借:固定资产——生产经营用固定资产	80 600
应交税费——应交增值税(进项税额)	10 454
贷:银行存款	91 054

2.购置需安装固定资产的核算

物流企业购入需要安装的固定资产,应先记入"在建工程"账户,即购入时,按照实际支付的款项(包括买价、支付的税金、包装费、运输费等),借记"在建工程"账户,贷记"银行存款"账户;发生安装费用时,借记"在建工程"账户,贷记"银行存款"账户;安装完成验收后交付使用时,按其实际成本(包括买价、税金、包装费、运输费和安装费等)作为固定资产的原值入账,借记"固定资产"账户,贷记"在建工程"账户。

【例 4-3】 琴岛物流公司购入需要安装才能使用的车辆检测线一条,买价 100 000 元,增值税税额为 13 000 元,支付包装及运杂费 2 000 元。设备由供货商安装,支付安装费 2 000 元,增值税税额为 180 元。款项均以银行存款支付。

① 支付设备价款、税金、包装及运杂费合计 115 000 元时:

借:在建工程	102 000
应交税费——应交增值税(进项税额)	13 000
贷:银行存款	115 000

② 支付安装费时:

借:在建工程	2 000
应交税费——应交增值税(进项税额)	180
贷:银行存款	2 180

③ 安装完成交付使用时,确定的固定资产价值为 104 000 元(102 000＋2 000):

借:固定资产	104 000
贷:在建工程	104 000

延伸阅读 4-1

物流企业承租用于大宗商品仓储设施的土地减征城镇土地使用税

财税〔2018〕62 号文规定,为促进物流业健康发展,对物流企业承租用于大宗商品仓储设施的土地城镇土地使用税政策如下:

自 2018 年 5 月 1 日起至 2019 年 12 月 31 日止,对物流企业承租用于大宗商品仓储设施的土地,减按所属土地等级适用税额标准的 50% 计征城镇土地使用税。

符合减税条件的纳税人需持相关材料向主管税务机关办理备案手续,按照《财政部税务总局关于继续实施物流企业大宗商品仓储设施用地城镇土地使用税优惠政策的通知》(财税〔2017〕33 号)执行。

4.3 供应阶段的核算

4.3.1 供应阶段核算内容

供应阶段是物流企业经营过程的第一个阶段,企业要进行正常的经营活动就必须用货币资金购买原材料、包装物及低值易耗品、燃料等,同时要支付采购费用,包括运输费、装卸费、保险费、仓储费、运输途中的合理损耗及税费等其他费用。所以,供应过程的核算主要包括支付材料价款及税款、归集采购费用、正确计算采购成本、办理与供应单位的结算等工作。

4.3.2 供应过程核算需要设置的账户

为了核算和监督供应过程的各项购进业务,应设置的账户有"在途物资""原材料""包装物及低值易耗品""应付账款""应付票据""预付账款""应交税费"等账户。

1. "在途物资"账户

本账户核算物流企业采用实际成本进行材料（或商品）日常核算时，尚未验收入库的购入材料或商品的采购成本，属于资产类账户。借方登记在途物资的增加额，贷方登记结转验收入库的在途物资的实际成本，期末借方余额反映尚未入库的材料、商品的采购成本。"在途物资"账户设置如图 4－3 所示。

在途物资

登记在途物资的增加额	登记结转验收入库的在途物资的实际成本
期末余额：反映企业尚未到达或尚未验收入库的材料、商品的采购成本	

图 4-3 "在途物资"账户设置示意图

2. "原材料"账户

本账户核算物流企业库存的各种材料，包括原料及主要材料、辅助材料、外购半成品（外购件）、修理用备件（备品备件）、包装材料、燃料等的计划成本或实际成本，属于资产类账户。借方登记原材料的增加额，贷方登记发出原材料的成本，期末余额反映库存材料的成本。本账户应当按照材料的保管地点、材料的类别、品种和规格等进行明细核算。"原材料"账户设置如图 4－4 所示。

原材料

登记原材料的增加额	登记发出原材料的成本
期末余额：反映库存材料的计划或实际成本	

图 4-4 "原材料"账户设置示意图

3. "包装物及低值易耗品"账户

本账户核算企业包装物和低值易耗品的计划成本或实际成本，属于资产类账户。本账户应当按照包装物和低值易耗品的种类进行明细核算。包装物或低值易耗品价值较高的，采用五五摊销核算的，还应分别按"库存""摊销"进行明细核算。"包装物及低值易耗品"账户设置如图 4－5 所示。

包装物及低值易耗品

登记包装物及低值易耗品的增加额	登记发出包装物及低值易耗品的成本
期末余额：反映包装物及低值易耗品的计划或实际成本	

图 4-5 "包装物及低值易耗品"账户设置示意图

4. "应付账款"账户

本账户核算企业因购买材料、商品和接受劳务供应等经营活动应支付的款项，属于负债类账户。贷方登记增加额，借方登记减少额，期末余额一般在贷方。本账户应当按照不同的债权人进行明细核算。"应付账款"账户设置如图 4-6 所示。

应付账款	
登记偿还供应单位的款项	登记发生的应付供应单位的款项
	期末余额：反映企业尚未支付的应付账款

图 4-6 "应付账款"账户设置示意图

5."应付票据"账户

本账户核算企业因购买材料、商品和接受劳务供应等经营活动而开出或承兑的商业汇票，包括银行承兑汇票和商业承兑汇票，属于负债类账户。贷方登记增加额，借方登记减少额，期末余额一般在贷方。

企业应当设置"应付票据备查簿"，详细登记每一商业汇票的种类、号数、出票日期、到期日、票面余额、交易合同号和收款人姓名或单位名称以及付款日期和金额等资料。应付票据到期结清时，应当在备查簿内逐笔注销。"应付票据"账户设置如图 4-7 所示。

应付票据	
登记到期支付商业汇票的金额	登记开出、承兑的商业汇票面值
	期末余额：反映企业尚未到期的商业汇票的票面余额

图 4-7 "应付票据"账户设置示意图

6."预付账款"账户

本账户核算企业按照购货合同规定预付给供应单位的款项。预付款项情况不多的，也可以不设置本账户，将预付的款项直接记入"预付账款"账户的借方，属于资产类账户。该账户应当按照供应单位进行明细核算。"预付账款"账户设置如图 4-8 所示。

预付账款	
登记预付款或补付款项的增加	登记所购材料、商品或接受劳务的金额及退回多付的款项
期末余额：反映企业预付的款项	期末余额：反映企业尚未补付的款项

图 4-8 "预付账款"账户设置示意图

7."应交税费"账户

本账户核算企业按照税法规定计算应交纳的各种税费，包括增值税、消费税、所得税、资源税、土地增值税、城市维护建设税、房产税、城镇土地使用税、车船税、教育费附加等。本账户应当按照应交税费的税种进行明细核算。应交增值税还应分别"进项税额""销项税额""出口退税""进项税额转出""已交税金"等设置专栏进行明细核算。"应交税费"账户设置如图 4-9 所示。

应交税费	
登记实际缴纳的税金	登记应交的税金
期末余额:反映企业多交或尚未抵扣的税金	期末余额:反映企业尚未缴纳的税费

图4-9 "应交税费"账户设置示意图

4.3.3 供应过程一般业务的账务处理

1. 原材料购进的核算

1)原材料的分类

原材料的品种规格繁多,物流企业按原材料在经营过程中的作用不同,可以分为以下三类。

(1)燃料。它是指物流企业的车辆、船舶在运输过程中用来燃烧形成动力的各种能源,包括固体燃料、液体燃料和气体燃料,如煤、汽油、柴油、天然气和煤气等。

(2)轮胎。它是指物流企业购入车辆和装卸设备使用的轮胎外胎。

(3)其他材料。

2)原材料的计价

物流企业原材料的计价,应以在采购过程中实际发生的成本为依据,其实际成本应由买价和采购费用两个部分组成。

(1)买价。买价是指企业购买原材料时在发票上列明的货款金额。

(2)采购费用。采购费用由运杂费、运输途中的合理损耗和税金组成。

① 运杂费是指为采购原材料而发生的运输费、装卸费、包装费和仓储费。

② 运输途中的合理损耗是指购入原材料在运输途中发生的定额范围内的损耗。

③ 税金是指进口原材料时支付的进口关税和进口消费税。

3)原材料购进的会计处理

物流企业要加强原材料的核算。首先,要根据物流经营业务的情况,对各种原材料确定一个合理的储存量,做到既能使物流经营业务顺利地进行,又能使资金合理节约地运用;其次,要加强对原材料的管理,建立和健全原材料的验收、发料、退料和保管等各项工作的责任制,定期进行盘点,以防止原材料的短缺毁损和失窃;再次,要加强原材料使用的管理,制定合理的消耗定额,在保证物流服务质量的前提下,节约使用原材料,降低物流成本。

(1)营运燃料的会计处理。燃料在物流企业的运输营运过程中发挥着重要的作用,燃料的消耗在运输成本中占有较大的比重。当燃料被领用出库,装上车辆的油箱或船舶的油舱内,开始了运输营运活动,但当运输营运活动结束后,在车辆的油箱或船舶油舱内仍有一部分尚未消耗的燃料。因此,车辆、船舶运输营运业务领用的燃料并不等于消耗的燃料,存放在车辆油库和船舶油舱中的燃料仍应作为存货的组成部分,这样就需要将燃料明细账户分设"库存燃料""车(船)存燃料"两个明细账户进行核算。

在车辆或船舶领用燃料时,借记"原材料——车(船)存燃料"账户,贷记"原材料——库存燃料"账户;期末通过实地盘存制确定燃料的耗用数,其计算公式如下:

本期耗用燃料=期初车(船)存燃料+本期领用燃料-期末车(船)存燃料

根据计算出来的本期耗用燃料的金额,借记"主营业务成本——运输支出"账户,贷记"原材料——车(船)存燃料"账户。

【例4-4】 琴岛物流公司向上海炼油厂采购0号柴油12 000升。

① 2×19年9月5日,银行转来上海炼油厂托收凭证,金额为88 794元,内附专用发票一张,开列柴油12 000升,每升6.50元,计货款78 000元,增值税税额10 140元;运输费凭证一张,金额600元,增值税税额54元。审核无误后,予以承付。

承付货款及运杂费,作分录如下:

```
借:在途物资——柴油                                          78 600
    应交税费——应交增值税(进项税额)                        10 194
    贷:银行存款                                             88 794
```

② 2×19年9月6日,仓库转来收料单,上项柴油已验收入库,结转其采购成本,作分录如下:

```
借:原材料——燃料类                                          78 600
    贷:在途物资——柴油                                       78 600
```

【例4-5】 琴岛物流公司2×19年10月领用燃料成本为70 000元,实际耗用燃料合计为65 000,应作如下会计分录。

① 燃料库发出燃料时:

```
借:原材料——车(船)存燃料                                    70 000
    贷:原材料——库存燃料                                     70 000
```

② 期末燃料实际耗用时:

```
借:主营业务成本——运输成本                                   65 000
    贷:原材料——车(船)存燃料                                 65 000
```

(2)营运轮胎的会计处理。营运轮胎由外胎、内胎和垫带三部分组成,其中内胎和垫带的价值较低,平时在"原材料——其他材料"账户核算,领用时转入"主营业务成本——运输成本"账户。

营运轮胎外胎在物流企业的运输经营业务中发挥着重要的作用。由于它价值较大,数量较多,对运输成本的高低有着较大的影响。因此,物流企业应设置"原材料——轮胎"明细账户,以加强对营运轮胎外胎的核算。

物流企业的外胎被领用后,在使用过程中逐渐损耗,其价值也随之逐渐减少,这部分减少的价值,应通过摊销转入"主营业务成本——运输成本"账户,其摊销的方法有一次摊销法和按行驶里程摊销法两种。

第一,一次摊销法。它是指外胎领用时一次全额摊销其价值的方法,借记"主营业务成本——运输成本"账户,贷记"原材料——轮胎"账户。物流企业如果一次领用的外胎数量多时,为了使成本负担合理,可以分期摊销,在领用时,借记"原材料——轮胎(在用)"账户,贷记"原材料——轮胎(在库)"账户。分月摊销时,借记"主营业务成本——运输成本"账户,贷记"原材料——轮胎(在用)"账户。摊销完成时,借记"原材料——轮胎(在库)",贷记"原材料——轮胎(在用)"。这种方法适用于汽车运输业务较少的物流企业。

第二,按行驶里程摊销法。它是指按外胎在预计行驶总里程内实际行驶里程的比例计算其摊销额的方法。在领用外胎时,借记"长期待摊费用——轮胎"账户,贷记"原材料——轮胎"账户;摊销时,按本月摊销外胎费用额,借记"主营业务成本——运输成本"账户,贷记"长期待摊费用——轮胎"账户。本月摊销外胎费用额按如下公式计算:

$$外胎行驶里程摊销率＝(外胎成本－预计残值)÷预计行驶总里程$$
$$本月摊销外胎费用＝本月外胎行驶里程×外胎行驶里程摊销率$$

报废轮胎退库时,按残值,借记"原材料"账户,贷记"主营业务成本——运输成本"账户。对于发生的轮胎翻新费用,借记"主营业务成本——运输成本"账户,贷记"银行存款"账户。

【例4-6】 琴岛物流公司向上海轮胎厂采购轮胎50只。

① 2×19年10月11日,银行转来上海轮胎厂托收凭证,金额为51 395元,内附专用发票一张,开具卡车轮胎50只,每只900元,计货款45 000元,增值税5 850元;运输发票一张,金额500元,增值税45元。经审核无误,予以承付。

承付货款及运杂费,作分录如下:

借:在途物资——卡车轮胎	45 500
应交税费——应交增值税(进项税额)	5 895
贷:银行存款	51 395

② 2×19年10月16日,仓库转来收料单,上项卡车轮胎已验收入库,结转其采购成本,作分录如下:

借:原材料——轮胎类	45 500
贷:在途物资——卡车轮胎	45 500

【例4-7】 琴岛物流公司的轮胎外胎每只成本900元,残值45元,每只外胎预计可行驶90 000米。2×19年10月20日,运输车队领用外胎6只,截至2×19年10月31日,运输车队外胎共计行驶里程为300 000千米。

① 领用轮胎时:

借:长期待摊费用——轮胎	5 400
贷:原材料——轮胎	5 400

② 摊销轮胎费用时:

$$外胎行驶里程摊销率＝(900-45)÷90 000＝0.95\%$$
$$本月摊销外胎费用＝300 000×0.95\%＝2 850(元)$$

借:主营业务成本——运输成本	2 850
贷:长期待摊费用——轮胎	2 850

【例4-8】 琴岛物流公司2×19年10月份发生下列经济业务:车队领用轮胎成本为10 000元。以银行存款支付翻新费2 000元。报废轮胎的残值为300元。应作如下会计分录:

① 领用轮胎时:

借:主营业务成本——运输成本	10 000
贷:原材料——轮胎	10 000

② 以银行存款支付翻新费时：

借：主营业务成本——运输成本 2 000
　　贷：银行存款 2 000

③ 报废轮胎残值入库时：

借：原材料——残值 300
　　贷：主营业务成本——运输成本 300

2. 包装物的核算

包装物和低值易耗品也是物流企业存货的重要组成部分,是物流企业提供包装等日常经营活动必备的物资,因此,应加强对包装物和低值易耗品的核算和管理。

1) 包装物概念及内容

包装物是指为了包装本物流企业的产品而储备的各种包装容器,如桶、箱、瓶、坛、袋等。其核算内容包括：

(1) 生产过程中用于包装产品作为产品组成部分的包装物。

(2) 随同产品出售而不单独计价的包装物。

(3) 随同产品出售而单独计价的包装物。

(4) 出租或出借给购买单位使用的包装物。

以下各项不作为包装物核算：

(1) 各种包装材料,如纸、绳、铁丝、铁皮等,应在"原材料"账户核算。

(2) 用于储存和保管产品、材料而不对外出售的包装物,应按价值大小和使用年限长短,分别在"固定资产"或"低值易耗品"账户核算。

(3) 作为物流企业商品产品的自制包装物,应作为库存商品核算。

2) 购进包装物的会计处理

物流企业购入包装物的核算与原材料基本相同。为了反映和监督包装物的增减变化及其收发结存情况,物流企业应设置"包装物"账户进行核算。

【例 4-9】 琴岛物流公司向华润公司采购铁通 1 000 个。

(1) 2×19 年 8 月 10 日,银行转来华润公司托收凭证,金额为 90 400 元,内附专用发票一张,开具铁通 1 000 个,每个 80 元,计货款 80 000 元,增值税 10 400 元。经审核无误,予以承付。

承付货款及运杂费,作分录如下：

借：在途物资——铁通 80 000
　　应交税费——应交增值税(进项税额) 10 400
　　贷：银行存款 90 400

(2) 2×19 年 8 月 15 日,仓库转来收料单,上项铁通已验收入库,结转其采购成本,作分录如下：

借：包装物——铁通 80 000
　　贷：在途物资——铁通 80 000

3) 发出包装物的会计处理

物流企业发出包装物,应根据其用途不同,分别进行处理:

(1)生产领用包装物。生产部门领用的包装物,构成了产品成本的组成部分,此种包装物应计入产品成本,借记"生产成本"等账户,贷记"包装物"账户。

(2)随商品出售的包装物。随商品出售的包装物,物流企业应分单独计价和不单独计价两种情况核算。随同产品出售而单独计价的包装物,在随同商品出售时要单独计价,单独反映其收入,相应也应单独反映其销售成本,应记入"其他业务成本"账户。随同产品出售不单独计价的包装物,应于包装物发出时,按其实际成本记入"销售费用"账户。

(3)出租或出借包装物。物流企业可以根据业务活动需要,出租或出借其包装物。出租包装物时,按其实际成本借记"其他业务成本"账户,贷记"包装物"账户;出借包装物时,按其实际成本借记"销售费用"账户,贷记"包装物"账户。如果出租或出借的包装物金额较大,可先通过"长期待摊费用"账户核算,以后分期摊销,期满收回残余价值或变价收入冲减其他业务成本或销售费用。物流企业出租或出借包装物收取押金的,应先借记"银行存款"等账户,贷记"其他应付款"账户,到期返还押金时,作相反分录。

【例4-10】 琴岛物流公司向星海公司租出库存未用铁桶30个,单位实际成本80元。收到出租包装物押金3 000元,租金1 500元,全部款项已存入银行。

① 领用出租用包装物时:

借:包装物——出租包装物		2 400
贷:包装物——库存未用包装物		2 400

② 收到出租包装物押金时:

借:银行存款		3 000
贷:其他应付款		3 000

③ 收到出租包装物租金时:

借:银行存款		1 500
贷:其他业务收入		1 500

④ 采用一次转销法摊销包装物成本:

借:其他业务成本		2 400
贷:包装物——包装物摊销		2 400

⑤ 上述出租包装物全部收回(已验收入库),并退回包装物押金2 000元。

出租包装物收回并验收入库时:

借:包装物——库存已用包装物		2 400
贷:包装物——出租包装物		2 400

退回包装物押金时:

借:其他应付款		3 000
贷:银行存款		3 000

3. 低值易耗品的核算

1)低值易耗品的概念及内容

低值易耗品是指不作为固定资产核算的各种用具用品,如工具、管理用具、玻璃器皿以及在经营过程中周转使用的包装容器等。它与固定资产一样,也属于劳动资料,但其价值较低、使用期限较短、容易损坏,在核算与管理上通常作为存货处理。

为了加强低值易耗品的管理和核算,物流企业应对其进行分类。根据经济用途的不同,低值易耗品可以分为以下几类:

(1) 一般工具,是指辅助生产车间用的工具、模具、卡具、刀具和装备工具等。

(2) 修理用工具,是指物流企业进行汽车保养、修理用的专用工具和简易设备等。

(3) 随车工具,是指车辆随车携带的物品,如篷车、绳索、千斤顶、防滑链条及其他工具等。

(4) 管理用具,是指管理工作中使用各种家具、器具、自行车、打字机、办公用品等。

(5) 劳动保护用品,是指为安全生产发给工人作为劳动保护用的工作服、工作鞋和各种保护用具等。

(6) 其他,是指不属于以上各类的低值易耗品。

2) 低值易耗品购进的会计处理

物流企业购进低值易耗品的计价与原材料相同,即包括买价和采购费用两个部分,购入时根据价税合计借记"在途物资"账户,贷记"银行存款"账户。发生采购费用时,也列入"在途物资"账户。当低值易耗品采购完毕验收入库,结转其采购成本时,借记"低值易耗品——在库低值易耗品"账户,贷记"在途物资"账户。

【例 4-11】 琴岛物流公司向华润公司购入一批管理用具。

(1) 2×19 年 9 月 10 日,银行转来华润公司托收凭证,金额为 31 320 元,内附专用发票一张,开具管理用具的买价为 27 000 元,增值税 3 510 元。经审核无误,予以承付。

承付货款,作分录如下:

借:在途物资——管理用具	27 000	
应交税费——应交增值税(进项税额)	3 510	
贷:银行存款		30 510

(2) 2×19 年 9 月 12 日,仓库转来收料单,上项管理用具已验收入库,结转其采购成本,作分录如下:

借:低值易耗品——管理用具	27 000	
贷:在途物资——管理用具		27 000

3) 低值易耗品领用和摊销的会计处理

为了加强实物管理、均衡经营成本和简化核算手续,物流企业应根据低值易耗品的特点,选择一次转销法或五五摊销法对其进行摊销,计入相关资产成本或当期损益。

(1) 一次转销法。一次转销法是指低值易耗品或包装物在领用时就将其全部账面价值计入相关资产成本或当期损益的方法。一次转销法通常适用于价值比较低或极易损坏的管理用具(办公用品、纸张、文具等)或小型工具。一次转销的低值易耗品,在领用时其全部价值摊入有关的成本费用账户,借记"主营业务成本""其他业务成本"或"管理费用"等账户。

【例 4-12】 琴岛物流公司货运车队 2×19 年 10 月 10 日领用修理工具一批,其账面价值为 3 000 元,公司采用一次转销法核算。其会计分录为:

借:主营业务成本——运输成本 3 000
　　贷:低值易耗品 3 000

（2）五五摊销法。五五摊销法是指低值易耗品在领用或出租、出借时先摊销其成本的一半,在报废时再摊销其成本的另一半,即低值易耗品或包装物分两次各按 50% 进行摊销。物流企业采用五五摊销法核算低值易耗品的,需要在低值易耗品下设置"在库低值易耗品""在用低值易耗品"和"低值易耗品摊销"三个明细账户。

【例 4-13】 琴岛物流公司仓库领用工具一批,价值 8 000 元,使用 6 个月后报废,收回残料款 350 元,采用五五摊销法摊销。

① 领用时:

借:低值易耗品——在用低值易耗品 8 000
　　贷:低值易耗品——在库低值易耗品 8 000

同时:

借:销售费用 4 000
　　贷:低值易耗品——低值易耗品摊销 4 000

② 低值易耗品报废时:

借:销售费用 4 000
　　贷:低值易耗品——低值易耗品摊销 4 000

同时,冲销在用低值易耗品:

借:低值易耗品——低值易耗品摊销 8 000
　　贷:低值易耗品——在用低值易耗品 8 000

③ 以现金收回残料款时:

借:库存现金 350
　　贷:销售费用 350

4.3.4 供应过程特殊业务的账务处理

1. 材料到达企业,单证未到的核算

材料到达企业,但有关结算凭证等未到,物流企业可暂不入账。如果到月末有关凭证还没有到达,可按暂估价或按合同价格借记"原材料"账户,贷记"应付账款——暂估应付账款"账户,下个月月初用红字冲回。待有关结算凭证到达之后,再按当月收料付款处理。

【例 4-14】 琴岛物流公司 2×19 年 4 月 2 日从星海公司购入五金材料一批,材料已验收入库,直到月末仍未收到供货公司的发票账单,这批材料的估计价款为 58 000 元。

由于尚未收到发票,因此公司月末应暂估入账,下月月初再红字冲回。其会计处理为:

（1）月末暂估入账时:

借:原材料 58 000
　　贷:应付账款——暂估应付账款 58 000

（2）红字冲回时:

借:原材料　　　　　　　　　　　　　　　　　　　　　　　58 000

　　贷:应付账款——暂估应付账款　　　　　　　　　　　　　　　58 000

2. 通过预付货款的方式采购材料的核算

如果通过预付货款的方式采购材料,根据供货单位发来材料时附带的有关凭证,物流企业应将材料的价款、税款等与原预付款进行比较,分情况处理。如果原预付款大于材料的价款和税款,应借记"原材料""应交税费——应交增值税(进项税额)""银行存款"账户,贷记"预付账款"账户;如果原预付款小于材料的价款和税款,而且其不足部分当即通过银行付清,则借记"原材料""应交税费——应交增值税(进项税额)"账户,贷记"预付账款""银行存款"等账户。

【例 4-15】　琴岛物流公司 2×19 年 4 月份向东方公司购入材料一批,价款 50 000 元,按照合同规定向东方公司预付价款的 50%,验收货物后补付其余款项。

(1) 预付 50% 的价款时:

借:预付账款——东方公司　　　　　　　　　　　　　　　　25 000

　　贷:银行存款　　　　　　　　　　　　　　　　　　　　　25 000

(2) 收到东方公司发来的材料,验收无误,增值税专用发票上注明的价款为 50 000 元,增值税税额为 6 500 元,以银行存款补付所欠款项 31 500 元。编写会计分录如下:

借:原材料　　　　　　　　　　　　　　　　　　　　　　　50 000

　　应交税费——应交增值税(进项税额)　　　　　　　　　　6 500

　　贷:预付账款——东方公司　　　　　　　　　　　　　　　56 500

借:预付账款——东方公司　　　　　　　　　　　　　　　　31 500

　　贷:银行存款　　　　　　　　　　　　　　　　　　　　　31 500

3. 购进材料发生短缺或溢余的核算

企业购进原材料如由于其他原因发生短缺或溢余,应先按实收数结转原材料采购成本,将短缺或溢余金额先记入"待处理财产损溢"账户。等与对方联系解决后,如属于供货单位少发原材料,作退货处理时,应由对方开来红字专用发票,根据价税合计借记"应收账款"账户,贷记"待处理财产损溢"账户;如属于供货单位多发材料,补作进货时,应由对方补来专用发票,根据价税合计借记"待处理财产损溢"账户,贷记"应付账款"账户;如属于运输企业责任,由其负责赔偿时,则根据确定的赔偿款借记"其他应收款"账户,贷记"待处理财产损溢"账户。

"待处理财产损溢"是资产类账户,用于核算企业在清查财产过程中查明的各种财产物资的盘亏、盘盈和毁损,以及购入的原材料在运输途中发生的短缺和溢余等。企业发生盘亏、毁损、短缺以及转销盘盈、溢余时,记入借方;企业发生盘盈、溢余以及转销盘亏、毁损、短缺时,记入贷方。企业的财产损溢,应查明原因,在期末结账前处理完毕,处理后该账户应无余额。

【例 4-16】　琴岛物流公司向上海轮胎厂采购轮胎 100 只。

(1) 2×19 年 6 月 1 日,银行转来上海轮胎厂托收凭证,金额为 102 790 元,内附专用发票一张,开具卡车轮胎 100 只,每只 900 元,计货款 90 000 元,增值税 11 700 元;运输发票一张,金额 1 000 元,增值税 90 元。经审核无误,予以承付。

承付货款及运杂费,作分录如下:

借:在途物资——卡车轮胎　　　　　　　　　　　　　　　　　　91 000
　　应交税费——应交增值税(进项税额)　　　　　　　　　　　11 790
　　贷:银行存款　　　　　　　　　　　　　　　　　　　　　　　　102 790

(2) 2×19 年 6 月 6 日,仓库转来收料单,上项卡车轮胎实收 95 只,短缺 5 只,经查明属对方少发。由采购部门与对方联系解决,结转入库卡车轮胎的采购成本,作分录如下:

借:原材料——轮胎类　　　　　　　　　　　　　　　　　　　　86 500
　　待处理财产损溢　　　　　　　　　　　　　　　　　　　　　4 500
　　贷:在途物资——卡车轮胎　　　　　　　　　　　　　　　　　91 000

(3) 2×19 年 6 月 12 日,上海轮胎厂开来红字专用发票,开具退货款 4 500 元,退增值税税额 585 元,予以转账,作分录如下:

借:应收账款——上海轮胎厂　　　　　　　　　　　　　　　　　5 085
　　应交税费——应交增值税(进项税额)　　　　　　　　　　　585
　　贷:待处理财产损溢　　　　　　　　　　　　　　　　　　　4 500

4. 购货折扣的核算

企业在赊购原材料等存货时,赊销方为了促使赊购方尽快地清偿账款而给予一定的折扣优惠,从而产生了购货折扣。购货折扣是指赊购方在赊购原材料等存货后,因迅速清偿赊购账款而从赊销方取得的折扣优惠。

企业赊购原材料等存货时,当赊销方提出以付款为条件给予购货折扣时,应按总价法入账。总价法是以原材料等存货的发票价格即含税价格作为其买价入账。当企业取得购货折扣时,再冲减当期的财务费用。

【例 4-17】 琴岛物流公司 2×19 年 7 月份向上海汽车零件厂赊购离合器压板,上海汽车零件厂给予的付款条件为:10 天内付清货款,购货折扣为 2%;20 天内付清货款,购货折扣为 1%;超过 20 天则支付全价。

(1) 10 日赊购离合器压板 50 块,每块 360 元,增值税专用发票上注明,货款 18 000 元,增值税税额 2 340 元,离合器压板已验收入库。

根据专用发票,作分录如下:

借:在途物资——离合器压板　　　　　　　　　　　　　　　　18 000
　　应交税费——应交增值税(进项税额)　　　　　　　　　　　2 340
　　贷:应付账款——上海汽车零件厂　　　　　　　　　　　　　20 340

根据收料单结转材料采购成本,作分录如下:

借:原材料——其他材料　　　　　　　　　　　　　　　　　　18 000
　　贷:在途物资——离合器压板　　　　　　　　　　　　　　　18 000

(2) 20 日,签发转账支票一张,金额为 20 340 元,支付本月 10 日赊购离合器压板的货款及增值税税额。

借:应付账款——上海汽车零件厂　　　　　　　　　　　　　20 340
　　贷:银行存款　　　　　　　　　　　　　　　　　　　　　19 980
　　　　财务费用　　　　　　　　　　　　　　　　　　　　　　360

4.3.5　原材料按计划成本法核算

前述原材料核算的方法是按原材料的实际成本法进行计价和核算的。然而不少物流企业原材料的品种和规格较多,核算的工作量较大,为了简化核算手续,并加强对原材料采购部门经营业绩的考核,对原材料采用计划成本法核算,通过实际成本与计划成本对比,以促使原材料采购部门节省采购支出,降低采购成本。

1. 计划成本法的概念

计划成本法是指企业原材料的收入、发出和结存均按事先制定的计划成本计价,将实际成本与计划成本的差额通过"材料成本差异"账户反映,到期末将发出原材料的计划成本调整为实际成本的方法。

采用计划成本法必须事先制定每一品种规格原材料的计划成本。原材料的计划成本构成内容与实际成本相同,不再重述。原材料计划成本通常由企业采购部门会同财会部共同制定,制定的计划成本应力求接近实际,除单位成本发生很大变动等特殊情况外,在年度内一般不作调整,以保持计划成本的相对稳定。

2. 计划成本法下的账户设置

1)"材料采购"账户

"材料采购"是资产类账户,用于采用计划成本进行原材料日常核算的企业购入原材料发生的采购成本的核算。企业购入原材料发生的采购成本和结转原材料实际成本小于计划成本的差异时,记入借方;企业原材料验收入库按计划成本入账和结转原材料实际成本大于计划成本的差异时,记入贷方;期末余额在借方,表示企业尚未到达及虽已到达,但尚未验收入库的在途材料。

2)"材料成本差异"账户

"材料成本差异"是资产类账户,它是"原材料"账户的调整账户,用于反映企业原材料的实际成本与计划成本的差异。企业购进原材料验收入库时,实际成本大于计划成本的差额,以及分摊发出原材料实际成本小于计划成本差异时,记入借方;企业购进原材料验收入库时,实际成本小于计划成本的差额,以及分摊发出原材料实际成本大于计划成本差异时,记入贷方;期末余额若在借方,表示企业库存原材料的实际成本大于计划成本的差额;期末余额若在贷方,则表示企业库存原材料的实际成本小于计划成本的差额。

3. 计划成本法下的账务处理

企业的原材料采用计划成本法进行计价和核算时,应设置"材料采购"账户,当发生采购原材料的实际成本时,记入"材料采购"账户的借方;原材料验收入库时,按入库原材料的计划成本,借记"原材料"账户,贷记"材料采购"账户。这样"材料采购"账户的借方登记采购原材料的实际成本,贷方登记采购原材料的计划成本,两者之间的差额转入"材料成本差异"账户。

【例4-18】 琴岛物流公司向上海轮胎厂采购外胎100只。

(1) 2×19年7月5日,银行转来上海轮胎厂的托收凭证,金额为100 312元。内附专用发票一张,开具外胎 100 只,每只 880 元,货款共计 88 000 元,增值税 11 440 元;运输发票一张,金额 800 元,增值税税额 72 元。审核无误后,予以承付,作分录如下:

借:材料采购——外胎 88 800
应交税费——应交增值税(进项税额) 14 160
贷:银行存款 100 312

(2)2×19 年 7 月 10 日,仓库转来收料单,100 只外胎已验收入库,其计划单价为 900 元,予以结转,作分录如下:

借:原材料——轮胎类 90 000
贷:材料采购——外胎 88 800
材料成本差异 1 200

在实际工作中,为了简化核算手续,采购原材料实际成本与计划成本的差异不必逐笔结转,可以在月末通过对比后,一次转入"材料成本差异"账户。

延伸阅读 4-2 ....

国家税务总局关于开展互联网物流平台企业代开增值税专用发票试点工作的通知
税总函〔2017〕579 号

为贯彻落实《国家税务总局关于进一步深化税务系统"放管服"改革优化税收环境的若干意见》(税总发〔2017〕101 号)精神,进一步优化纳税服务,提高货物运输业小规模纳税人使用增值税专用发票(以下简称专用发票)的便利性,促进物流业降本增效,税务总局决定,在全国范围内开展互联网物流平台企业代开专用发票试点工作。现将有关事项通知如下:

一、试点内容

经省国税局批准,互联网物流平台企业可以为同时符合以下条件的货物运输业小规模纳税人代开专用发票,并代办相关涉税事项。

(一)在中华人民共和国境内(以下简称境内)提供公路或内河货物运输服务,并办理了工商登记和税务登记。

(二)提供公路货物运输服务的,取得《中华人民共和国道路运输经营许可证》和《中华人民共和国道路运输证》;提供内河货物运输服务的,取得《中华人民共和国水路运输经营许可证》和《中华人民共和国水路运输证》。

(三)在税务登记地主管税务机关(以下简称主管税务机关)按增值税小规模纳税人管理。

(四)注册为该平台会员。

二、试点企业的确定

纳入试点范围的互联网物流平台企业(以下称试点企业),应当具备以下条件:

(一)国务院交通运输主管部门公布的无车承运人试点企业,且试点资格和无车承运人经营资质在有效期内。

(二)平台应实现会员管理、交易撮合、运输管理等相关系统功能,具备物流信息全流程跟踪、记录、存储、分析能力。试点企业代开专用发票不得收取任何费用,否则不得作为试点企业。

重 要 概 念

存货 固定资产 原材料 材料采购 在途物资 低值易耗品 包装物

思 考 题

1. 物流企业购置固定资产的成本是由哪几部分构成的？
2. 供应过程的核算需要设置哪些账户？
3. 物流企业的原材料有哪些分类？

第5章　物流企业成本与费用的核算

内容提要

成本费用的核算是物流企业会计的一项重要内容。就一般意义而言,成本费用泛指企业在生产经营中所发生的各种资金耗费。本章主要介绍了物流成本的概念及其构成,并详细讲解了运输成本、仓储成本、装卸成本、配送成本、期间费用的内容、项目构成以及会计核算。

重点难点

本章重点及难点是运输成本、仓储成本、装卸成本、配送成本、期间费用的会计核算。

学习目标

通过本章的学习,要求学生了解物流成本的构成与分类;理解运输成本、仓储成本、装卸成本、配送成本、期间费用的内容及其项目构成;掌握运输成本、仓储成本、装卸成本、配送成本、期间费用的会计核算。

知识框架

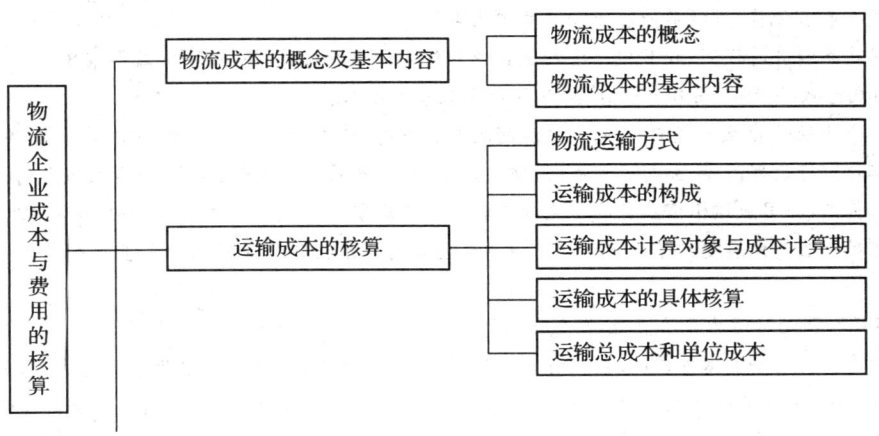

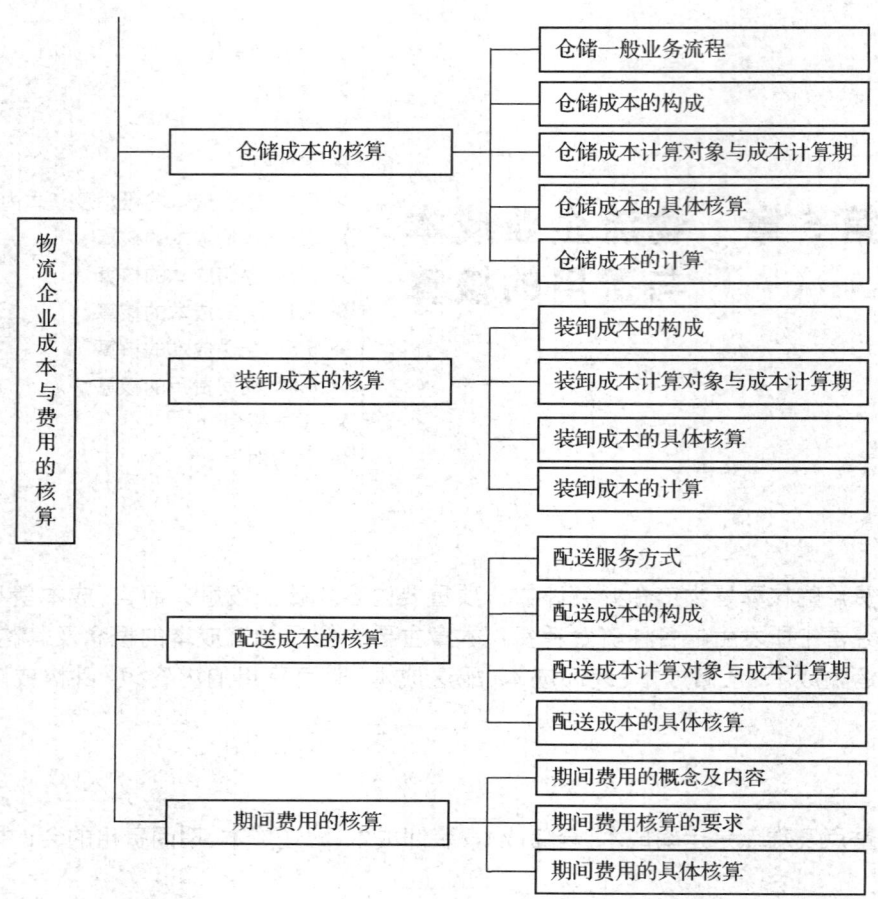

引例 共享经济时代，物流企业如何降低成本

2015年以来，国内经济动力不足，经济形势严峻，很多行业的经营压力越来越大，甚至很多企业和工厂出现了停工潮和倒闭潮。为了降低成本，企业和工厂也开始压缩各种成本，这当然也包括物流成本。物流运价越来越低，货源不断减少，许多中小型企业已经入不敷出，无法更好地生存。

物流业务进入门槛不高，业务差异性小，从竞争模式上来看，物流企业之间主要以低成本的竞争战略为主。谁的成本最有优势，谁就最能在市场竞争中生存。

互联网共享经济时代下，众多中小型物流企业如何才能降低成本，赢得竞争，赢得市场。

一、用众包代替专职，用外包代替全职，降低企业人力成本和管理成本

在传统企业经营管理理念中，有两个主流的思想。首先，公司应该由各个部门组成，如业务部门、销售部门、财务部门、行政部门等，公司一旦成立，便要设立部门、招聘专职人员；其次，为企业服务的人员应该是公司自己的员工，公司应该根据业务的变化确定扩招还是减员。在过去用工成本较低的年代里，这两个经营管理思想对企业的发展起到了一定作用。但现在企业需要用互联网的思维方式去改变过去的经营管理模式。

二、用互联网进行运力竞价直采，降低运力成本

现代物流企业主要运输方式有两种：自建车队，打造自有运力资源池；运输业务外包方式，采购社会化运力。自建车队，司机管理难度大、代理成本高；采购社会化运力，中间环节多，中介成本高。虽然这两种运力资源组合是物流行业的主流，但是它们却一点都不"省钱"。运力成本是物流企业的最大成本来源，充分

降低运力成本是物流企业的重中之重。

三、企业雇佣制转为合伙人制

马云说：现在是合伙人的时代。如何把员工变成合伙人，如何将优秀员工留住，是企业必须考虑的问题。物流企业应该考虑产业链定位的问题，你的上游产业链是谁？你的下游客户是谁？如何将它们变成你的利益共同体？菜鸟网络的产生直接提供给物流企业便利的数据服务，顺丰联手国外 UPS 扩展国外市场。它们的成功告诉我们，单向客户关系应该改变，双向服务才是关键，将来的市场会是服务导向型的市场！

5.1 物流成本的概念及基本内容

5.1.1 物流成本的概念

物流成本通常是指物流企业的物流成本。我们可以通过对物流企业提供的物流劳务产品的分析来明确物流成本概念。物流企业根据与客户签订的合同履行各项约定的物流劳务，这种物流企业提供的劳务产品与一般企业提供的实体产品相比较，至少存在两方面的特性：一是无形性，即没有构成产品实体的原材料；二是生产和销售甚至消费环节是有机统一的。

物流企业成本是指物流企业在履行客户物流业务合同或订单的过程中所发生的应归属于某一业务合同或订单的耗费，即物流业务成本，也就是物流企业在经营物流业务过程中所发生的耗费。

5.1.2 物流成本的基本内容

1. 物流成本的构成

物流成本涵盖了生产、流通、消费全过程中因物品实体与价值变化而发生的全部费用，概括来讲，物流成本由以下六个部分构成：

（1）物流活动中的物资消耗，主要包括电力、燃料、包装材料和固定资产的损耗等。

（2）物流活动中物资发生的合理损耗。

（3）物流活动中的人工成本，包括职工工资、奖金、津贴等。

（4）物流活动中发生的其他费用，包括与物流活动有关的办公和差旅费支出。

（5）由于保证物流系统运作顺畅的资金成本，包括利息和手续费等。

（6）研究、设计、重建与优化物流过程的费用。

2. 物流成本的分类

物流成本按照不同的分类标准有几种分类方式，下面介绍最常见的三种分类方法。

1）物流成本按流通的环节不同划分

（1）仓储成本。仓储成本是物流总成本中的一个重要组成部分。仓储管理的主要任务是用最低的费用在适当的时间与地点取得适当数量的存货。物流成本的高低常常取决于仓储成本的大小。

（2）运输成本。在物流企业中，运输在其经营业务中占主导地位，物流运输费用在整个物流业务中占较大比例。因此，物流合理化在很大程度上依赖于运输合理化，而运输合理与否直接影响物流运输费用的高低，进而影响物流成本的高低。物流运输，按运输设备和运输工具的不同，可以分为汽车运输、铁路运输、船舶运输、航空运输和管道运输。概括来讲，物流企业的运输成本主要包括人工费用、营运费用和其他费用。

（3）装卸搬运成本。装卸搬运成本是指在指定的地点以人力或机械设备装入或卸下物品。一般发生在同一地域范围内（如车站、工厂和仓库等），改变"物"的存放和支撑状态的活动称为装卸；改变"物"的空间位置的活动称为搬运。在物流活动中，装卸搬运成本项目主要包括装卸搬运直接费用和营运间接费用。其中，前者包括相关人员的人工费用、装卸搬运过程中发生的合理损耗、固定资产折旧费、维修费、燃料动力费、劳动保护费、运输管理费和外付装卸费等。

（4）配送成本。配送是指物流企业按用户订单或配送协议进行配货，选择经济合理的运输路线与运输方式，在用户指定的时间内，将符合要求的货物送达指定地点的商品供应方式。配送是一种小范围的物流活动。一般的配送集装卸、包装、保管、运输和加工等于一身。配送成本包括分拣成本、配送成本、配送运输成本和流通加工成本。

2）物流成本按与业务量的关系不同划分

（1）固定成本。固定成本又称固定费用，是指成本总额在一定时期和一定业务量范围内，不受业务量增减变动影响而能保持不变的成本，如折旧费、管理人员的工资、广告费、职工培训费等。固定成本总额在一定时期和业务量范围内是固定不变的，但单位固定成本是随着业务量的变化而呈反比例变化的。

（2）变动成本。变动成本是指总额在相关范围内随着业务量的变动而成正比例变动的成本，如直接材料、直接人工费用。在一定期间内它们的发生额随着业务量的增减而成正比例变动，但单位产品的耗费则保持不变。

3）物流成本按计入成本对象的方式不同划分

（1）直接成本。直接成本是指费用发生时，能直接计入某一成本计算对象的费用。某项费用是否属于直接计入成本，取决于该项费用能否确认与某一成本计算对象直接有关和是否便于直接计入该成本计算对象。物流企业在经营过程中所发生的直接材料费用、直接人工费用通常属于直接成本。

（2）间接成本。间接计入成本是指生产费用发生时，不能或不便于直接计入某成本计算对象，而须先按发生地点或用途加以归集，待月终选择一定的分配方法进行分配后才计入有关成本计算对象的费用。例如，物流企业的仓储装卸、营运部等管理人员的工资、建筑物和机器设备的折旧、租赁费、修理费、机物料消耗、水电费、办公费等，通常属于间接成本。

除此之外，物流成本还存在其他一些分类方式。如根据物流成本是否可以控制，分为可控成本与不可控成本；按物流费用的支付形态，可分为材料费、人工费、燃料动力费、经营管理费和一般经费等。

3. 物流企业的成本计算对象与成本计算期

为了正确核算物流成本，必须确定成本计算对象和成本计算期。

1）成本计算对象

物流企业的成本计算对象是指物流企业为归集和分配各项物流成本而确定的成本计算实体。物流企业可以将各种不同的物流功能确定为不同的物流计算对象。物流企业的成本计算对象包括运输、仓储、装卸搬运、包装、配送等。

（1）运输。运输是指对物品进行长距离空间位移的物流活动。运输是物流的主要功能之一，是物流企业经营活动的中心环节。一定时期内，物流企业在提供运输服务中发生的各种耗费构成物流企业的运输成本,包括从事货物运输服务的职工薪酬,车辆以及其他运输工具的燃料费、折旧费、保养费、租赁费、养路费、过路费、事故损失费、相关税费等。

(2)仓储。仓储是指通过特定场所储存和保管物资和商品的行为,是对有形物品提供存放场所、存取物品的物流活动和对存放物品的保管、控制的物流活动。仓储是商品流通的重要环节之一,也是物流活动的重要支柱。一定时期内,物流企业提供仓储服务过程中发生的全部费用构成了物流企业的仓储成本。仓储成本包括仓储业务的职工薪酬,仓储设施的折旧费、保养费、水电费、燃料与动力消耗费等。

(3)装卸搬运。装卸搬运是装卸和搬运的总称。装卸是指在同一地域范围内(如仓库内部、车站等)改变货物的存放、支承状态的物流活动。搬运是指以改变货物的空间位置的物流活动。装卸搬运的基本活动包括装车、卸车、装船、卸船,以及入库、堆垛、出库过程中的装载搬运等,是随运输和保管等活动而产生的必要活动。一定时期内,物流企业提供装卸搬运服务过程中发生的全部费用构成物流企业的装卸搬运成本。装卸搬运成本包括装卸搬运业务的职工薪酬,装卸搬运设施折旧费、保养费、燃料与动力消耗费等。

(4)包装。包装是指为了在流通过程中保护产品、方便储运、促进销售,在采用容器、材料及辅助材料的过程中使用一定的技术方法的物流活动。一定时期内,物流企业提供包装服务过程中发生的全部费用构成物流企业的包装成本。包装成本包括包装业务的职工薪酬,包装材料消耗,包装设施折旧费,包装技术设计、实施费用以及包装标记的设计、印刷等辅助费用。

(5)配送。配送是指在经济合理区域范围内,根据用户要求,对物品进行拣选、加工、包装、分割、组配等作业,并按时送达指定地点的物流活动。一定时期内,物流企业在提供配送服务过程中发生的各种耗费构成物流企业的配送成本。配送成本根据其配送的功能可以划分为运输成本、分拣成本、配装成本、包装成本、流通加工成本等。

2)物流企业的成本计算期

物流企业的成本计算期是指归集物流费用、计算物流成本的时间范围。由于物流活动是持续不断进行的,往往难以对某项物流活动确定经营期或单独计算成本,因此根据权责发生制原则,一般以月份作为物流成本计算期。但是对于一些特殊的物流服务如远洋运输服务,也可以经营周期作为成本计算期。物流服务经营周期是指某项物流服务从开始到完成所经历的时间。

4. 物流企业成本核算的账户设置

为了正确核算企业发生的各项成本费用,物流企业应设置"主营业务成本""营运间接费用""辅助营运费用"等账户。对于物流开始和完成分属于不同会计期间的物流服务还应设置"劳务成本"账户。

1)"主营业务成本"账户

"主营业务成本"账户属于损益类中的费用类,主要核算物流企业因提供物流服务发生的实际成本。发生物流服务实际成本时,记入该账户的借方,期末应将本账户的余额转入"本年利润"账户,结转后本账户无余额。本账户按主营业务的种类,即成本计算对象设置仓储成本、装卸成本、配送成本、运输成本、包装成本等明细账户,并按直接费用、直接人工、营运间接费用等成本项置专栏进行明细核算。

由于物流企业的绝大部分物流服务开始与完成时间归属于同一会计期间,物流服务成本绝大部分都是直接记入"主营业务成本"账户核算。

2）"劳务成本"账户

"劳务成本"账户属成本类账户,主要核算物流企业提供的开始与完成不属于同一会计期间的物流服务所发生的实际支出。该账户借方登记当期实际发生的支出,贷方登记在会计期末结转计入当期损益的费用金额。期末余额一般在借方,反映物流企业本期发生的应该由以后期间承担的各项费用支出。

3）"营运间接费用"账户

"营运间接费用"账户属于成本类账户,主要核算物流企业在提供各项物流服务过程中为组织与管理物流服务所发生的不能直接计入成本核算对象的各项间接费用,如运输中心、装卸中心、仓储中心、配选中心等基层营运单位组织管理所发生的职工薪酬、固定资产折旧、无形资产摊销、水电费、办公费、差旅费、通信费以及其他必要支出。本账户借方登记当期实际发生的各项营运间接费用,贷方登记期末分配转入各成本计算对象的费用金额,期末结转后无余额。

物流企业应根据业务特点和成本管理要求设置"营运间接费用"明细账户,并按业务设置"运输中心""仓储中心"等明细账户,按职工薪酬、燃料费、折旧费、保险费、办公费、水电费、差旅费等设置专栏进行明细核算。

4）"辅助营运费用"账户

"辅助营运费用"账户属于成本类账户,主要核算物流企业所属的如修理中心等辅助部门为开展物流活动提供修理修配、加工服务、水、汽等所发生的各项支出。该账户借方登记当期实际发生的各项辅助营运费用,贷方登记期末分配转入各成本计算对象的费用金额,期末结转后一般无余额。

5.2 | 运输成本的核算

运输业务是物流企业向客户提供的重要物流活动之一,也是物流企业收入的主要来源,因此运输成本在整个物流费用中占有较大比例。

我国国家标准《物流术语》中对运输的定义是:用运输设备将物品从一地点向另一地点运送的物流活动。其中包括集货、分配、搬运、中转、装入、卸下、分散等一系列操作。运输也是社会生产力的有机组成部分,它将生产和消费所处的不同空间联结起来,实现实物从生产到消费的移动。

运输是社会化大生产的产物,它的发展既依存于其他产业部门的发展,又对整个社会经济活动及其规模的扩大具有决定性的作用。今天四通八达的交通运输网以及在天空、水面和陆地上运行的各种现代化的交通工具,是社会生产力发展的结果,也是经济技术水平发展的重要标志。运输业务是指物流企业运营各种运输工具及其设备,为客户提供货物在物流节点之间流动的服务。这种服务是指不同地域范围间,以改变货物的空间位置为目的,对货物进行的空间位移。在现代物流企业中,运输在其经营中占主导地位,物流企业的运输收入是其经营所得主要收入来源,也是其利润的主要源泉。

由于运输是物流中最重要的功能之一,物流合理化在很大程度上取决于运输业务的合理化,因此运输成本的高低直接影响到整个物流成本的高低。

5.2.1 物流运输方式

物流运输的方式,按运输设备及运输工具的不同,一般可分为以下几类。

1. 公路运输

公路运输一般指使用汽车或其他车辆在公路上进行运输的一种形式。公路运输主要承担近距离、小批量的货运和水运难以到达地区的长途运输。公路运输的主要优点是时适性强,可以采取"门到门"的运输形式;但它的运输能力较小,受道路条件和气候的影响较大。

2. 铁路运输

铁路运输是指使用铁路列车运送客货的一种运输方式。它是货物运输的主要承担者。铁路运输的优点是载运量大,运输极少受自然条件的限制;其缺点是灵活性差,只能在固定线路上实现运输,需要与其他运输手段配合和衔接。

3. 水路运输

水路运输包括内河运输和海运,其工具主要是船舶。水路运输主要承担大数量、长距离的运输。其主要优点是成本低;其缺点是运送速度慢,受港口、水位、季节和气候的影响较大。

4. 航空运输

航空运输是指使用飞机或其他航空器进行运输的一种形式。航空运输的主要优点是速度快,不受地形的限制;其缺点是成本较高,它是运费最高的一种运输方式。

5. 管道运输

管道运输是指利用管道输送气体、液体和粉状固体的一种运输方式。其运输形式是靠物体在管道内顺着压力方向循环移动实现的,与其他运输方式的重要区别是管道设备是静止不动的。管道运输的优点是,由于采用密封设备,在运输过程中可以避免散失、丢失等损失,也不存在其他运输设备本身在运输过程中消耗动力所形成的无效运输问题。

5.2.2 运输成本的构成

运输成本是指为完成运输活动所发生的一切费用。它是物流成本的一大要素,是物流成本计算的重要组成部分。一般来讲,运输总成本包括货运费、车费、燃料费、设备维护费、劳务费、保险费、装卸费、逾期滞留费用、税收和跨国费用等。不同运输方式所包含的运输成本有不同的构成类别和范围。根据物流企业运输服务耗费的特点,运输成本项目分为运输直接费用和营运间接费用。

1. 运输直接费用

运输直接费用就是物流企业的营运车辆从事运输生产活动时所发生的各项费用,主要包括以下几种。

(1)直接材料。直接材料是指营运车辆在营运过程中耗用的燃料、轮胎。燃料包括营运过程中耗用的汽油、柴油。轮胎包括营运车辆所耗用的外胎、内胎、垫带以及轮胎翻新和零星修补等。

(2)直接人工。直接人工是指物流企业支付给从事运输服务的营运车辆司机及其助手的工资、奖金、津贴、职工福利、社会保险费、工会经费和职工教育经费等职工薪酬,包括司机及其助手在所驾车辆保养和修理期间发生的工资、奖金、津贴,职工福利、社会保险费、住房公积金等职工薪酬。

（3）保养费。保养费是指对营运车辆进行各级保养所发生的料工费以及营运车辆在营运过程中所耗用的机油、润滑油等费用。

（4）折旧费。折旧费是指按规定计提的营运车辆折旧费。

（5）其他直接费用。其他直接费用是指不属于以上各项目的与营运车辆直接相关的费用，包括按规定向运输管理部门缴纳的营运车辆管理费（简称"车管费"）、行车事故损失费、车辆牌照和检验费、保险费、车船税、洗车费、过路过桥费、轮渡费、司机及其助手途中住宿费、行车杂费等。

2. 营运间接费用

营运间接费用是指运输中心及其车队、车站、车场等基层营运单位为管理和组织运输服务所发生的各项间接费用，主要包括营运单位管理和技术人员的工资、奖金、津贴、职工福利、社会保险费、住房公积金、工会经费和职工教育经费等职工薪酬，劳动保护费，取暖费，水电费，办公费，差旅费，折旧费，保险费，保养费等。营运间接费用先通过"营运间接费用"账户归集，期末再按一定标准分配给各成本计算对象。

5.2.3 运输成本计算对象与成本计算期

1. 运输业务的成本计算对象

物流企业期初运输业务的营运车辆的车型如果较多，为了反映不同车型的运输收益情况，可以按不同的燃料和不同厂牌的营运车辆作为成本计算对象。对于以特种大型车、集装箱车、零担车、冷藏车和油罐车从事运输业务的物流企业，还应以不同类型、不同用途的车辆分别作为单独的成本核算对象。如果企业的车型较少，可以不进行分类，直接一并作为成本计算对象。

2. 成本计算期

汽车运输业务的成本应按月、季、半年和年计算，从年初至各月月末止的累计成本，通常不计算在产品成本中。营运车辆在经营跨月运输业务时，通常以行车路单签发日期所归属的月份计算其运输成本。

5.2.4 运输成本的具体核算

运输成本项目分为直接材料、直接人工、其他直接费用（车辆直接费用）和营运间接费用。常见运输成本明细表如表5-1所示。

表 5-1　　　　　　　　　　　　　　　　　运输成本明细表　　　　　　　　　　　金额单位:元

20×9年		凭证号	摘要	直接材料		直接人工	其他直接费用				营运间接费用	合计
月	日			燃料	轮胎		保养修理	折旧费	养路费	其他费用		

1. 直接材料的归集和分配

物流企业各种车辆耗用的燃料、轮胎等直接材料费用。

1）燃料费用的归集和分配

燃料费用在物流企业运输成本中占有较大的比重。物流企业根据燃料领用凭证和期末燃料盘存资料编制燃料耗用计算汇总表，按照燃料的用途计算汇总当期燃料的实际耗用量。

对于运输中心发生的燃料费用，凡是各成本计算对象直接耗用的直接计入各成本计算对象的成本，凡是不能直接归属于某一成本计算对象的应先通过"营运间接费用"账户归集，期末再按照一定的标准分配计入各成本计算对象中。

【例5-1】 华夏物流公司对燃料柴油采用实地盘存制。根据本月份的柴油领料单和库存柴油盘存表编制燃料耗用汇总表如表5-2所示。

表5-2 　　　　　　　　　　　　燃料耗用汇总表　　　　　　　　　金额单位:元
材料名称:柴油　　　　　　　　20×9年1月1日—31日　　　　　　数量单位:升

领料部门	月初库存数量	本月领用数量	月末库存数量	本月耗用数量	加权平均单价	本月耗用金额
第一车队	800	10 400	820	10 380	4	41 520
第二车队	740	9 960	780	9 920	4	39 680
修理车间	—	336	—	336	4	1 344
汽车运输分公司	16	232	20	228	4	912
行政管理部门	24	552	32	544	4	2 176
合计	1 580	21 480	1 652	21 408	4	85 632

根据燃料费用汇总表,账务处理如下:

借:主营业务成本——运输成本(第一车队)　　　　　　　　　　　41 520
　　　　　　　　——运输成本(第二车队)　　　　　　　　　　　39 680
　　辅助营运费用　　　　　　　　　　　　　　　　　　　　　　　1 344
　　营运间接费用　　　　　　　　　　　　　　　　　　　　　　　912
　　管理费用　　　　　　　　　　　　　　　　　　　　　　　　　2 176
　　贷:原材料——燃料　　　　　　　　　　　　　　　　　　　　　　85 632

如果燃料采用计划成本法时,还要相应地摊销材料成本差异。

若车辆在本企业以外的油库加油,就根据加油库所属的部门,直接记入相关的成本或费用账户。

延伸阅读5-1

物流企业燃料费用的核算

物流企业燃料管理方式不同,当期燃料实际耗用量的计算也有所不同。

对于实行满油箱制度管理方式的物流企业,营运车辆当期加油数就是当期燃料的实际耗用量。对于实行盘存制管理方式的物流企业,应根据以下公式计算各期燃料的实际耗用量,即:当月耗用数量＝月初库存数量＋当月领用数量－月末库存数量。

在燃料按计划成本核算的情况下,以实际耗用量乘以计划单位成本计算出各成本计算对象、各营运单位耗用燃料的计划成本,然后根据"燃料成本差异"账户反映燃料的计划成本与实际成本的差异计算燃料的材料成本差异率,并据以分配确定各成本计算对象和各营运单位应负担的材料成本差异,以便将计划成本调整为实际成本。

在燃料按实际成本核算的情况下,物流企业应以当期燃料的实际耗用量乘以按照确定的存货发出计价方法确定的燃料的实际单位成本,计算确定各成本计算对象和各营运单位耗用的燃料的实际成本。

2)轮胎费用的归集和分配

物流企业的运输部门各种车辆发生的轮胎费用属于运输成本,其中营运车辆发生的轮胎费用属于运输成本中的直接材料成本,直接计入各成本计算对象的成本,运输部门管理用车辆发生的轮胎费用属于营运间接费用,应先记入"营运间接费用"账户中,然后在期末按照一定的标准分配计入各成本计算对象中。

轮胎分外胎、内胎、垫带三部分。内胎和垫带价值比较低,在领用时即可视同材料消耗,于领用时就根据其用途分别计入各成本计算对象的成本。

营运轮胎外胎价值比较高,数量较多,在领用后其价值在使用过程中逐渐损耗,一般采用摊销的方法计入各成本计算对象中。

【例5-2】 华夏物流公司对车队领用的外胎采用按行驶里程摊提法,对于其他部门领用的轮胎采用一次摊销法。20×9年1月31日,根据本月份的有关轮胎领料单,编制轮胎领用汇总表如表5-3所示。

表5-3   **轮胎领用汇总表**   金额单位:元
材料名称:轮胎   20×9年1月1日—31日   数量单位:个

领料部门	外胎			内胎			垫带		
	数量	单价	金额	数量	单价	金额	数量	单价	金额
第一车队	10	1 200	12 000	12	100	1 200	12	40	480
第二车队	8	1 000	8 000	15	110	1 650	10	38	380
汽车运输分公司	2	500	1 000	2	90	180	2	35	70
行政管理部门	1	500	500	—	—	—	1	40	40
合计	21		21 500	29		3 030	25		970

根据轮胎领用汇总表,账务处理如下:

(1)外胎的账务处理:

借:长期待摊费用——轮胎	20 000
营运间接费用	1 000
管理费用	500
贷:原材料——轮胎(在库)	21 500

(2)内胎和垫带的账务处理:

借:主营业务成本——运输成本(第一车队)	1 680
——运输成本(第二车队)	2 030
营运间接费用	250
管理费用	40
贷:原材料——其他材料	4 000

延伸阅读5-2

物流企业轮胎摊销费

流企业轮胎摊销费既是计入运输成本的轮胎费用,又是运输生产过程中轮胎实际消耗情况的反映。在用轮胎的耗费包括领用新胎的价值和旧胎的翻新费用,如采用预提方式分摊计入运输成本,必须按月预计轮胎摊销额。

轮胎每月的摊提费一般按下式计算:

$$月轮胎摊销费 = 月轮胎实际使用里程 × 轮胎费用摊销率$$

式中,月轮胎实际使用里程可以从轮胎设置的原始记录(胎卡)查明,轮胎费用摊提率则根据轮胎预计使用情况计算确定。式中,轮胎费用摊提率以元/千胎千米为单位,按不同规格的轮胎确定。由于轮胎由新至旧过程中,有的经过翻新,有的未经翻新;经过翻新的,各轮胎翻新次数也不一样。一般轮胎翻新,都要付出一定的费用,经翻新后,使用里程又可以延长,因此,轮胎费用的推提率的计算方法也不一样。

【例5-3】 华夏物流公司外胎里程摊销率,规格10.00的为0.95%;规格10.00~20.00的为0.80%。根据汽车外胎的行驶里程,编制1月份外胎摊销费用如表5-4所示。

表5-4 　　　　　　　　　　　　　**外胎摊销费用计算表**
材料名称:轮胎 　　　　　　　　　20×9年1月1—31日 　　　　　　　　　金额单位:元

领料部门	轮胎规格	实际行驶里程	每车装胎条数	实际行驶胎千米	报废外胎超、亏里程	胎千米合计	里程摊销率	摊销额
第一车队	10.00	200 000	6	1 200 000	+6 000	1 206 000	0.95%	11 457
第二车队	10.00~20.00	230 000	6	1 380 000	−2 000	1 378 000	0.80%	11 024
合计								22 481

根据外胎摊销费用计算表,账务处理如下:

借:主营业务成本——运输成本(第一车队) 　　　　　　　　　　　　　11 457
　　　　　　　　——运输成本(第二车队) 　　　　　　　　　　　　　11 024
　贷:长期待摊费用——轮胎 　　　　　　　　　　　　　　　　　　　　22 481

2. 直接人工的归集和分配

物流企业运输部门发生的职工薪酬,应根据工资结算汇总表、奖金发放表、住房公积金计算表、社会保险费计算表、职工福利分配表、工会经费及职工教育经费分配表等原始凭证,按照职工提供服务的受益对象分别计入运输成本或营运间接费用。对于有固定车辆的司机和助手的人工费用,可以根据工资汇总表直接列入成本计算对象的明细账户;对于没有固定车辆的司机和助手的人工费用,则应按一定的标准通过分配后,列入各成本计算对象的明细账户。分配标准主要有按营运货物吨位或按营运车日两种,其计算公式如下:

工资费用分配率=应分配的司机及助手的人工费用÷总营运货物千吨位(或总营运车日)
某车队应分配的人工费用=该车队营运货物千吨位(或总营运车日)×工资费用分配率

凡属运输部门所属的非营运车辆的司机及助手的薪酬以及运输部门管理人员和技术人员的薪酬,应记入"营运间接费用"账户。

【例5-4】 华夏物流公司行政管理部门及汽车运输分公司1月份发生的工资总额为

133 298元,其中,第一车队46 040元,第二车队50 040元,修理车间9 120元,汽车运输分公司13 598元,行政管理部门11 400元,车队无固定车辆司机及助手3 100元。该月第一车队营运货物920千吨千米,第二车队营运货物630千吨千米。

(1) 按营运货物千吨千米分配机动车司机和助手的工资:

工资费用分配率＝3 100÷(920＋630)＝2 (元/千吨千米)

第一车队应分配的工资费用＝920×2＝1 840 (元)

第二车队应分配的工资费用＝630×2＝1 260 (元)

(2) 直接人工费用分配如表5-5所示。

表5-5　　　　　　　　　　直接人工费用分配表　　　　　　　　金额单位:元

应借账户			成本项目	职工薪酬
主营业务成本	运输成本	第一车队	直接人工	47 880
		第二车队	直接人工	51 300
		小计		99 180
辅助营运费用		修理车间		9 120
营运间接费用				13 598
管理费用				11 400
合计				133 298

根据直接人工费用分配表,账务处理如下:

借:主营业务成本——运输成本(第一车队)　　　　　　　　　　　　　47 880

　　　　　　　　——运输成本(第二车队)　　　　　　　　　　　　　51 300

　　辅助营运费用　　　　　　　　　　　　　　　　　　　　　　　　9 120

　　营运间接费用　　　　　　　　　　　　　　　　　　　　　　　　13 598

　　管理费用　　　　　　　　　　　　　　　　　　　　　　　　　　11 400

　　贷:应付职工薪酬　　　　　　　　　　　　　　　　　　　　　　　　133 298

3. 其他直接费用的归集和分配

1) 保养修理费

物流运输企业车辆的各级保养和修理作业,分别由车队保修班和企业所属保养场(保修厂)进行。由车队保修班进行的各级保修和小修理的费用,包括车队保修工人的工资费用、行车耗用的机油和保修车辆耗用的燃料、润料和备品配件等,可以根据各项凭证汇总,全部直接计入各成本计算对象的成本。对于保修班发生共同性费用,可按营运车日比例分配计入各车队运输成本。由保养场(保修厂)进行的保修主要是大修理所发生的费用,视同辅助费用,通过"辅助营运费用"账户进行归集与分配。

由于营运车辆大修理一般数额较大,修理的间隔期也较长,为合理计算各期益,一般可采用摊销的办法,将大修理费用分配计入各个期间。

2) 折旧费

物流运输企业计提固定资产折旧,可以采用平均年限法、工作量法、双倍余递减法、年数总和法,但是车辆的固定资产折旧一般采用工作量法计提。当采工作量法时,由于外胎费用核算有两种不同的方法,所以车辆折旧的计算也有两种方法。如采用外胎价值一次摊销计入成本的方法计算折旧时,外胎价值不必从车辆原值中扣减;如采用按行驶胎千米摊销外胎费用的方法计算折旧时,外胎价值就应从车辆原值中扣减,否则会出现重复摊销的现象。

折旧计算公般如下:

车辆月折旧额＝车辆折旧率×车辆月实际行驶里程

$$车辆折旧率(元/千车千米)＝\frac{车辆原值车装轮胎价值－预计残值＋预计清理费用}{车辆由新至废行驶里程定额}×1\,000$$

【例5-5】 华夏物流公司运输车辆采用工作量法计提折旧,其余各类固定资产采用平均年限法计提折旧。根据 20×9 年 1 月份有关资料编制固定资产折旧计算表,如表 5-6 所示。

表 5-6　　　　　　　　　　　　　　**固定资产折旧计算表**

20×9 年 1 月 1—31 日　　　　　　　　　　　　　金额单位:元

固定资产类别	使用单位	固定资产原值	分类月折旧率	实际行驶千车千米	车辆折旧率	应计提折旧额
一、生产用固定资产		16 125 000				28 210
房屋及建筑物	公司	800 000	0.001			800
	第一车队	70 000	0.001			70
	第二车队	80 000	0.001			80
	保养场	400 000	0.001			400
运输设备	公司	375 000		10	75	750
	第一车队	6 750 000		100	135	13 500
	第二车队	7 000 000		91	110	10 010
机械设备	保养场	500 000	0.004			2 000
其他	公司	150 000	0.004			600
二、非生产用固定资产		1 100 000				1 100
房屋及建筑物	公司	1 000 000	0.000 9			900
其他	公司	100 000	0.002			200
合计		17 225 000		201		29 310

根据固定资产折旧计算表,账务处理如下:

借:主营业务成本——运输成本(第一车队)　　　　　　　　　13 500
　　　　　　　　——运输成本(第二车队)　　　　　　　　　10 010
　辅助营运费用(400＋2 000)　　　　　　　　　　　　　　　2 400
　营运间接费用(70＋80)　　　　　　　　　　　　　　　　　150
　管理费用(800＋750＋600＋1 100)　　　　　　　　　　　　3 250
　贷:累计折旧　　　　　　　　　　　　　　　　　　　　　29 310

3）其他费用

营运车辆发生的其他直接费用,除保养修理费、折旧费等,还包括其他几项有关费用,内容比较复杂,但费用发生可以根据费用凭证直接计入各成本计算对象的成本。

营运车辆的公路运输管理费,一般按运输收入的规定比例计算缴纳。因此,企业交纳的车管费可以根据交款凭证直接计入各类运输成本。

营运车辆在营运过程中因种种行车事故所发生的修理费、救援和善后费用,以及支付外单位人员的医药费、丧葬费、抚恤费、生活费等支出,扣除向保险公司收回的赔偿收入后,净损失也可根据付款、收款凭证直接通过"其他应收款——暂付事故赔款"账户核算,然后逐月将已发生事故净损失转入各类运输成本。对于当年年底不能结案的事故,年终时可按估计净损失数预先转入运输成本;在结案的年底,再将预先估算的损失与实际损失数的差额,调整当年的有关运输成本。

车辆牌照和检验费、车船税、洗车费、过桥费、轮渡费、司机途中住宿费、行车杂费等费用发生时都可以根据付款凭证直接计入各类运输成本。此外,领用随车工具及其他低值易耗品,可以根据领用凭证,一次或分次摊入各类运输成本。

【例5-6】 华夏物流公司20×9年1月缴纳的营运车辆车管费以及支付的车辆清洗费、过桥费、行车杂费等费用,经汇总为44 500元,其中:第一车队11 822元,第二车队32 304元,公务车 374 元。

根据上述各项费用的付款凭证,汇总后账务处理如下:

借:主营业务成本——运输成本(第一车队) 11 822

　　　　　　　　——运输成本(第二车队) 32 304

　　管理费用 374

　　贷:银行存款 44 500

4）辅助营运费用的归集和分配

物流企业所属的修理保养等辅助部门为开展物流活动提供的修理保养等服务所发生的各项支出,如不能直接计入特定成本计算对象的,应通过"辅助营运费用"账户进行归集,按费用项目进行明细核算。期末,按照一定的标准分配计入运输成本。

【例5-7】 据［例5-1］［例5-4］［例5-5］华夏物流公司20×9年1月共发生辅助营运费用 12 864 元,按照各部门车辆的行驶里程进行分配(其中:公司10,第一车队100,第二车队91),第一车队应承担修理费 6 400 元,第二车队应承担修理费 5 824 元,运输公司承担640 元。

根据分配结果,作账务处理如下:

借:主营业务成本——运输成本(第一车队) 6 400

　　　　　　　　——运输成本(第二车队) 5 824

　　管理费用 640

　　贷:辅助营运成本 12 864

5）营运间接费用的归集和分配

物流企业所属基层营运单位(车队、车站、车场)为组织与管理营运过程所发生的不能直接计入成本计算对象的各种间接费用,应通过"营运间接费用"账户进行核算。企业如实行公司和站、队两级核算体制,"营运间接费用"账户应按基层营运单位设置明细账,并按费用项目进行明细核算,如实行公司集中核算体制,也可不分单位设置明细账,而直接按费用项目进行明细核算。

【例5-8】 华夏物流公司营运成本由公司集中核算,20×9年1月,各站、队发生的营运间接费用,除前面列举的材料费、工资费、折旧费,还有以下几项:分配水电费1 000元,以银行存款支付办公费700元,以现金报销差旅费2 000元,另发生劳动保护费400元。各项费用已记入营运间接费用明细账如表5-7所示。

表5-7   营运间接费用明细账   金额单位:元

| 20×9 | | 凭证号 | 摘要 | 材料费 | 工资费 | 折旧费 | 水电费 | 办公费 | 差旅费 | 其他 | 合计 |
月	日										
1	31	略	材料	2 162							2 162
			工资		13 598						13 598
			折旧费			150					150
			水电费				1 000				1 000
			办公费					700			700
			差旅费						2 000		2 000
			劳保费							400	400
			合计	2 162	13 598	150	1 000	700	2 000	400	20 010

各基层营运单位发生的营运间接费用,经归集后应于月末分配计入各有关成本计算对象的成本。实行公司和站、队两级核算体制的运输企业,车站、车队、装卸队等单位发生的营运间接费用(通称车站经费、车队经费),应分别设账归集与配。货车队经费可以分别直接计入货车运输成本;装卸队经费可直接计入装卸成本;车站经费全部由运输业务负担,应分配计入货车运输成本,一般按照货车队营运车日比例进行分配,其计算公式如下:

$$每营运日应分配车站经费 = \frac{车站经费总额}{货车营运日数}$$

$$货车应分配车站经费 = 每营运车日应分配车站经费 \times 货车营运车日数$$

实行公司集中核算体制的运输企业,各站、队发生的营运间接费用,装卸队应单独设账,车站、货车队则可以合并设账核算。如企业同时经营运输业务和装卸业务,而装卸队经费又未单独设账核算,则营运间接费用应先在运输业务与装卸业务之间进行分配,其分配方法一般采用直接成本比例法。

【例5-9】 华夏物流公司营运间接费用按照业务部门进行明细核算,本节间接费用均为运输部门发生,各站、队合并设置归集间接营运间接费用,20×9年1月实际发生额为20 010元(见表5-7)。当月营运车日总计为2 001天,其中:第一车队为1 101天,第二车队为900天。

根据以上资料,编制营运间接费用分配表用分配表如表5-8所示。

表5-8　　　　　　　　　　　**营运间接费用分配表**

20×9年1月　　　　　　　　　　　　　　　　　　金额单位:元

成本计算对象	分配标准(营运车日)	分配率	分配额
第一车队	1 101	10	11 010
第二车队	900	10	9 000
合计	2 001	10	20 010

根据营运间接费用分配表,账务处理如下:

借:主营业务成本——运输成本(第一车队)　　　　　　　　　　　　11 010

　　　　　　　——运输成本(第二车队)　　　　　　　　　　　　9 000

　　贷:营运间接费用　　　　　　　　　　　　　　　　　　　　　　　　20 010

5.2.5　运输总成本和单位成本

1. 运输成本的计算单位

公路运输成本的计算单位,是以公路运输工作量的计量单位为依据,即实际运送的货物吨数乘以运距,通常称为货物周转量,计量单位为"吨千米"。为方便起见,通常以"千吨千米"作为成本的计算单位。

大型车组的成本计算单位可以为"千吨位小时",集装箱车辆的成本计算单位为"千标准箱千米"。集装箱以20英尺为一个标准箱。小于20英尺的,每箱按一标准箱计算;大于20英尺小于40英尺的集装箱,每箱按1.5标准箱计算。其他特种车辆,如冷藏车、油罐车等的运输业务,其运输工作量仍以"千吨千米"为成本计算单位。

延伸阅读5-3 ....

集装箱计算单位

集装箱计算单位,简称TEU,是英文Twenty Equivalent Unit的缩写,又称20英尺换算单位,是计算集装箱箱数的换算单位也称国际标准箱单位。通常用来表示船舶装载集装箱的能力,也是集装箱和港口吞吐量的重要统计、换算单位。

各国大部分集装箱运输,都采用20英尺和40英尺长的两种集装箱。为使集装箱箱数计算统一化,把20英尺集装箱作为一个计算单位,40英尺集装箱作为两个计算单位,以利统一计算集装箱的营运量。

在统计集装箱数量时有一个术语:自然箱,也称"实物箱"。自然箱是不进行换算的实物箱,即不论是40英尺集装箱,30英尺集装箱,20英尺集装箱或10英尺集装箱均作为一个集装箱统计。

2. 运输总成本和单位成本的计算

运输企业完成一定运输业务所发生的直接人工、直接材料、其他直接费用和营运间接费用等运输费用总额,组成了运输总成本。运输总成本除以运输周转量得出单位成本。其计算公式如下:

$$运输单位成本(元/千吨千米)=\frac{运输总成本}{运输周转量}$$

【例5-10】　华夏物流公司20×9年1月完成的货车运输周转量为:第一车队1 000千吨

千米,第二车队1 000千吨千米。成本计算如表5-9、表5-10所示。

表5-9   **运输成本明细表**

部门:第一车队   金额单位:元

20×9年		凭证号	摘要	直接材料		直接人工	其他直接费用			营运间接费用	合计
月	日			燃料	轮胎		保养修理	折旧费	其他费用		
1	31		燃料	41 520							41 520
			轮胎摊销		11 457						11 457
			内胎、垫带		1 680						1 680
			工资			47 880					47 880
			保修用料				6 400				6 400
			折旧费					13 500			13 500
			其他费用						11 822		11 822
			营运间接费用							11 010	11 010
			合计	41 520	13 137	47 880	6 400	13 500	11 822	11 010	145 269

表5-10   **运输成本明细表**

部门:第二车队   金额单位:元

20×9年		凭证号	摘要	直接材料		直接人工	其他直接费用			营运间接费用	合计
月	日			燃料	轮胎		保养修理	折旧费	其他费用		
1	31		燃料	39 680							39 680
			轮胎摊销		11 024						11 024
			内胎、垫带		2 030						2 030
			工资			51 300					51 300
			保修用料				5 824				5 824
			折旧费					10 010			10 010
			其他费用						32 304		32 304
			营运间接费用							9 000	9 000
			合计	39 680	13 054	51 300	5 824	10 010	32 304	9 000	161 172

运输企业月末应编制成本计算表,以反映运输总成本和单位成本。本例中,华夏物流公司根据以上资料,编制运输成本计算表如表5-11所示。

表5-11   **运输成本计算表**

                       20×9年1月   金额单位:元

项目	行次	计划数	实际数		
			合计	第一车队	第二车队
一、直接材料	1		107 391	54 657	52 734
1.燃料	2		81 200	41 520	39 680

（续表）

项目	行次	计划数	实际数		
2. 轮胎	3	26 191	13 137		13 054
二、直接人工	4	99 180	47 880		51 300
三、其他直接费用	5	79 860	31 722		48 138
1. 保养修理	6	12 224	6 400		5 824
2. 折旧费	7	23 510	13 500		10 010
3. 其他费用	8	44 126	11 822		32 304
四、营运间接费用	9	20 010	11 010		9 000
五、运输总成本	10	306 441	145 267		161 172
六、周转量（千吨千米）	11	2 000	1 000		1 000
七、单位成本（元/千吨千米）	12	153.22	145.27		161.17

5.3 仓储成本的核算

仓储是物流企业向客户提供的重要活动之一，所谓仓储是指物流企业运用仓库及各种储存设备为客户提供货物储存和保管的业务。在物流业务中，运输业务承担了改变货物空间状态的重任，而仓储业务则承担了改变货物实际状态的重任。物流企业的仓储业务是社会物质生产的必要条件，是生产过程的延续，是联结生产与再生产、生产与消费的环节。

5.3.1 仓储一般业务流程

1. 签订合同

仓储合同又称仓储保管合同，是指保管人接受存货人交付储存的货物，并在储存期限届满时，完好地归还该货物，存货人给付保管费的协议。通过签订仓储合同以明确双方的权利义务关系。

2. 验收货物

仓储保管员在接收到库的货物时，仓储人先提供仓储合同副本、承运人的运单。各接运人员交付的到货交接单等，并提供货物的质量证明书、合格证及其他相关单证。只有在各种单证齐全并经核对无误后才能据以验收。验收时要点收货物的数量，检查货物的包装和标志，并鉴定货物的质量指标是否符合规定等。对于满足收货条件的，可在交接清单上签收，并写上需注明的情况，以便分清仓库与运输部门的责任，对于不符合收货要求的，可在交接清单上注明，并拒收货物。

3. 办理入库手续

货物验收入库后，由保管人员填写入库通知单，在该单上注明货物的品名、型号、规格、数量、单位，以及货物存放的库房号和货位号，并由保管员签字确认。入库通知单一式数联，其中，一联交付存货人作为其存货的依据，一联作为货卡由仓库保管员留存，一联据以登记"实物保管明细账"。同时仓库业务部门凭入库通知单向存货人签发仓单。仓单是指保管人向存货人填发的表明仓储保管关系存在，以及保管人愿意向仓单持有人履行交付仓储物义务的单据。

4. 货物保管

货物购进仓库后,在保管期间要经常检查货物的数量是否正确、质量有无变化保管条件和安全措施是否符合要求,并进行定期和不定期的盘点,核对货物实际数量与保管账上的数量是否相符,分析货物数量溢缺的原因,以改进货物的仓储管理。

5. 货物出库

仓库接到存货人或仓单持有人持有的仓单和出库通知单后,在对单证审核无误后,收回仓单,签发仓库货物出库单,在出库单上注明发货商品存放的货区、库房、货位编号及发货后应有的储存数量,将其连同提货单一并交仓库保管员。保管员对转交的出库单复核无误后,备齐货物,当面与提货人按单逐件点交清楚,办好交接手续,提货人和保管员均在出库单上签章。出库单一式数联,发货结束后,应在出库单上加盖“发讫”戳记,然后将一联出库单及相关单证送交存货人,以便其办理账款结算,保管员自留联登记实物保管明细账。出库单应定期装订成册,妥善保管,在规定的时间内,转交财会人员,据以向存货人收取仓储收入。

5.3.2　仓储成本的构成

仓储成本是指因一段时间内储存货物而发生的各种费用,由于仓储业务是堆存业务,因此仓储成本习惯上称为堆存成本。仓储成本项目主要包括堆存直接费用和营运间接费用。

1. 堆存直接费用

堆存直接费用是指仓库因仓储保管货物而发生的直接费用,主要由以下项目组成:

(1) 职工薪酬。它是指按规定支付给从事仓储作业人员的标准工资、岗位津贴和补贴及奖金。

(2) 材料费。它是指因仓储、保管货物所消耗的各种材料。

(3) 低值易耗品摊销。它是指应由本期仓储成本负担的货架、托盘、垫仓板、油布等仓储工具和其他低值易耗品的摊销额。

(4) 动力及照明费。它是指冷藏仓库、恒温仓库等仓库耗用的动力费和各种仓库耗用的照明费。

(5) 折旧费。它是指仓库等仓储设备按照规定计提的折旧费用。

(6) 修理费用。它是指为保证仓储设备正常使用而发生的修理费用。

(7) 劳动保护费。它是指仓储作业中的职工劳动保护费用,如防暑清凉饮料费用等。

(8) 事故损失。它是指在仓储作业过程中,因仓库责任而造成的货物被盗、丢失、损毁、变质、错交等货损、货差事故损失。

(9) 保险费。它是指应由本期仓储业务负担的财产保险费用。

(10) 其他费用。它是指不属于以上项目的仓储直接费用。

2. 营运间接费用

由于仓储业务和装卸业务是密不可分的,仓储和装卸业务往往与客户合签一张合同,营运间接费用是指企业的仓储装卸部门、营运部或分公司为管理和组织仓储和装卸的劳动生产所发生的管理费用和业务费用。

5.3.3　仓储成本计算对象与成本计算期

1. 仓储成本计算对象

进行成本核算,必须首先确定成本核算对象。物流企业为了确保货物没有损耗、变质和丢失,必须建造或租用仓库、堆场,购买各种仓储材料,配备必要的仓库管理人员,安装或配备适宜的防盗、防冻、防潮、防火、通风、消防等各种防护设施设备,消耗水电,货物保管不善还会发生盗窃、霉烂变质、毁损等事故损失。这些耗费构成了仓储费用。将仓储费用对象化就形成了仓储成本。物流企业接受客户的货物总是储存在仓库或堆场内,其仓库类型复杂多样,按建筑结构可以分为露天仓库、简易仓库、平房仓库、楼房仓库、立体仓库和罐式仓库等;按保管货物的特性可分为普通仓库、冷藏仓库、恒温仓库、特种危险品仓库等。因此,物流企业的仓储业务可以将仓库或堆场作为其成本计算对象。如果管理需要的话,还可进步按客户或货物计算其仓储成本。

2. 仓储成本计算期

成本计算期就是企业要在多长时间内计算一次成本。仓储业务的成本应按月、季、半年、年计算,从年初至各月末止累计成本。

5.3.4　仓储成本的具体核算

1. 堆存直接费用的归集与分配

物流企业仓储货物所发生的堆存直接费用,应根据"工资费用分配表""耗用材料汇总表""固定资产折旧费用计算表"及各种发票、单据等,直接列入所属仓库或库区的成本。此时借记"主营业务成本——仓储成本"账户,贷记"应付职工薪酬""原材料""累计折旧"等相关账户。

【例5-11】　华夏物流公司经营仓储业务,拥有一座普通仓库、一座冷藏仓库和一个露天货场。20×9年1月份该公司发生以下费用:

(1) 本月份仓储作业人员工资合计55 000元,其中,普通仓库仓储作业人员工资为18 000元,冷藏仓库仓储作业人员工资为20 000元,露天货场仓储作业人员工资为17 000元。分配本月份仓储作业人员工资:

借:主营业务成本——仓储成本(普通仓工资)　　　　　　　　　　　　　18 000
　　　　　　　　——仓储成本(冷藏仓工资)　　　　　　　　　　　　　20 000
　　　　　　　　——仓储成本(露天仓工资)　　　　　　　　　　　　　17 000
　　贷:应付职工薪酬　　　　　　　　　　　　　　　　　　　　　　　　　　55 000

【例5-12】　华夏物流公司本月对仓库的房屋及设备计提折旧,共计110 000元,其中普通仓库40 000元,冷藏仓库70 000元。

借:主营业务成本——仓储成本(普通仓折旧)　　　　　　　　　　　　　40 000
　　　　　　　　——仓储成本(冷藏仓折旧)　　　　　　　　　　　　　70 000
　　贷:累计折旧　　　　　　　　　　　　　　　　　　　　　　　　　　　110 000

2. 营运间接费用的归集与分配

物流企业的营运间接费用应按营运部或分公司设置明细分类账,归集营运部或分公司

发生的营运间接费用,期末按营运部或分公司的堆存直接费用和装卸直接费用的比例进行分配。其计算公式如下:

营运间接费用分配率＝该部门营运间接费用总额÷堆存费用总额
应分摊的营运间接费用＝该部门发生的直接堆存费用×营运间接费用分配率

【例 5-13】 华夏物流公司按照直接堆存成本对营运间接费用进行分配。20×9 年 1 月 31 日"营运间接费用——仓储部"明细账户余额为 40 000 元,该公司普通仓库、冷藏仓库、露天货场等 3 个存货仓库发生的直接堆存成本依次为 10 000 元、20 000 元和 10 000元。分配各个仓库应负担的营运间接费用。

营运间接费用分配率＝40 000÷(10 000＋20 000＋10 000)＝1
普通仓库应分配的营运间接费用＝1×10 000＝10 000 (元)
冷藏仓库应分配的营运间接费用＝2×10 000＝20 000 (元)
露天仓库应分配的营运间接费用＝1×10 000＝10 000 (元)

借:主营业务成本——仓储成本(普通仓营运间接费)   10 000
    ——仓储成本(冷藏仓营运间接费)   20 000
    ——仓储成本(露天仓营运间接费)   10 000
  贷:营运间接费——仓储部   40 000

5.3.5 仓储成本的计算

1. 仓储成本的计算单位

物流企业不仅需要计算仓库或堆场发生的总成本,还需计算单位成本。仓储业务的单位成本以货物堆存量为计量单位。货物堆存量通常以重量作为成本计量单位,用堆存吨天数表示。它是指实际堆存货物的吨数与货物堆存天数的乘积。货物堆存量也可以面积作为成本计量单位,用堆存平方米表示,它是指实际堆存货物的面积与堆存货物天数的乘积。在实际工作中,通常用堆存千吨天数或堆存千平方米作为仓储业务的成本计算单位。

2. 仓储成本的计算公式

仓储业务是堆存货物,因此仓储业务应负担的堆存直接费用和营运间接费用构成了堆存总成本。堆存总成本除以该月货物堆存量即为堆存单位成本,其计算公式如下:

$$单位堆存成本＝\frac{成本}{货物堆存量}$$

物流企业月末应根据"主营业务成本——仓储成本"明细账所归集的堆存成本和该月实际完成的堆存量编制"堆存成本计算表",以反映堆存总成本和单位成本。"主营业务成本——仓储成本"明细账采用多栏式账页,其具体格式与登记方法与"主营业务成本——运输成本"明细账基本相同,在此不再重述。

5.4 | 装卸成本的核算

装卸业务是指物流企业运用机械设备和人力为客户提供改变货物在物流同一节点内的存在状态和空间位置的服务。这里的装卸是广义的装卸,它包括狭义的装卸和搬运。在实际工作中,装卸和搬运是密不可分的,通常合称为装卸搬运,或简称装卸,即广义的装卸。

此外,运输与搬运的区别主要是物流的活动范围不同,运输活动是在物流节点之间进行,而搬运则是在物流节点进行,而且是短距离的移动。

在物流企业的生产经营活动中,运输、仓储和配送等业务均是以装卸业务为起点和终点的。于是,装卸活动总是不断地出现,反复地进行着,并且每次装卸活动均要耗费时间,而这一时间的长短是决定物流速度的关键。如果装卸人员操作不当将会造成货物破损、散失和损耗等损失。因此装卸活动效率的高低和质量的好坏,将会直接影响到物流企业的整体效率和为社会服务的质量。

5.4.1　装卸成本的构成

物流企业的装卸搬运成本项目,一般可分为装卸直接费用和营运间接费用两项。

1. 装卸直接费用

1)直接材料

(1)燃料和动力。它是指装卸搬运机械在运行和操作过程中,所耗用的燃料(如汽油、柴油),动力(如电力、蒸气)费用。

(2)轮胎。它是指装卸搬运机械领用的外胎、内胎、垫带以及外胎翻新费和零星修补费用。

2)直接人工

它是指支付给装卸搬运机械司机、助手和装卸搬运工人的薪酬。

3)其他直接费用

(1)保养修理费。它是指为装卸搬运机械和装卸搬运工具进行保养、大修、小修所发生的料、工、费,以及装卸机械在运行和操作过程所耗用的机油、润滑油的费用。为装卸搬运机械保修所领用的周转总成本的费用,也包括在本项目内。

(2)折旧费。它是指按规定计提的装卸搬运机械折旧费。

(3)其他费用。它是指不属于以上各项目的与装卸搬运业务直接有关的工具费,劳动保护费,外付装卸搬运费(指支付给外单位装卸搬运工人的装卸费用),事故损失(指在装卸搬运作业过程中,因装卸队责任造成的应由本期装卸成本负担的事故损失,包括货物破损等货损货差损失、损坏车辆设备所支付的修理费,以及外单位人员人身伤亡事故所支付的各项费用)等。

2. 营运间接费用

营运间接费用是指物流企业的装卸营运部门为管理与组织装卸搬运业务而发生的管理费用和业务费用。

5.4.2　装卸成本计算对象与成本计算期

1. 装卸成本计算对象

物流企业在经营装卸业务时,应按照机械化作业和人工作业的不同,分别核算成本。物流企业既有机械化作业,又有人工作业,如以机械作业为主仅配备少量人工作业时,可只计算机械作业成本;如以人工作业为主仅配备少量机械作业时,可只计算人工装卸成本。物流企业的装卸搬运成本,一般实行两级核算,各装卸营运部门仅计算本部门的装卸搬运成本,企业汇算各装卸部门总的装卸搬运成本。

物流企业经营港口业务的,为了加强成本管理,可以将装卸作业的主要货种作为成本计算对象,核算其成本,如可以分为石油、煤炭、矿石、木材、粮食、集装箱和杂货等主要货种。

另外,为装卸搬运业务配备的车辆一般视同装卸搬运机械,其所发生的费用计入装卸搬运成本,不再单独核算。

2. 装卸成本计算期

装卸业务的成本,应按月、季、半年和年计算并计算从年初至各月末止的累计成本。

5.4.3　装卸成本的具体核算

1. 装卸直接费用的归集与分配

物流企业的装卸搬运成本通过"主营业务成本——装卸成本"账户进行归集与分配,本账户应按成本计算对象设置明细账,并按成本项目进行明细核算。

物流公司如果同时经营装卸搬运业务,在公司下设立装卸搬运队。装卸搬运队统一管理机械装卸搬运队和人工装卸搬运队,其中,人工装卸搬运队配备少量装卸搬运机械,机械装卸搬运队和人工装卸搬运队应分别核算装卸搬运成本。装卸搬运费用的归集与分配方法,与运输费用基本相同,其有关的汇总表、计算表、分配表及会计分录,一般都可并入核算运输业务的有关凭证(汇总表、计算表、分配表)及分录中。下面举例简要说明各项装卸搬运费用的归集与分配方法。

1) 直接材料

(1)燃料和动力费。对于燃料和动力费,企业可于每月终了,根据油库转来的装卸搬运机械领用燃料凭证,计算实际消耗数量计入成本。企业耗用的电力可根据供电部门的收费凭证或企业的分配凭证直接计入成本。

【例 5-14】　华夏物流公司装卸队 20×9 年 1 月份领用装卸搬运过程用的燃料50 000元,其中机械装卸搬运队40 000元,人工装卸搬运队10 000元。

借:主营业务成本——装卸成本(机械)　　　　　　　　　　　　　　　40 000
　　　　　　　　——装卸成本(人工)　　　　　　　　　　　　　　　10 000
　　贷:原材料——燃料　　　　　　　　　　　　　　　　　　　　　　　　50 000

(2)轮胎费用。装卸搬运机械的轮胎磨耗是在装卸搬运场地操作过程中发生的,因此物流企业采用胎千米摊销方法处理。一般于领用新胎时将其价值一次直接计入装卸搬运成本。如一次集中领换轮胎数量较多,为均衡各期成本负担,可将其作为待摊费用按月份分摊计入装卸搬运成本。

装卸搬运机械轮胎的翻新和零星修补费用,一般在费用发生和支付时,直接计入装卸搬运成本。

装卸搬运队配属各种车辆所领用新胎及翻新和零星修补的费用,也可按上述方法计入成本。

【例 5-15】　华夏物流公司机械装卸队 20×9 年 1 月份领用外胎3 200元,领用内胎、垫带 800 元。

借:主营业务成本——装卸成本(机械)　　　　　　　　　　　　　　　4 000
　　贷:原材料——轮胎　　　　　　　　　　　　　　　　　　　　　　　　4 000

2）直接人工

企业的直接人工可根据"工资结算表"等有关资料，编制工资费用汇总表，据以直接计入各类装卸搬运成本。

【例5-15】 华夏物流公司装卸搬运队20×9年1月份发生工资如下：机械装卸搬运队司机工资20 000元、保修工人工资4 000元；人工装卸搬运队工资10 000元，保修工人工资6 000元；装卸搬运队管理人员工资10 000元。

借：主营业务成本——装卸成本（机械） 24 000
　　　　　　　　——装卸成本（人工） 16 000
　　营运间接费用——装卸搬运 10 000
　　贷：应付职工薪酬 50 000

3）其他直接费用

（1）保养修理费。物流公司由专职装卸搬运机械保修工或保修班组进行装卸搬运机械保修作业的工料费，直接计入装卸搬运成本；由保养场（或保修车间）进行的装卸搬运机械保修作业的工料费，通过"辅助营运费用"账户核算，然后按照一定标准分配计入装卸作业的工料费。

装卸搬运机械在运行和装卸搬运操作过程中耗用的机油、润滑油以及装卸搬运机械保修费用，月终根据油料库、材料库提供的原始凭证直接计入装卸搬运成本。

【例5-16】 华夏物流公司装卸搬运队20×9年1月份保养修理装卸搬运机械领用备品配件、润料及其他材料6 000元，其中：机械装卸搬运队领用5 000元，人工装卸搬运队领用1 000元。

借：主营业务成本——装卸成本（机械） 5 000
　　　　　　　　——装卸成本（人工） 1 000
　　贷：原材料 6 000

（2）折旧费。物流企业装卸搬运机械的折旧应按规定的折旧率计提，根据固定资产折旧计算表直接计入各类装卸搬运成本。装卸搬运机械计提折旧宜采用工作量法，一般按其工作时间（以台班表示）计提。其计算公式如下：

$$装卸机械台班折旧率 = \frac{装卸机械原值 - 预计残值 + 预计清理费用}{装卸机械由新至废运转台班定额}$$

$$装卸搬运机械月折旧额 = 当月运转台班 \times 台班折旧率$$

【例5-16】 华夏物流公司装卸搬运队20×9年1月应计提固定资产折旧如下：机械装卸搬运队用装卸搬运机械30 000元，人工装卸搬运队用装卸搬运机械6 000元，装卸搬运队用房屋4 000元。

借：主营业务成本——装卸成本（机械） 30 000
　　　　　　　　——装卸成本（人工） 6 000
　　营运间接费用——装卸搬运 4 000
　　贷：累计折旧 40 000

（3）其他费用。装卸搬运机械领用的随机工具、劳保用品和装卸搬运过程中耗用的工具，在领用时根据领用凭证可将其价值一次直接计入各类装卸搬运成本。一次领用数额过大时,可作为待摊费用处理。工具的修理费用以及防暑、防寒、保健饮料、劳动保护安全措施等费用,在费用发生和支付时,可根据费用支付凭证或其他有关凭证,一次直接计入各类装卸搬运成本。

物流企业对外发生和支付装卸搬运费时,可根据支付凭证直接计入各类装卸搬运成本。事故损失一般于实际发生时直接计入有关装卸搬运成本。

2. 营运间接费用

装卸搬运队直接开支的管理费和业务费,可在发生和支付时,直接列入装卸搬运成本。当按机械装卸搬运和人工装卸搬运分别计算成本时,可先通过"营运间接费用"账户汇集,月终再按直接费用比例分配计入各类装卸搬运成本。

【例5-17】 华夏物流公司装卸搬运队20×9年1月发生的管理费和业务费,除职工薪酬10 000元、折旧费4 000元以外,还分配水电费、支付办公费、报销差旅费等(有关分录从略),合计13 200元。已归集的机械装卸搬运与人工装卸搬运的直接费用,分别为103 000元和33 000元,根据装卸搬运成本明细账和营运间接费用(装卸搬运)明细账记录,可编制营运间接费用(装卸搬运)分配表,如表5-12所示。

表5-12 　　　　　　　　　　　　营运间接费用(装卸搬运)分配表 　　　　　　　　　金额单位:元

成本计算对象	分配标准(直接费用)	分配率	分配额
机械装卸搬运	103 000		20 600
人工装卸搬运	33 000		6 600
合计	136 000	0.2	27 200

根据营运间接费用(装卸搬运)分配表,作账务处理:

借:主营业务成本——装卸成本(机械) 　　　　　　　　　　　　　　20 600
　　　　　　　——装卸成本(人工) 　　　　　　　　　　　　　　　6 600
贷:营运间接费用——装卸搬运 　　　　　　　　　　　　　　　　　　27 200

5.4.4 装卸成本的计算

物流企业的装卸总成本是通过"主营业务成本——装卸成本"账户的明细账所登记的各项装卸费用总额确定的。装卸成本明细账的格式与登记方法,与前述仓储成本明细账相同。装卸业务的单位成本,以"元/千操作吨"为计算单位。其计算公式如下:

$$装卸单位成本(元/千操作吨) = \frac{装卸总成本}{装卸操作量(千操作吨)}$$

【例5-18】 华夏物流公司20×9年1月完成的搬运总作业量为800千操作吨,其中:机械装卸搬运量作业量为500千操作吨,人工装卸搬运作业量为300千操作吨。装卸搬运成本计算如表5-13所示。

表 5-13　　　　　　　　　　　装卸搬运成本明细表　　　　　　　　　金额单位:元

项目	行次	计划数	实际数		
			合计	机械装卸搬运	人工装卸搬运
一、直接材料	1		54 000	44 000	10 000
1. 燃料	2		50 000	40 000	10 000
2. 轮胎	3		4 000	4 000	
二、直接人工	4		40 000	24 000	16 000
三、其他直接费用	5		42 000	35 000	7 000
1. 保养修理	6		6 000	5 000	1 000
2. 折旧费	7		36 000	30 000	6 000
3. 其他费用	8				
四、营运间接费用	9		27 200	20 600	6 600
五、装卸搬运总成本	10		163 200	123 600	39 600
六、作业量(千操作吨)	11		800	500	300
七、单位成本(元/千操作吨)	12		204	247.2	132

5.5 配送成本的核算

配送是物流企业重要的作业环节,它是指在经济合理区域范围内,根据客户要求,对物品进行拣选、加工、包装、分割和组配等作业,并按时送达指定地点的物流活动。

配送是物流系统中特殊的、综合的活动形式,是商流与物流的紧密结合,包含了物流中若干功能要素的物流活动。从物流角度来说,配送几乎包括了所有物流功能要素,是物流的一个缩影或在较小范围中物流全部活动的体现。一般的配送集装卸搬运、包装、保管、运输于一身,通过一系列活动完成将物品送达客户的目的。特殊的配送则还要以流通加工活动为支撑,其内容更广泛,严格来讲,整个物流活动,没有配送环节就不能成为完整的物流活动。

5.5.1 配送服务方式

1. 定时配送

定时配送是指根据配送企业和客户双方达成的配送时间协议,按照规定的时间和时间间隔进行配送的方式。配送的品种及配送的数量可预先在协议中确定,实行计划配送,也以根据用户的实际需要以双方商定的信息联络方式通知配送品种及数量。

定时配送这种方式由于时间确定,对用户而言,可以根据自己的经营情况,在合适的时间进货,也易于安排接货力量。对于配送企业而言,这种服务方式易于安排工作计划,有利于对多个用户实行共同配送,易于合理安排配送车辆使用和线路优化。定时配送有以下几种具体的形式:

(1) 小时配送方式。小时配送是接到配送信息之后,在 1 小时之内将货物送达,这种方式适用于一些消费者突发的需求所产生的配送要求,也是配送系统中应急的配送方式。

（2）日配方式。日配是指接到配送信息之后，在 24 小时之内将货物送达的配送方式，日配是定时配送中实行较为广泛的配送方式。一般而言，日配的时间要求是以工作日为基本单位，如上午的配送订货，下午送达；下午的配送订货，第二天早上送达。这样就可以使用户获得前置时间的服务保障。

日配方式广泛而稳定开展，可以使用户基本上无须保持库存，进而实现"零库存"，降低其库存成本。

（3）准时配送方式。准时配送是指按照双方协议的时间，配送企业准时将货物送到用户指定地点的配送方式。与小时配送和日配送相比，准时配送往往是根据用户的生产节奏，按指定的时间将货送达，配送方式更为精密，可以使用户实现真正的"零库存"。准时配送方式要求有很高水平的配送系统作为保证。

2. 定量配送

定量配送是指按事先双方协议规定的数量进行配送的方式。定量配送数量固定，备货工作有较强的计划性，可以按托盘、集装单元及车辆的装载能力来有效地选择配送的数量，配送效率高。

3. 定时定量配送

定时定量配送是指按照规定的配送时间和配送数量进行配送的方式。定时定量配送兼有定时、定量两种方式的优点，是一种精密的配送方式。

4. 定时定路线配送

定时定路线配送是指在规定的运行路线上，制定配送车辆到达的时间表，按运行时间表进行配送的方式。用户可以按照配送企业规定的路线及规定的时间选择这种配送服务，并到指定时间及指定位置接货。

5. 应急配送

应急配送是指完全按照用户突然提出的配送要求即时进行配送的方式。应急配送是对配送服务进行补充和完善，也是配送企业应当具有的应急能力。

6. 共同配送

共同配送是指为了提高物流效率，对许多企业一起进行配送的方式。共同配送可以分为以货主为主体的共间配送和以物流企业为主体的共同配送两种类型。

7. 加工配送

加工配送是指配送和流通加工相结合，通过流通加工后配送的方式。流通加工和配送结合，使流通加工更有针对性，减少盲目性。配送企业不但可以依靠送货服务取得收益，还可以通过流通加工增值取得收益。

5.5.2　配送成本的构成

配送是集货、分拣、配载、包装、组配及加工等一系列活动的集合。通过配送，物流活动才得以最终实现，但完成配送活动是需要付出代价的，即需要配送成本。配送成本是配送过程中所支付的费用总和。

配送的主体活动是配送运、分拣、配货及配载。分拣配货是配送的独特要求，也是配送中有特点的活动。以送货为目的的配送运输是最后实现配送的主要手段，从这点出发，常常将配送简化看成运输中的一种。

　　根据配送流程及配送环节,配送成本实际上是含配送运输费用、分拣费用、配装及流通加工费用等全过程。其成本应由以下费用构成。

1. 配送运输费用

（1）车辆费用。它是指从事配送运输生产而发生的各项费用,具体包括驾驶员及助手等工资及福利费、燃料、轮胎、修理费、折旧费、养路费和车船税等项目。

（2）营运间接费用。它是指营运过程中发生的不能直接计入各成本计算对象的站、队经费,包括站、队人员的工资及福利费、办公费、水电费和折旧费等内容,但不包括公司管理费用。

2. 分拣费用

（1）分拣人工费用。它是指从事分拣工作的作业人员及有关人员工资、奖金和补贴等费用的总和。

（2）分拣设备费用。它是指分拣机械设备的折旧费用及修理费用。

3. 配装费用

（1）配装材料费用。常见的配装材料有木材、纸、自然纤维和合成纤维、塑料等。这些包装材料功能不同,成本相差很大。

（2）配装辅助费用。除上述费用外,还有一些辅助性费用,如包装标记、标志的印刷,拴挂物费用等支出。

（3）配装人工费用。它是指从事包装工作的工人及有关人员的工资、奖金、补贴等费用总和即配装人工费用。

4. 流通加工费用

（1）流通加工设备费用。流通加工设备因流通加工形式的不同而不同,购置这些设备所支出的费用,以流通加工费用的形式转移到被加工产品中去。

（2）流通加工材料费用。它是指在流通加工过程中,投入到加工过程中的些材料消耗所需要的费用,即流通加工材料费用。

（3）流通人工费用。它是指在流通加工过程中从事加工活动的管理人员、工人及有关人员工资、奖金等费用的总和。

　　在实际应用中,应该根据配送的具体流程归集成本,不同的配送模式,其成本构成差异较大。相同的配送模式下,由于配送物品的性质不同,其构成差异也很大。

5.5.3　配送成本计算对象和成本计算期间

1. 配送成本计算对象

配送成本费用的核算是多环节的核算,是各个配送环节或活动的集成。配送各个环节的成本费用核算都具有各自的特点,如流通加工费用的核算与配送运输费用的核算具有明显的区别,其成本计算的对象及计算单位都不同。

配送成本费用的计算由于涉及多环节的成本计算,对每个环节应当计算各成本计算对象的总成本。总成本是指成本计算期内,成本计算对象的成本总额,即各个成本项目金额之和。配送成本费用总额由各个环节的成本组成。其计算公式如下:

$$配送成本费用总额＝配送运输成本＋分拣成本＋配装成本＋流通加工成本$$

需要指出的是,在进行配送成本费用核算时要避免配送成本费用重复交叉。

2. 配送成本计算期

配送业务的成本,应按月、季、半年和年计算,并计算从年初至各月末止的累计成本。

5.5.4 配送成本的具体核算

1. 配送运输成本的核算

配送运输成本的核算是指将配送车辆在配送生产过程中所发生的费用,按照规定的配送对象和成本项目,计入配送对象的运输成本项目中去的方法。

1) 配送运输成本的归集与分配

(1) 职工薪酬根据"工资分配汇总表"和"职工福利费计算表"中各车型分配的金额计入成本。

(2) 燃料根据"燃料发出凭证汇总表"中各车型耗用的燃料金额计入成本。配送车辆在本企业以外的油库加油,其领发数量不作为企业购入和发出处理的,应在发生时按照配送车辆领用数量和金额计入成本。

(3) 轮胎外胎采用一次摊销法的,根据"轮胎发出凭证汇总表"中各车型领用的金额计入成本;采用按行驶胎千米提取法的,根据"轮胎摊提费计算表"中各车型应负担的摊提额计入成本。发生轮胎翻新费时,根据付款凭证直接计入各车型成本或通过待摊费用分期摊销。内胎、垫带根据"材料发出凭证汇总表"中各车型领用金额计入成本。

(4) 辅助生产部门对配送车辆进行保养和修理的费用,根据"辅助营运费用分配表"中分配各车型的金额计入成本。

(5) 折旧费根据"固定资产折旧计算表"中按照车辆种类提取的折旧金额计入各分类成本。

(6) 配送车辆应缴纳的运输管理费,应在月终计算成本时,编制"配送营运车辆应缴纳管理费计算表",据此计入配送成本。

(7) 车船税、行车事故损失和其他费用,如果是通过银行转账、应付票据、现金支付的,根据付款凭证等直接计入有关的车辆成本;如果是在企业仓库内领用的材料物资,根据"材料发出凭证汇总表""低值易耗品发出凭证汇总表"中各车型领用的金额计入成本。

(8) 营运间接费用根据"营运间接费用分配表"计入有关配送车辆成本。

2) 配送运输成本计算表

物流配送企业月末应编制配送运输成本计算表,以反映配送运输总成本和单位成本。配送运输总成本是指成本计算期内成本计算对象的成本总额,即各个成本项目金额之和。配送运输单位成本是指成本计算期内各成本计算对象完成单位周转量的成本额。

【例 5-19】 华夏物流公司 20×9 年 1 月发生的配送运输费用情况如下(会计分录略):人工费 50 000 元,燃料费 40 000 元,轮胎 4 000 元,修理费 10 000 元,折旧费 20 000 元,行车事故损失 8 000 元,营运间接费用 20 000 元。有关配送运输成本计算表的登记及格式如表 5-14 所示。

表 5-14　　　　　　　　　　**配送运输成本明细表**　　　　　　　金额单位:元

项目	计算依据	合计	配送营运车辆		
			解放	东风	……
一、车辆费用		132 000			
燃料		40 000			

（续表）

项目	计算依据	合计	配送营运车辆		
			解放	东风	……
轮胎		4 000			
工资		50 000			
修理费		10 000			
折旧费		20 000			
行车事故损失		8 000			
其他					
二、营运间接费用		20 000			
三、配送运输总成本		152 000			
六、周转量（千吨千米）		1 000			
七、单位成本（元/千吨千米）		152			

2. 分拣成本的核算

分拣成本是指分拣机械及人工在完成货物分拣过程中所发生的各种费用。

1）分拣成本项目和内容

配送环节的分拣成本包括分拣直接费用和分拣间接费用。

（1）分拣直接费用包括：工资，指按规定支付给分拣作业工人的标准工资、奖金、津贴等；职工福利费，指按规定的工资总额和提取标准计提的职工福利费；修理费，指分拣机械进行保养和修理所发生的工料费用；折旧费，指分拣机械按规定计提的折旧费；其他费用，指不属于以上各项的费用。

（2）分拣间接费用是指配送分拣管理部门为管理和组织分拣生产，需要由分拣成本负担的各项管理费用和业务费用。

2）分拣成本的归集与分配

（1）职工薪酬根据"工资分配汇总表"中分配的分拣成本金额计入成本。

（2）辅助生产部门对分拣机械进行保养和修理的费用，根据"辅助营运费用分配表"中分配的分拣成本金额计入成本。

（3）折旧费根据"固定资产折旧计算表"中按照分拣机械提取的折旧金额计入成本。

（4）其他直接费用根据"低值易耗品发出凭证汇总表"等凭证中分拣成本领用的金额计入成本。

（5）分拣间接费用根据"配送管理费用分配表"计入分拣成本。

3）分拣成本计算表

物流配送企业月末应编制配送分拣成本计算表，以反映配送分拣总成本。分拣总成本是指成本计算期内成本计算对象的成本总额，即各个成本项目金额之和。

【例5-20】 华夏物流公司20×9年1月发生的分拣费用情况如下（会计分录略）：人工费8 000元，修理费1 000元，折旧费3 000元，其他费用1 000元；分拣间接费用4 000元。有关分拣成本的计算如表5-15所示。

表5-15 　　　　　　　　　　　　　分拣成本明细表 　　　　　　　　金额单位：元

项目	计算依据	合计	分拣产品		
			货物甲	货物乙	……
一、分拣直接费用		13 000			
工资		8 000			
修理费		1 000			
折旧费		3 000			
其他		1 000			
二、分拣间接费用		4 000			
分拣总成本		17 000			

3. 配装成本的核算

配装成本是指在完成配装货物过程中所发生的各种费用。

1）配装成本项目和内容

配装成本包括配装直接费用和配装间接费用。

（1）配装直接费用包括：工资，指按规定支付的配装作业工人的标准工资、奖金、津贴；材料费用，指配装过程中消耗的各种材料，如包装纸、箱、塑料等；辅助材料，指配装过程中耗用的辅助材料，如标志、标签等；其他费用，指不属于以上各项的费用，如配装工人的劳保用品费等。

（2）配装间接费用是指配送配装管理部门为管理和组织配装生产所发生的各项费用，由配装成本负担的各项管理费用和业务费用。

2）配装成本的归集与分配

（1）职工薪酬根据"工资分配汇总表"中分配的配装成本的金额计入成本。

（2）材料费用根据"材料发出凭证汇总表""领料单"及"领料登记表"等原始凭证，配装成本耗用的金额计入成本。直接材料费用中，材料费用数额是根据领料凭证汇总编制"耗用材料汇总表"确定的；在归集直接材料费用时，凡能分清某一成本计算对象的费用，应单独列出，以便直接计入该配装对象的成本计算单中；属于几个配装成本对象共同耗用的直接材料费用，应当选择适当的方法，分配计入各配装成本计算对象的成本计算单中。

（3）辅助材料费用根据"材料发出凭证汇总表""领料单"中的金额计入成本。

（4）其他直接费用根据"材料发出凭证汇总表""低值易耗品发出凭证汇总表"等凭证中的配装成本领用的金额计入成本。

（5）配装间接费用根据"配送间接费用分配表"计入配装成本。

4. 配装成本计算表

物流配送企业月末应编制配送环节配装成本计算表，以反映配装过程中发生的成本费用总额。配装作业是配送的独特要求，只有进行有效的配装，才能提高送货水平，降低送货成本。

【例5-21】 华夏物流公司20×9年1月发生的配装费用情况如下（会计分录略）：人工费10 000元，直接材料费20 000元，辅助材料费5 000元，其他费用3 000元；配装间接费用8 000元。有关配装成本的计算如表5-16所示。

表 5-16　　　　　　　　　　　配装成本明细表　　　　　　　　金额单位:元

项目	计算依据	合计	装配品种		
			货物甲	货物乙	……
一、配装直接费用		38 000			
直接材料费		20 000			
辅助材料费		5 000			
工资		10 000			
其他		3 000			
二、装配间接费用		8 000			
装配总成本		46 000			

5.6 期间费用的核算

期间费用是保证物流企业经营各项物流业务顺利进行而必不可少的,是物流企业当期发生的费用中的重要组成部分。本节主要介绍物流企业各项期间费用的核算。

5.6.1 期间费用的概念及内容

物流企业的期间费用是指本期发生的、不能直接归属于某个特定物流成本而直接计入当期损益的费用。它是保证物流企业经营各项物流业务顺利进行必须开支的费用,是物流企业当期发生的费用中的重要组成部分。期间费用由以下三部分构成。

1. 管理费用

管理费用是指企业行政管理部门为组织和管理生产经营活动所发生的各项费用,包括物流企业的董事会和行政管理部门在物流企业的经营管理中发生的或者应由物流企业统一负担的公司经费(包括物流企业行政管理部门管理人员工资、差旅费、办公费、董事会会费、折旧费、修理费、物料消耗、低值易耗品摊销及其他公司经费)、董事会费(包括董事会成员津贴、差旅费、会议费等)、业务招待费、咨询费、诉讼费、绿化费、无形资产及开办费摊销等。

2. 销售费用

销售费用是指物流企业因招揽业务、接受订单而发生的各种费用,包括展览费、广告费和业务拓展部门的职工薪酬、业务费、折旧费等经营费用。

3. 财务费用

财务费用是指企业在生产经营过程中为筹集资金而发生的各项费用,主要包括利息支出(减利息收入)、汇兑损益以及相关的手续费、收到或支付的现金折扣、日常结算的银行手续费等。

5.6.2 期间费用核算的要求

物流企业在对期间费用进行核算时,应注意以下要求。

1. 划清期间费用和物流成本的界限

物流企业的生产经营活动是多种多样的,伴随着生产经营活动的开展,发生了各种用途的开支,这就需要分清开支发生的地点和用途,分清涉及的部门和人员,分门别类地进行核算。例如,工资的核算,直接从事物流活动的人员的工资应作为物流成本入账,各个物流管理部门人员的工资应作为营运间接费用入账,而企业行政管理部门人员的工资应作为管理费用入账。又如,作为营运间接费用和管理费用中共有的其他费用,如折旧费、修理费、租赁费、水电费、材料消耗等,应根据原始凭证中注明的发生部门,严格区分营运间接费用和管理费用。

2. 划清期间费用和营业外支出的界限

期间费用是反映物流企业生产经营活动中非生产性开支的一项重要的经济基础指标。对于因违反经济合同或财经纪律而支付的违约金、赔偿金或罚款和因违反国家法律而没收的财物损失、赞助支出、捐赠支出以及与企业生产经营活动无关的各项支出,均不能作为期间费用入账,而应由"营业外支出"账户列支。

3. 划清本期期间费用和下期期间费用的界限

物流企业要按照权责发生制的要求,掌握期间费用的归属期,确定期间费用的开支。凡是属于本期发生的期间费用,不论款项是否已经支付,均应作为本期发生的期间费用入账;凡不属于本期发生的期间费用,即使款项已经支付,也不能作为本期的期间费用入账。物流企业不得任意预提和摊销费用,人为地调节各月的期间费用。

5.6.3　期间费用的具体核算

1. 管理费用的核算

为了核算和监督物流企业发生的管理费用,企业应设置"管理费用"账户。该账户属于费用类,借方登记企业当期发生的各项管理费用,贷方登记期末转入"本年利润"账户的金额,期末结转后本账户无余额。本账户可按管理费用的经济内容进行明细核算,如表 5-17 所示。

表 5-17　　　　　　　管理费用明细分类账　　　　金额单位:元

年		凭证号	摘要	职工薪酬	折旧费	办公费	差旅费	水电费	其他	合计
月	日									

【例 5-22】　华夏物流公司 20×9 年 1 月发生的业务情况如下:

(1)为拓展产品销售市场发生业务招待费 50 000 元,均用银行存款支付。

借:管理费用　　　　　　　　　　　　　　　　　　　　　　50 000
　　贷:银行存款　　　　　　　　　　　　　　　　　　　　50 000

(2)本公司就一项产品的设计方案向有关专家进行咨询,以现金支付咨询费 30 000 元。

借:管理费用　　　　　　　　　　　　　　　　　　　　　　30 000
　　贷:库存现金　　　　　　　　　　　　　　　　　　　　30 000

(3)行政部门本月份共发生费用 224 000 元,其中:行政人员薪酬 150 000 元,行政部专用办公设备折旧费 45 000 元,报销行政人员差旅费 21 000 元(假定报销人均未预借差旅费),其他办公、水电费 8 000 元(均用银行存款支付)。

借:管理费用	224 000
贷:应付职工薪酬	150 000
累计折旧	45 000
库存现金	21 000
银行存款	8 000

2. 销售费用的核算

为了核算和监督物流企业发生的销售费用,企业应设置"销售费用"账户。该账户属于费用类,借方登记企业当期发生的各项销售费用,贷方登记期末转入"本年利润"账户的金额,期末结转后本账户无余额。本账户可按销售费用的经济内容进行明细核算,如表5-18所示。

表5-18　　　　　　　　　　销售费用明细分类账　　　　　　　　　金额单位:元

年		凭证号	摘要	职工薪酬	广告费	折旧费	办公费	差旅费	水电费	其他	合计
月	日										

【例5-23】 华夏物流公司20×9年1月发生的业务情况如下:

(1)为宣传新产品发生广告费90 000元,均用银行存款支付。

借:销售费用	90 000
贷:银行存款	90 000

(2)本月销售部共发生费用230 000元,其中:销售人员薪酬100 000元,销售部专用办公设备折旧费50 000元,业务费80 000元(均用银行存款支付)。

借:销售费用	230 000
贷:应付职工薪酬	100 000
累计折旧	50 000
银行存款	80 000

(3)本月销售一批产品,销售过程中包装发生保险费1 200元、运输费5 000元、装卸费2 000元,均用银行存款支付。

借:销售费用	8 200
贷:银行存款	8 200

3. 财务费用的核算

为了核算和监督物流企业发生的财务费用,企业应设置"财务费用"账户。该账户属于费用类,借方登记企业当期发生的各项财务费用,贷方登记期末转入"本年利润"账户的金额,期末结转后本账户无余额。本账户可按财务费用的经济内容进行明细核算,如表5-19所示。

表5-19　　　　　　　　　　财务费用明细分类账　　　　　　　　　金额单位:元

年		凭证号	摘要	利息	汇兑损失	手续费	其他	合计
月	日							

【例5-24】 华夏物流公司20×9年1月平价发行公司债券,债券发行过程中,发生手续费25 000元。

借:财务费用   25 000
 贷:银行存款   25 000

重 要 概 念

物流成本 仓储成本 运输成本 装卸成本 配送成本 管理费用 销售费用 财务费用

思 考 题

1. 什么是物流企业成本? 物流成本由哪些内容构成?
2. 物流成本可以分成哪几类?
3. 试述仓储业务和运输业务的成本计算对象及成本计算期。
4. 物流企业运输的方式有哪些?
5. 运输成本包括哪几类? 影响运输成本的因素有哪些?
6. 运输成本项目有哪些?
7. 物流企业装卸搬运成本项目有哪些?
8. 装卸搬运费用如何归集?
9. 物流企业配送的方式有哪些?
10. 配送费用由哪些项目构成?
11. 期间费用包括哪些项目? 其核算要求是什么?

第6章 物流企业收入与利润的核算

内容提要

收入是指企业在销售商品、提供劳务及让渡资产使用权等日常活动中形成的经济利益的流入,按企业经营业务的主次不同,分为主营业务收入和其他业务收入。利润是物流企业在一定时期内从事生产经营活动实现的经营成果。物流企业的利润由营业利润、利润总额和净利润构成。本章主要介绍了物流企业营业收入、利润的形成和分配的会计核算。

重点难点

本章重点及难点是物流企业营业收入、利润的形成和分配的会计核算。

学习目标

通过本章的学习,要求学生了解物流企业的营业收入、利润及利润分配的含义及特点;理解物流企业利润的形成利润的分配过程;掌握物流企业营业收入的确认和计量、利润及利润分配的核算。

知识框架

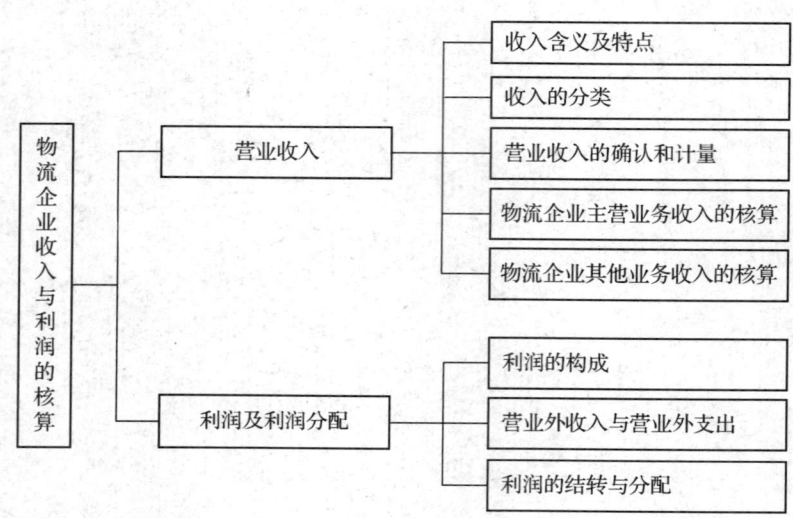

引例　2018年谁是中国物流业的霸主

　　2018年度中国物流企业50强排行榜出炉。据榜单显示:进入榜单前十的企业分别是:中国远洋海运集团有限公司、厦门象屿股份有限公司、冀中能源国际物流集团有限公司、中国外运股份有限公司、顺丰控股股份有限公司、河北省物流产业集团有限公司、山东物流集团有限公司、中铁物资集团有限公司、天津港(集团)有限公司、京东物流集团。其中,中国远洋海运集团有限公司位列榜首。

　　据统计,50强物流企业2017年物流业务收入合计10 477亿元,按可比口径计算,同比增长26.1%,增速比上年同期提高19.2个百分点,收入增速回升明显得益于2017年大宗商品物流需求的改善及消费领域物流需求的强劲增长。50强物流企业门槛提高到29.6亿元,比上年增加1.1亿元。

6.1 | 营 业 收 入

　　物流企业主要从事运输、储存、装卸搬运、配送等基本活动。因此,物流企业收入就是物流企业在从事上述业务活动过程中所取得的经济上的回报。收入是物流企业的一项重要经济指标。收入的核算是一项涉及面广而且复杂细微的工作。因此,企业必须建立和健全一套营业收入的管理制度,努力增加营业收入,及时、完整地组织营业收入核算,反映各项收入计划的完成情况,保证收入计划的全部完成。

　　营业收入是物流企业取得利润的重要保障,加强营业收入的核算与管理是企业实现利润的重要手段之一。本节主要介绍营业收入的核算。

6.1.1　收入的含义及特点

　　收入是指企业在日常活动中形成的、会导致所有者权益增加的、与所有者投入资本无关的经济利益的总流入,包括销售商品收入、提供劳务收入和让渡资产使用权收入。物流企业的收入具有以下特点:

　　(1) 收入是从企业的日常活动(如物流企业提供运输、仓储等服务)中产生的,而不是从偶发的交易或事项中产生的。

　　有些交易或事项,如出售固定资产,也能为物流企业带来经济利益,但这并不是物流企业经营的目标,也不属于企业的日常活动,因此其流入的经济利益是利得,而不是营业收入。

　　(2) 收入可能表现为物流企业资产的增加,如增加银行存款、应收账款等;也可能表现为物流企业负债的减少,如以运输、仓储服务等抵偿债务;或两者兼而有之。

　　(3) 收入能导致企业所有者权益增加。因为营业收入能增加资产或减少负债或两者兼而有之。因此,根据"资产=负债+所有者权益"的公式,企业取得的营业收入一定能增加所有者权益。

　　(4) 收入只包括本企业经济利益的流入,不包括为第三方或客户代收的款项。代收的款项一方面增加企业的资产;另一方面增加企业的负债,因此不增加企业的所有者权益,也不属于本企业的经济利益,不能作为本企业的营业收入。

6.1.2　收入的分类

　　按照收入的来源不同,物流企业的收入可分为营业收入、投资收益和营业外收入三个部分。

物流企业的营业收入是指物流企业提供运输、仓储、装卸、配送等服务而获得经济上的报酬,包括主营业务收入和其他业务收入。

1. 主营业务收入

物流企业的主营业务收入是指企业为完成其经营目标所从事的经常性活动实现的收入。主营业务收入一般占企业总收入的比重较大,对企业的经济效益有较大的影响。物流企业的主营业务是物流企业的重要业务,是其收入的主要来源,应重点加以核算。物流企业的主营业务收入具体包括如下收入:

(1) 运输收入。运输收入是指物流企业经营货物运输业务所取得的营业收入,包括货运收入和其他运输收入。其中,货运收入是最主要的主营业务收入,如长短途整车、零担货运收入以及自动装卸车运输货物收取的装卸费。

(2) 仓储收入。仓储收入是指企业经营仓库、堆场业务所取得的主营业务收入。

(3) 装卸收入。装卸收入是指企业经营装卸业务所取得的主营业务收入,如按规定收费率向货物托运人收取的装卸搬运费(不包括自动装卸车运输货物收取的装卸费)、联运货物换装、火车汽车倒装收入及临时出租装卸机械的租金收入。

(4) 配送收入。配送收入是指物流企业提供配送服务所取得的收入。

(5) 代理业务收入。代理业务收入是指企业办理联运业务及为其他运输企业和社会车辆办理代理业务收取的手续费的收入。

2. 其他业务收入

物流企业的其他业务收入是指经营除以上主营业务以外的其他各种业务所取得的收入。其他业务收入属于企业日常活动中次要交易实现的收入,一般占企业总收入的比重较小。其主要内容如下:

(1) 车辆修理业务收入。它是指企业辅助生产部门对外单位的车辆、装卸机械进行修理而取得的收入。

(2) 材料销售收入。它是指企业对外单位销售燃料、材料及配件等取得的收入。

(3) 固定资产出租收入。它是指企业出租固定资产所取得的租金收入。

(4) 技术转让收入。它是指企业向外单位转让技术所取得的收入。

(5) 包装物出租收入。它是指企业出租包装物所取得的租金收入。

(6) 其他对外服务收入。它是指企业除上列各项收入以外的其他对外服务收入。

6.1.3 营业收入的确认和计量

物流企业的经营活动是连续不断地进行的,投入企业的资金也随着经营活动的进行而不断地改变其占用的形式及数量。因此,准确地确认营业收入金额,对于正确计算企业的经营成果、评价企业的经营业绩有着十分重要的意义。

根据我国《企业会计准则》的规定,企业应当合理确认营业收入,并将已经实现的营业收入及时入账。企业应当在发出商品、提供劳务,同时收讫价款或取得索取价款的凭证时,确认营业收入。物流企业提供各项物流服务所取得的收入,应该按以下步骤确认和计量:

1. 识别与客户订立的合同

这里的合同,是指双方或多方之间订立的有法律约束力的权利义务的协议,包括书面合同、口头合同以及其他可验证形式的合同(如隐含于商业惯例或企业以往的习惯做法等)。企业应当在履行了合同中的履约义务,即在客户取得相关商品控制权时确认收入。当企业与客户之间的合同同时满足下列条件时,企业应当在客户取得相关商品控制权时确认收入:

(1) 合同各方已批准该合同并承诺将履行各方义务。

(2) 该合同明确了合同各方与所转让商品或者提供劳务(以下简称"转让商品")相关的权利和义务。

(3) 该合同有明确的与转让商品相关的支付条款。

(4) 该合同具有商业实质,即履行该合同将改变企业未来现金流量的风险、时间分布或金额。

(5) 企业因向客户转让商品而有权取得的对价很可能收回。

2. 识别合同中的单项履约义务

企业应当按照分摊至各单项履约义务的交易价格计量收入。合同开始日,企业应当对合同进行评估,识别该合同所包含的各单项履约义务,并确定各单项履约义务是在某一时段内履行,还是在某一时点履行,然后,在履行了个各单项履约义务时分别确认收入。履约义务,是指合同中企业向客户转让可明确区分商品(或提供可明确区分服务)的承诺。

3. 确定交易价格

交易价格是指企业因向客户转让商品而预期有权收取的对价金额。企业代第三方收取的款项(如增值税)以及企业预期将退还给客户的款项,应当作为负债进行处理,不计入交易价格。

4. 将交易价格分摊至各单项履约义务

当合同中包含两项或多项履约义务时,企业应当在合同开始日,按照各单项覆约义务所承诺商品的单独售价的相对比例,将交易价格分摊至各单项履约义务,以使企业分摊至每一单项履约义务的交易价格能够反映其因向客户转让已承诺的相关商品(或提供已承诺的相关服务)而预期有权收取的对价金额。单独售价是指企业向客户单独销售商品的价格。单独售价无法直接观察的,企业应当综合考虑其能够合理取得的全部相关信息,采用市场调整法、成本加成法、余值法等方法估计单独售价。

5. 履行各单项履约义务时确认收入

企业应当在履行了合同中的履约义务,即客户取得相关商品控制权时确认收入。企业应当根据实际情况,首先判断履约义务是否满足在某时段内履行的条件,如不满足,则该履约义务属于在某一时点的履约义务。对于在某一时段内履行的履约义务,企业应当考虑商品的性质,采用产出法或者投入法来确定恰当的履约进度,并且在确定履约进度时,应当扣除那些控制权尚未转移至客户的商品和服务;对于在某一时点的履约义务,企业应当综合分析控制权转移的迹象,判断其转移时点。

6.1.4　主营业务收入的核算

1. 账户设置

为了核算物流企业取得的各项劳务收入,物流企业应设置"主营业务收入"账户,核算物流企业提供的各项物流服务所取得的收入。该账户贷方登记按规定条件确认的收入额,借方登记期末结转到"本年利润"账户的金额,结转后,该账户无余额。物流企业应按照提供物流服务收入的种类设置"运输收入""仓储收入""装卸收入""配送收入""代理业务收入""包装收入"等明细账户进行明细核算。

（1）"运输收入"明细账户。"运输收入"明细账户核算物流企业提供运输服务所取得的收入。物流企业还可以在"运输收入"明细账户下按车队、单车或客户设置三级明细账户进行明细核算。

（2）"仓储收入"明细账户。"仓储收入"明细账户核算物流企业提供仓储服务所取得的收入。物流企业还可以在"仓储收入"明细账户下按仓库、堆场、客户或合同设置三级明细账户进行明细核算，

（3）"装卸收入"明细账户。"装卸收入"明细账户核算物流企业提供装卸搬运服务所取得的收入。物流企业还可以在"装卸收入"明细账户下按机械装卸搬运和人工装卸搬运设置三级明细账户进行明细核算，如有必要还可以进一步按班组、客户或批次等设置四级明细账户进行明细核算。

（4）"配送收入"明细账户。"配送收入"明细账户核算物流企业提供配送服务所取得的收入。物流企业还可以在"配送收入"明细账户下按配送功能设置三级明细账户进行明细核算。各三级明细账户还可以分别根据实际情况按班组、单车或批次等设置四级账户进行明细核算。

（5）"代理业务收入"明细账户。"代理业务收入"明细账户核算物流企业提供代理服务所取得的收入。物流企业还可以在"代理业务收入"明细账户下按代理业务的不同设置三级明细账户进行明细核算。

（6）"包装收入"明细账户。"包装收入"明细账户核算物流企业提供包装服务所取得的收入。物流企业还可以在"包装收入"明细账户下按班组、客户、货物或批次设置三级明细账户进行明细核算。

2. 主营业务收入的核算

1）开始和完成在同一会计年度的物流服务

物流企业大部分业务属于开始和完成在同一年度的物流服务。在物流服务完成时，按照合同或协议金额，借记"银行存款""预收账款""应收账款"等账户，按照服务应收取的价款贷记"主营业务收入"账户，按照收取的增值税税额贷记"应交税费——应交增值税（销项税额）"账户。对于发生的劳务成本，在实际发生时，借记"主营业务成本""营运间接费用"账户，贷记"应付职工薪酬""累计折旧""银行存款""库存现金""累计摊销""原材料""周转材料"等账户。

【例 6-1】 华夏物流公司有 A、B、C 三个基层站，月末根据各基层站的营业收入月报，汇总编制主营业务收入明细表如表 6-1 所示。

表 6-1　　　　　　　　　　　主营业务收入明细表
20×9 年 12 月　　　　　　　　　　金额单位:元

营业站点	运输业务		装卸业务		代理业务		合计	
	收入	增值税	收入	增值税	收入	增值税	收入	增值税
A 站	120 000	10 800	38 000	2 280	1 200	72	159 200	13 152
B 站	90 000	8 100	42 000	2 520	800	48	132 800	10 668
C 站	70 000	6 300					70 000	6 300
合计	280 000	25 200	80 000	4 800	2 000	120	362 000	30 120

根据主营业务收入表,账务处理如下:

借:应收账款(或是银行存款)　　　　　　　　　　　　　　　362 000
　贷:主营业务收入——运输收入　　　　　　　　　　　　　　280 000
　　　　　　　　　——装卸收入　　　　　　　　　　　　　　80 000
　　　　　　　　　——代理收入　　　　　　　　　　　　　　2 000
　　　应交税费——应交增值税(销项税额)　　　　　　　　　　30 120

2) 开始和完成分属不同会计期间的物流服务

物流企业预收劳务款时,根据预收的金额借记"银行存款"等账户,贷记"预收账款"账户。

当发生各项劳务成本时,按照发生的金额借记"劳务成本""营运间接费用"账户,贷记"应付职工薪酬""累计折旧""银行存款""库存现金""累计摊销""原材料""周转材料"等账户。

期末按照定的分配标准将归集的营运间接费用分配给各成本计算对象,借记"劳务成本"账户,贷记"营运间接费用"账户。

期末按计算的本期应确认的劳务收入金额借记"预收账款"等账户,贷记"主营业务收入"账户,按计算的本期应确认的费用金额借记"主营业务成本"账户,贷记"劳务成本"账户。

6.1.5　其他业务收入的核算

为了正确地反映物流企业其他收入的实现情况,企业应设置"其他业务收入"账户。该账户核算物流企业除主营业务收入以外的其他销售或其他业务的收入,如客运服务、包装物出租、固定资产出租、技术转让、车辆修理、材料销售等其他收入。本账户应按其他业务的种类设置明细账。期末,应将本账户的余额转入"本年利润"账户,结转后本账户应无余额。

其他业务收入的实现原则,与主营业务收入的实现原则相同。

【例 6-2】　华夏物流公司机修部门为单位修理汽车一辆,应收修理费 3 000 元,增值税390 元。

借:应收账款(或是银行存款)　　　　　　　　　　　　　　　33 390
　贷:其他业务收入——修理收入　　　　　　　　　　　　　　3 000
　　　应交税费——应交增值税(销项税额)　　　　　　　　　　390

6.2 | 利润及利润分配

利润是物流企业在一定时期内从事生产经营活动实现的经营成果,获利能力高低是衡量物流企业优劣的一个主要标志。本节主要介绍物流企业利润的计算与核算。

6.2.1　利润的构成

利润是物流企业全部收入与全部费用配比相抵后的净额。当这个净额大于零时,表示企业盈利,小于零时即为负利润,表示企业亏损。利润能否集中反映物流企业经济活动各个方面的效益,是衡量一个企业经营管理水平和经济效益的重要经济指标。利润包括营业利润、利润总额和净利润。

1. 营业利润

营业利润是指物流企业从事生产经营活动取得的利润,是物流企业利润的主要来源。营业利润的计算公式如下:

营业利润=营业收入-营业成本-税金及附加-销售费用-管理费用-财务费用-资产减值损失

±公允价值变动净损益±投资净损益±资产处置收益+其他收益

(1)营业收入。营业收入包括主营业务收入和其他业务收入,是企业经营主要业务与其他业务所确认的收入总额。物流企业的营业收入就是其提供各项物流服务获取的收入总额以及销售材料,出租固定资产、无形资产、包装物所取得的收入之和。其计算公式如下:

营业收入=主营业务收入+其他业务收入

(2)营业成本。营业成本包括主营业务成本和其他业务成本,是企业经营主要业务和其他业务所发生的实际成本之和。物流企业的营业成本包括其在提供各项物流服务过程中所发生的实际成本与销售材料成本及出租各项资产所发生的成本。

营业成本=主营业务成本+其他业务成本

(3)税金及附加。税金及附加是指物流企业经营过程中所应负担的消费税、资源税、土地增值税、城市维护建设税和教育费附加、城镇土地使用税、房产税、印花税、车船税等。

(4)资产减值损失。资产减值损失是指物流企业持有各项资产发生的减值损失,包括应收账款的坏账损失,存货跌价准备,固定资产、无形资产、长期股权投资、在建工程、工程物资等的减值损失等。

(5)公允价值变动净损益。公允价值变动净损益是指物流企业按照相关准则规定应当计入当期损益的资产或负债的公允价值变动净损益,当期如为净收益则加上,否则减去。

(6)投资净损益。投资净损益是指物流企业对外投资所取得的利息、股利、股息及差价收入减去发生的投资损失后的净额,当期如为净收益则加上,否则减去。

(7)资产处置收益。资产处置收益反映企业出售划分为持有待售的非流动资产(金融工具、长期股权投资和投资性房地产除外)或处置组时确认的处置利得或损失,以及处置未划分为持有待售的固定资产、在建工程、生产性生物资产及无形资产而产生的处置利得或损失。债务重组中因处置非流动资产产生的利得或损失和非货币性资产交换产生的利得或损失也包括在本项目内。当期如为净收益则加上,否则则减去。

(8)其他收益。其他收益反映计入其他收益的政府补助,专门用于核算与企业日常活动相关、但不宜确认收入或冲减成本费用的政府补助。

2. 利润总额

利润总额又称税前利润,等于营业利润加上营业外收入、减去营业外支出。其计算公式为:

利润总额=营业利润+营业外收入-营业外支出

(1)营业外收入。营业外收入是指物流企业取得的与日常经营活动没有直接关系的各项利得,主要包括非流动资产报废毁损利得、债务重组利得、罚没利得、与企业日常经营活动无关的政府补助利得、无法支付的应付款项、捐赠利得、盘盈利得等。

（2）营业外支出。营业外支出是指物流企业发生的与日常经营活动没有直接关系的各项损失，主要包括非流动资产报废毁损损失、债务重组损失、罚款支出、捐赠支出、非常损失、盘亏损失等。

3. 净利润

净利润是指企业当期利润总额减去所得税费用后的净额。其计算公式为：

$$净利润＝利润总额－所得税费用$$

其中，所得税费用是指企业按照企业会计准则的规定确认的应从当期利润总额中扣除的所得税费用。

6.2.2 营业外收入和营业外支出

1. 营业外收入

1）营业外收入的内容

营业外收入具体包括以下内容：

（1）非流动资产报废毁损利得。它是指对因自然灾害等发生损失，已丧失使用功能而报废非流动资产进行清理而产生的利得。其中，固定资产报废毁损利得，是指企业固定资产报废毁损处置所取得的价款及报废固定资产的残料价值、变价收入等，扣除固定资产账面、清理费用以及相关处置税费后的净收益。

（2）债务重组利得。它是指企业在进行债务重组时，债务人重组债务的账面价值高于用于偿债的现金及非现金资产公允价值、债权人放弃债权而享有股份的公允价值、重组后债务的入账价值的差额所形成的利得。

（3）罚没利得。它是指企业收取的滞纳金、违约金以及其他形式的罚款，在弥补了由于对方违约而造成的经济损失后的净收益。

（4）与企业日常活动无关的政府补助利得。它是指企业从政府无偿取得的，与企业日常经营无关的政府补助。

（5）无法支付的应付款项。它是指由于债权单位撤销或其他原因而无法支付，或者将应付款项划转给关联方等其他企业而无法支付或无须支付，按规定程序报经批准后转入当期损益的应付款项。

（6）捐赠利得。它是指企业接受外部现金和非现金资产捐赠而获得的利得。

（7）盘盈利得。它是指企业在财产清查中发现的库存现金实存数额超过账面数额而获得的资产溢余利得。

2）账户设置

为了核算企业发生的各项营业外收入，应设置"营业外收入"账户，该账户贷方登记企业发生的各项营业外收入，借方登记期末结转入"本年利润"账户的营业外收入，结转后该账户应无余额。该账户应当按照营业外收入的具体项目进行明细核算。

【例6-3】 华夏物流公司20×9年12月确认一项确实无法支付的应付账款，账面价值为20 000元。

借：应付账款　　　　　　　　　　　　　　　　　　　　　　　　　20 000
　　贷：营业外收入　　　　　　　　　　　　　　　　　　　　　　　　　20 000

2. 营业外支出

1）营业外支出的内容

营业务外支出具体包括以下内容：

（1）非流动资产报废毁损损失。它是指对因自然灾害等发生毁损、已丧失使用功能而报废的非流动资产进行清理而发生的损失。其中，固定资产报废毁损损失，是指企业固定资产报废毁损处置所取得的价款及报废固定资产的残料价值、变价收入等，不足以抵补固定资产账面价值、清理费用以及相关处置税费所形成的净损失；无形资产出售损失，是指企业出售无形资产所取得的价款，不足以抵补无形资产账面价值以及相关出售税费所形成的净损失。

（2）债务重组损失。它是指企业在进行债务重组时，债权人重组债权的账面价值高于接受抵债取得的现金及非现金资产的公允价值、放弃债权而享有股份的公允价值、重组后债权的入账价值的差额所形成的损失。

（3）罚款支出。它是指企业由于违反合同、违法经营、偷税漏税、拖欠税款等而支付的违约金、罚款、滞纳金等支出。

（4）捐赠支出。它是指企业对外进行公益性和非公益性捐赠而付出资产的公允价值。

（5）非常损失。它是指企业由于自然灾害等客观原因造成的财产损失，在扣除保险公司赔款和残料价值后，应计入当期损益的净损失。

（6）盘亏损失。它是指企业在财产清查中发现的固定资产实存数量少于账面数量而发生的资产短缺损失。

2）账户设置

为了核算企业发生的各项营业外支出，应设置"营业外支出"账户。该账户借方登记企业发生各项营业外支出，贷方登记期末结转入"本年利润"账户的营业外支出，结转后该账户应无余额。

【例6-4】 华夏物流公司20×9年因违反合同规定延迟发货，向客户支付违约金6 000元，已通过银行付款。

借：营业外支出　　　　　　　　　　　　　　　　　　　　　　　6 000
　　贷：银行存款　　　　　　　　　　　　　　　　　　　　　　　　6 000

6.2.3 利润的结转与分配

1. 利润的结转

为核算企业当期实现的净利润（或发生的净亏损），企业应设置"本年利润"账户，用于核算企业当期实现的利润或发生的亏损。该账户贷方登记期末从收入账户转入的各项收入，借方登记期末从费用账户转入的各项费用；期末本账户的贷方余额表示当期实现的净利润，如为借方余额则表示当期发生的亏损。

年度终了，应将本年收入和支出相抵后结出的本年实现的净利润，转入"利润分配"账户，借记本账户，贷记"利润分配——未分配利润"账户；如为亏损作相反的会计分录。年末结转后本账户应无余额。

【例6-4】 华夏物流公司20×9年12月份主营业务收入700 000元，主营业务成本

480 000元,税金及附加50 000元,管理费用20 000元,财务费用15 000元,投资收益25 000元,营业外收入60 000元,营业外支出20 000元,本年度确认的所得税费用为54 000元。

（1）结转当月收入：

借：主营业务收入	700 000
投资收益	25 000
营业外收入	60 000
贷：本年利润	785 000

（2）结转当月费用：

借：本年利润	664 000
贷：主营业务成本	480 000
税金及附加	50 000
管理费用	20 000
财务费用	15 000
投资收益	25 000
营业外支出	20 000
所得税费用	54 000

根据"本年利润"账户借方和贷方发生额,确定本月实现净利润121 000元(785 000－664 000)。

（3）20×9 年 12 月 31 日,结转本年净利润：

借：本年利润	121 000
贷：利润分配——未分配利润	121 000

2. 利润的分配

利润分配是指企业根据国家有关规定和投资者的决议,对企业净利润的支配。物流企业计算确定当期实现的利润总额,应当按照规定的程序分配后,将未分配利润结转下一会计期间。利润的分配过程和结果,不仅关系到所有者的合法权益是否得到保护,而且还关系到企业能否长期、稳定地发展。

1）利润分配的程序

企业本年实现的净利润加上年年初未分配利润即为可供分配的利润,物流企业本年度的利润总额确定之后,若上年度还有未弥补的亏损,且其弥补期还未超5年,则企业可以用本年度所得税前的利润加以弥补。在按规定用所得税前的利润弥补以前年度的亏损后,将本年度的剩余利润,按国家的规定相应调整后,依法缴纳所得税。缴纳所得税后的利润即为税后利润,税后利润加上年年初未分配利润后的余额,为可供分配利润,其按照下列顺序分配：

（1）提取法定盈余公积金。它是指企业根据有关法律的规定,按照着取法定盈余公积。法定盈余公积累积金额超过企业注册资本的50％以上时,可不再提取。

（2）提取任意盈余公积金。它是指企业按照股东大会决议提取盈余公积。

（3）分配现金股利或利润。它是指企业按照利润分配方案分配给股东现金股利,也包括非股份公司分配给投资者的利润。

（4）转作股本的股利。它是指企业按照利润分配方案以分派股票股本的股利,也包括非股份有限公司以利润转增的资本。

2) 利润分配的账户设置

为了反映和监督利润分配的过程和结果,企业应设置"利润分配"账户,核算物流企业利润的分配(或亏损的弥补)和历年分配(或弥补后)的结存余额。"利润分配"账户般应分别设置以下明细账户:

(1)"盈余公积补亏",核算物流企业用盈余公积弥补的亏损。企业用盈余公积弥补亏损时,借记"盈余公积"账户,贷记本明细账户。

(2)"提取盈余公积",核算物流企业按规定从利润中提取的盈余公积金、公益金。企业计算出本期应提取数时,借记本明细账户,贷记"盈余公积"账户。

(3)"应付股利",核算物流企业实现的应付给投资者的利润,包括应付国家、其他单位及个人的投资利润、股利或红利。企业计算出应支付的利润时,借记本明细账户,贷记"应付股利"账户。

(4)"转作股本的股利",核算物流企业分配给股东的股票股利,在办理增资手续后,借记本账户,贷记"实收资本"等账户。

(5)"未分配利润",汇总核算物流企业全年实现的净利润(或亏损总额)和利润分配数额,计算物流企业留待以后会计年度进行分配的利润或应弥补的亏损。年度终了,物流企业应将全年实现的净利润自"本年利润"账户转入本明细账户的贷方。如为亏损数额,转入本明细账户的借方。同时,将全年利润分配数额,自"利润分配"账户下的其他明细账户余额转入本明细账户。结转后,本明细账户的借方余额为未弥补的亏损,贷方余额为未分配的利润。企业年终结账后发现的以前年度会计事项需调整时,如果涉及以前年度损益的,也在"未分配利润"明细账户核算,调整增加的上年利润或调整减少的上年亏损,借记有关账户,贷记本明细账户,调整减少的上年利润或调整增加的上年亏损,则作相反分录。

【例 6-4】 华夏物流公司 20×9 年实现净利润1 000 000元,按净利润的10%提取法定盈余公积,并分配给普通股股东现金股利200 000元。

① 结转本年利润时:

借:本年利润　　　　　　　　　　　　　　　　　　　　　1 000 000
　　贷:利润分配——未分配利润　　　　　　　　　　　　　　　1 000 000

② 提取法定盈余公积:

借:利润分配——提取法定盈余公积　　　　　　　　　　　　100 000
　　贷:盈余公积——法定盈余公积　　　　　　　　　　　　　　100 000

③ 分配现金股利:

借:利润分配——应付现金股利　　　　　　　　　　　　　　200 000
　　贷:应付股利　　　　　　　　　　　　　　　　　　　　　　200 000

④ 年度终了,结转"利润分配"账户所属其他明细账户余额:

借:利润分配——未分配利润　　　　　　　　　　　　　　　300 000
　　贷:利润分配——提取法定盈余公积　　　　　　　　　　　　100 000
　　　　　　　　——应付现金股利　　　　　　　　　　　　　200 000

结转后,企业本期"利润分配——未分配利润"明细账户为贷方余额700 000元(1 000 000-300 000),再加上该明细账户的期初余额,就是截至本年累计实现的未分配利润。

重 要 概 念

主营业务收入　其他业务收入　主营业务成本　其他业务成本　营业外收入　营业外支出

思 考 题

1. 什么是收入? 收入有何特征? 如何对其分类?

2. 物流企业劳务开始和完成分属不同会计年度时,如何确认收入?

3. 物流企业主营业务收入核算应如何设置明细账户?

4. 物流企业的其他业务都包括什么?

5. 什么是营业利润? 其如何计算?

6. 什么是利润总额? 其如何计算?

7. 什么是净利润? 其如何计算?

8. 物流企业的营业外收入和营业外支出包括哪些内容?

第 7 章 物流企业财务报表

内容提要

　　本章主要讲解财务报表的相关概述,包括概念、组成及分类;资产负债表、利润表和现金流量表的概念、结构、内容和填列;会计报表的报送与审核。

重点难点

　　本章重点为资产负债表、利润表和现金流量表的内容与填列。

学习目标

　　通过本章的学习,学生应了解财务报表的概念、意义与分类;掌握资产负债表、利润表和现金流量表的概念与内容,并掌握其填列方法。

知识框架

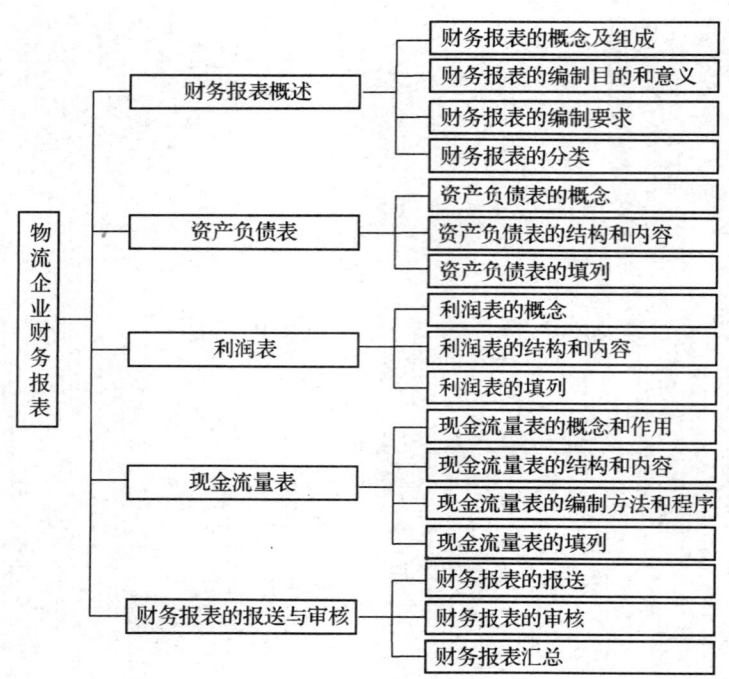

引例 如何编制资产负债表？

SF公司是一家物流公司，公司2×19年12月31日有关账户的期末余额如表7-1所示，那么企业该如何编制2×19年12月31日的资产负债表呢？

本章将详细探究财务报表的概念、结构和编制方法。

表7-1   **SF物流公司2×19年12月31日各账户期末余额**   金额单位：元

账户名称	借方余额	贷方余额	账户名称	借方余额	贷方余额
库存现金	20 000		短期借款		80 000
银行存款	210 000		应付账款		52 000
应收账款	160 000		预收款项		30 000
预付款项	34 000		其他应付款		18 000
其他应收款	32 000		应付职工薪酬		36 500
原材料	54 000		应交税费		28 000
低值易耗品	12 000		应付股利		50 000
长期股权投资	120 000		应付利息		5 000
固定资产	460 000		长期借款		128 000
累计折旧		36 000	实收资本		600 000
无形资产	100 000		盈余公积		86 500
长期待摊费用	11 000		未分配利润		63 000

7.1 | 财务报表概述

财务报告是指企业对外提供的反映企业某一特定日期财务状况和某一会计期间经营成果、现金流量等会计信息的文件。财务报告包括财务报表和其他应当在财务报表中披露的相关信息和资料。

7.1.1 财务报表的概念及组成

1. 财务报表的概念

财务报表是指对企业财务状况、经营成果和现金流量的结构性表述。财务报表是财务报告的主体。物流企业在为客户提供物流服务的过程中，发生了大量的经济业务，根据审核过的原始凭证编制记账凭证，然后根据记账凭证，分门别类地在各有关账簿中进行登记，按照会计账户加以归集。这些既有总分类账上所反映的总括资料，又有明细分类账上所反映的明细资料，企业经济活动的全面情况得到了完整反映。但是，账簿中所归集的资料毕竟是分散的，缺乏必要的归类、整理和分析。为了集中反映企业的经济活动状况、经营成果和现金流量，就有必要定期编制财务报表。正确编制财务报表，对考核企业的经济活动、反映企业的经营成果和现金流量具有重要的作用。

2. 财务报表的组成

一套完整的财务报表至少应包括下列组成部分：资产负债表、利润表、现金流量表、所有者权益变动表和会计报表附注。

　　资产负债表、利润表、现金流量表分别从不同的角度反映了企业的财务状况、经营业绩和现金流量状况。其中,资产负债表反映了企业在某一特定日期所拥有的资产、需偿还的债务以及投资者拥有的净资产情况;利润表则反映了企业在一定会计期间的经营成果,也表明了企业运用所拥有的资产的获利能力;现金流量表反映了企业在一定会计期间现金和现金等价物流入和流出的情况。

　　所有者权益变动表说明了构成所有者权益的各组成部分当期的增减变动情况。

　　财务报表附注是对在资产负债表、利润表、现金流量表和所有者权益变动表等报表中列示的文字描述或明细资料,以及对未能在这些报表中列示项目的说明等。财务报表附注一般应披露财务报表的编制基础、遵循企业会计准则的声明、重要会计政策的说明、重要会计估计的说明、会计政策和会计估计变更以及差错更正的说明等。

7.1.2　财务报表的编制目的和意义

1. 财务报表的编制目的

　　物流企业编制财务报告的目的是向财务报告使用者提供与企业财务状况、经营成果和现金流量等有关的会计信息,反映管理层工作业绩及受托责任履行情况,从而有助于财务报告使用者做出决策。其中,财务报表的使用者通常包括投资者、债权人、政府机构、企业管理人员、职工和社会公众等。不同的报表使用者对财务会计报表所提供信息的要求各有侧重。比如,投资者主要关注投资报酬和投资风险;债权人主要关注其资金是否安全,是否能按期收回资金;政府机关则关注国家资源的分配和运用情况;企业管理人员更关注企业财务状况的好坏和经营业绩方面的情况;职工最关注劳动报酬的高低和企业是否稳定。所以,编制财务报表有利于满足会计信息使用者的需要。

2. 财务报表的编制意义

　　对物流企业来说,正确编制财务报表,对考核企业的经济活动、反映企业的经营成果和现金流量具有重要的积极意义。

　　首先,企业的管理层、各职能部门及职工通过财务报表能够全面了解企业的财务状况、经营成果和现金流量,以便进行分析对比、总结经验、发现问题并及时采取措施、加强管理,以提高企业的经济效益,并为企业管理当局进行决策提供重要的信息和依据。

　　其次,企业的投资者、债权人通过阅读财务报表,可以分析企业目前的财务状况、经营情况和现金流量,了解企业资产、负债和所有者权益的结构情况,从而判断企业的盈利能力和偿债能力,从而决定今后的投资方向。

　　再次,财政税务机关、开户银行和审计单位可以根据企业财务报表,检查企业资金运用情况、经营成果的形成情况,以及所得税等税款的交纳情况;检查企业是否严格遵守国家规定的财经纪律、信贷制度和结算纪律,以更好地发挥财政、税务、银行和审计的监督作用,促使企业合理地使用资金,并为制定信贷计划提供依据。

7.1.3　财务报表的编制要求

　　为了保证财务报表的质量,充分发挥财务报表的作用,各级物流企业都必须按照规定,认真编制上报财务报表,要求做到以下四点。

1. 数字真实

财务报表是一个信息系统,其所反映的各项数字,必须真实,能真实地反映企业的财务状况、经营成果和现金流量。编制财务报表时,必须做到账账、账实和账表相符,不得匡计数字,更不得弄虚作假,隐瞒谎报、篡改数字。

2. 计算准确

财务报表中,有不少项目需要根据有关账户期末余额和本期发生额进行分析、计算整理后才能填列,而且报表有关项目之间存在着一定的数量勾稽关系。因此,要采用正确的计算方法,做到账表相符,以确保会计信息的准确性。

3. 内容完整

各种财务报表之间,以及财务报表的各项指标之间,是相互联系、互为补充的,因此,必须按照企业会计准则应用指南规定的种类、格式和内容填报,不应漏编、漏报报表,也不应漏填报表项目。

4. 报送及时

财务报表必须根据规定的期限及时编制与报送,以便于报表使用者及时了解和分析企业在报告期内的财务状况、经营成果和现金流量,并保证会计资料的及时逐级汇总。

7.1.4 财务报表的分类

物流企业的财务报表可以按照不同的标准进行分类。

1. 按财务报表的经济内容分类

财务报表按其所反映的经济内容不同,可以分为静态报表和动态报表。

静态报表是综合反映企业在某一特定日期的资产、负债和所有者权益情况的报表,如资产负债表。

动态报表是综合反映企业在某一会计期间的经营成果或现金流量情况的报表,如利润表、现金流量表等。

2. 按财务报表编制时间分类

财务报表按编制时间不同,可以分为中期财务报表和年度财务报表。

中期财务报表是企业以短于一个完整会计年度的报告期间为基础编制的财务报表,包括月报、季报和半年报。

年度财务报表是企业以一个完整会计年度的报告期间为基础编制的财务报表。在格式和内容上,中期财务报表和年度财务报表应一致。

3. 按财务报表编制主体分类

财务报表按编制主体不同,可以分为个别财务报表和合并财务报表。

个别财务报表是企业以自身会计核算为基础,对账簿记录进行加工、汇总而编制的财务报表。

合并财务报表是以母公司和其所属全部子公司组成的企业集团为会计主体,根据母公司和子公司的财务报表,由母公司编制的综合反映企业集团整体财务状况经营成果和现金流量的财务报表。

7.2 | 资产负债表

7.2.1 资产负债表的概念

资产负债表是反映企业在某一特定日期财务状况的报表。它反映企业在某一特定日期所拥有或控制的经济资源、所承担的现时义务和所有者对净资产的要求权。

资产负债表是企业基本会计报表之一，是所有独立核算的企业单位都必须对外报送的会计报表，通过资产负债表可以为财务报表使用者提供以下信息：

（1）某一日期资产的总额及其结构，表明企业拥有或者控制的资源及其分布情况，使用者可以一目了然地从资产负债表中了解企业在某一特定日期所拥有的资产总量及其结构。

（2）某一日期的负债总额及其结构，表明企业未来需要用多少资产或劳务清偿债务以及清偿时间。

（3）所有者所拥有的权益，据以判断资本保值、增值的情况以及对负债的保障程度。

（4）进行财务分析的基本资料，如将流动资产与流动负债进行比较，计算出流动比率；将速动资产与流动负债进行比较，计算出速动比率等，可以表明企业的变现能力、偿债能力和资金周转能力，从而有助于报表使用者作出经济决策。

7.2.2 资产负债表的结构和内容

资产负债表的结构由表头和正表两部分组成。

表头部分包括报表名称、编制单位、编制日期、货币种类和金额单位等内容。

正表部分是资产负债表的核心，我国对资产负债表基本内容的列示采用账户式结构，按"资产－负债＝所有者权益"的原理排列，左边列示资产各项目，右边列示负债和所有者权益各项目，反映全部资产、负债和所有者权益的内容及构成情况。此外，为了方便报表使用者通过比较不同时点资产负债表的数据，掌握企业财务状况的变动情况及发展趋势，企业需要提供比较资产负债表。资产负债表还就各项目再分为"年初余额"和"期末余额"两栏分别填列。

其中，企业的各项资产或负债，应当按照流动性不同进行分类，以分别在资产负债表中列示。

1. 资产

企业的各项资产，应当按照流动性分为流动资产和非流动资产。

1）流动资产

资产满足下列条件之一的，应当归类为流动资产：

（1）预计在一个正常营业周期中变现、出售或耗用。

（2）主要为交易目的而持有。

（3）预计在资产负债表日起1年内（含1年，下同）变现。

（4）自资产负债表日起1年内，交换其他资产或清偿负债能力不受限制的现金或现金等价物。

流动资产由货币资金、交易性金融资产、应收票据、应收账款、预付款项、应收利息、应收股利、其他应收款、存货和1年内到期的非流动资产和其他流动资产等项目组成。流动资产表明了企业的短期偿债能力，又可为下一期经营时所运用。因此，它在企业的资产中占有重要的地位。

2）非流动资产

非流动资产是指流动资产以外的资产，其流动性很弱，并应按其性质分类列示。非流动资产由可供出售的金融资产、持有至到期投资、长期应收款、长期股权投资、投资性房地产、固定资产、在建工程、工程物资、固定资产清理、无形资产、开发支出、商誉、长期待摊费用、递延所得税资产和其他非流动资产等项目组成。

2. 负债

企业的各项负债，应当按照流动性分为流动负债和非流动负债。

1）流动负债

负债满足下列条件之一的，应当归类为流动负债：

（1）预计在一个营业周期中清偿；

（2）主要为交易目的而持有；

（3）自资产负债表日起1年内到期应予以清偿；

（4）企业无权自主地将清偿推迟至资产负债表日后1年以上。

流动负债由短期借款、交易性金融负债、应付票据、应付账款、预收款项、应付职工薪酬、应交税费、应付利息、应付股利、其他应付款和1年内到期的非流动负债和其他流动负债等项目组成。

2）非流动负债

非流动负债是指流动负债以外的负债。非流动负债由长期借款、应付债券、长期应付款、专项应付款、预计负债、递延所得税负债和其他非流动负债等项目组成。

3. 所有者权益

所有者权益由实收资本、资本公积、其他综合收益、盈余公积和未分配利润等项目组成。

资产负债表的具体格式如表7-2所示。

表7-2   资产负债表

编制单位：   年   月   日   金额单位：元

资　产	期末余额	年初余额	负债及所有者权益（或股东权益）	期末余额	年初余额
流动资产：			流动负债：		
货币资金			短期借款		
交易性金融资产			交易性金融负债		
衍生金融资产			衍生金融负债		
应收票据			应付票据		
应收账款			应付账款		
应收款项融资			预收款项		
预付款项			合同负债		
其他应收款			应付职工薪酬		

（续表）

资　产	期末余额	年初余额	负债及所有者权益（或股东权益）	期末余额	年初余额
存货			应交税费		
合同资产			其他应付款		
持有待售资产			持有待售负债		
一年内到期的非流动资产			一年内到期的非流动负债		
其他流动资产			其他流动负债		
流动资产合计			流动负债合计		
非流动资产：			非流动负债：		
债权投资			长期借款		
其他债权投资			应付债券		
长期应收款			其中:优先股		
长期股权投资			永续债		
其他权益工具投资			租赁负债		
其他非流动金融资产			长期应付款		
投资性房地产			预计负债		
固定资产			递延收益		
在建工程			递延所得税负债		
生产性生物资产			其他非流动负债		
使用权资产			非流动负债合计		
油气资产			负债合计		
无形资产			所有者权益(或股东权益)		
开发支出			实收资本(或股本)		
商誉			其他权益工具		
长期待摊费用			其中:优先股		
递延所得税资产			永续债		
其他非流动资产			资本公积		
非流动资产合计			减:库存股		
			其他综合收益		
			专项储备		
			盈余公积		
			未分配利润		
			所有者权益(或股东权益)合计		
资产总计			负债及所有者权益(或股东权益)总计		

7.2.3 资产负债表的填列

1. "年初余额"的填列方法

"年初余额"栏内的各项目数字,应根据上年年末资产负债表的"期末余额"内的各项目填列。如果上年度资产负债表规定的各项目的名称和内容与本年度不一致,应对上年年末资产负债表各项目的名称和内容按照本年度的规定进行调整,再填入"年初余额"栏内。

2. "期末余额"的填列方法

资产负债表的"期末余额"栏内的各项目数字,应根据会计账簿记录填列。由于资产负债表是一种静态报表,各项目均反映企业某一时点指标,本表主要根据账户期末余额填列。但由于资产负债表各项目与企业账户的设置并不完全一致,因此,在填列时,有的项目可以根据账户余额直接填列,有的项目则应根据账户余额分析计算后填列。

1) 根据账户余额直接填列

资产负债表中大部分项目的期末余额采用该方法填列。例如,"交易性金融资产""其他债权投资""其他权益工具投资""短期借款""应付票据""应付职工薪酬""应交税费""预计负债""实收资本""资本公积"和"盈余公积"等。

2) 根据账户余额分析计算填列

(1) "货币资金"项目,根据"库存现金""银行存款"和"其他货币资金"等总账账户的期末余额的合计数填列。

(2) "应收票据"项目,根据"应收票据"账户的期末余额,减去"坏账准备"账户中相关坏账准备期末余额后的金额分析填列。

(3) "应收账款"项目,根据"应收账款"账户的期末余额,减去"坏账准备"账户中有关坏账准备期末余额后的金额填列。

(4) "预付款项"项目,根据"预付账款"和"应付账款"账户所属各明细账户的期末借方余额的合计数填列。

(5) "其他应收款"项目,根据"应收利息""应收股利"和"其他应收款"账户的期末余额合计数,减去"坏账准备"账户中有关坏账准备期末余额后的金额填列。

(6) "存货"项目,根据"材料采购""原材料""低值易耗品""自制半成品""库存商品""包装物""生产成本"等账户的期末余额合计,减去"存货跌价准备"账户期末余额后的金额填列。

(7) "持有待售资产"项目,根据"持有待售资产"账户的期末余额,减去"持有待售资产减值准备"账户的期末余额后的金额填列。

(8) "债权投资"项目,根据"债权投资"账户的期末余额,减去"债权投资减值准备"账户中有关减值准备期末余额后的金额填列。

(9) "长期股权投资"项目,根据"长期股权投资"账户的期末余额,减去"长期股权投资减值准备"账户中有关股权投资减值准备期末余额后的金额填列。

(10) "固定资产"项目,根据"固定资产"账户的期末余额,减去"固定资产减值准备"账户和"累计折旧"账户期末余额后的金额,以及"固定资产清理"账户的期末余额填列。

(11) "在建工程"项目,根据"在建工程"账户的期末余额,减去"在建工程减值准备"账户期末余额后的金额,以及"工程物资"账户的期末余额,减去"工程物资减值准备"账户的期末余额后的金额填列。

（12）"无形资产"项目,根据"无形资产"账户的期末余额,减去"无形资产减值准备"账户和"累计摊销"账户期末余额后的金额填列。

（13）"应付账款"项目,根据"应付账款"和"预付账款"账户所属各明细账户的期末贷方余额的合计数填列。

（14）"预收款项"项目,根据"预收账款"和"应收账款"账户所属明细账户的期末贷方余额的合计数填列。

（15）"长期应付款"项目,根据"长期应付款"账户的期末余额,减去相关的"未确认融资费用"账户的期末余额后的金额,以及"专项应付款"账户的期末余额填列。

（16）"未分配利润"项目,根据"本年利润"账户和"利润分配"账户的余额计算填列。未弥补的亏损,在本项目内以"－"号填列。

【例 7-1】 根据引例表 7-1 编制 SF 物流公司 2×19 年 12 月 31 日的资产负债表,如表 7-3 所示。

表 7-3　　　　　　　　　　　　　　资产负债表

编制单位:SF 物流公司　　　　　　　　2×19 年 12 月 31 日　　　　　　　　金额单位:元

资　产	期末余额	年初余额	负债及所有者权益（或股东权益）	期末余额	年初余额
流动资产:			流动负债:		
货币资金	230 000		短期借款	80 000	
交易性金融资产			交易性金融负债		
衍生金融资产			衍生金融负债		
应收票据			应付票据		
应收账款	160 000		应付账款	52 000	
应收款项融资			预收款项	30 000	
预付款项	34 000		合同负债		
其他应收款	32 000		应付职工薪酬	36 500	
存货	66 000		应交税费	28 000	
合同资产			其他应付款	73 000	
持有待售资产			持有待售负债		
一年内到期的非流动资产			一年内到期的非流动负债		
其他流动资产			其他流动负债		
流动资产合计	522 000		流动负债合计	299 500	
非流动资产:			非流动负债:		
债权投资			长期借款	128 000	
其他债权投资			应付债券		
长期应收款			其中:优先股		
长期股权投资	120 000		永续债		
其他权益工具投资			租赁负债		
其他非流动金融资产			长期应付款		

（续表）

资　产	期末余额	年初余额	负债及所有者权益 （或股东权益）	期末余额	年初余额
投资性房地产			预计负债		
固定资产	424 000		递延收益		
在建工程			递延所得税负债		
生产性生物资产			其他非流动负债		
使用权资产			非流动负债合计	128 000	
油气资产			负债合计	427 500	
无形资产	100 000		所有者权益（或股东权益）		
开发支出			实收资本（或股本）	600 000	
商誉			其他权益工具		
长期待摊费用	11 000		其中：优先股		
递延所得税资产			永续债		
其他非流动资产			资本公积		
非流动资产合计	655 000		减：库存股		
			其他综合收益		
			专项储备		
			盈余公积		86 500
			未分配利润		63 000
			所有者权益合计	749 500	
资产总计	1 177 000		负债及所有者权益 （或股东权益）总计	1 177 000	

7.3 利　润　表

7.3.1　利润表的概念

利润表是反映企业在一定会计期间经营成果的财务报表。利润表的列报必须充分反映企业经营业绩的主要来源和构成,有助于使用者判断净利润的质量及其风险,有助于使用者预测净利润的持续性,从而作出正确的决策。

利润表可以为财务报表使用者提供以下信息:

（1）企业一定会计期间的收入实现情况,如实现的营业收入有多少、实现的投资收益有多少、实现的营业外收入有多少等。

（2）企业一定会计期间的费用耗费情况,如耗费的营业成本有多少,税金及附加有多少,销售费用、管理费用、财务费用各有多少等。

（3）企业生产经营活动的成果,即净利润的实现情况,据以判断资本保值、增值情况。

（4）财务分析的基本资料,如将赊销收入净额与应收账款平均余额进行比较,计算出应收账款周转率;将销货成本与存货平均余额进行比较,计算出存货周转率;将净利润与资产总额进行比较,计算出资产收益率等,可以表现企业资金周转情况以及企业的盈利能力和水平,便于财务报表使用者判断企业未来的发展趋势,作出经济决策。

7.3.2 利润表的结构和内容

1. 利润表的结构

利润表的结构由表头和正表两个部分组成。其中,利润表的表头由报表名称、编制单位、报表时期和金额单位等内容组成;利润表的正表部分采用的基本上是多步式结构,即通过对当期的收入、费用和支出项目按性质加以归类,按利润形成的主要环节列示一些中间性利润指标,分步计算当期经营损益。

2. 利润表的内容

利润表主要反映以下几方面的内容:

(1)营业收入。营业收入由主营业务收入和其他业务收入组成。

(2)营业利润。营业收入减去营业成本(主营业务成本、其他业务成本)、税金及附加、销售费用、管理费用、财务费用、资产减值损失,加上公允价值变动收益、投资收益、资产处置收益、其他收益,即为营业利润。

(3)利润总额。营业利润加上营业外收入,减去营业外支出,即为利润总额。

(4)净利润。利润总额减去所得税费用,即为净利润。

(5)综合收益总额。综合收益是指企业在某一期间除与所有者以其所有者身份进行的交易之外的其他交易或事项所引起的所有者权益变动。综合收益总额项目反映净利润和其他综合收益扣除所得税影响后的净额相加后的合计金额。其他综合收益,是指企业根据其他会计准则规定未在当期损益中确认的各项利得和损失。

(6)每股收益。普通股或潜在普通股已公开交易的企业,以及正处于公开发行普通股或潜在普通股过程中的企业,还应当在利润表中列示每股收益信息,包括基本每股收益和稀释每股收益两项指标。

此外,为了使报表使用者通过比较不同期间利润的实现情况,判断企业经营成果的未来发展趋势,企业需要提供比较利润表。利润表还就各项目再分为"本期金额"和"上期金额"两栏分别填列。利润表的具体格式如表7-4所示。

表 7-4   **利润表**

编制单位: 年度   金额单位:元

项 目	本期金额	上期金额
一、营业收入		
减:营业成本		
税金及附加		
销售费用		
管理费用		
研发费用		
财务费用		

项　　目	本期金额	上期金额
其中:利息费用		
利息收入		
资产减值损失		
加:其他收益		
投资收益(损失以"－"号填列)		
其中:对联营企业与合营企业的投资收益		
以摊余成本计量的金融资产终止确认收益(损失以"－"号填列)		
净敞口套期收益(损失以"－"号填列)		
公允价值变动收益(损失以"－"号填列)		
资产减值损失(损失以"－"号填列)		
信用减值损失(损失以"－"号填列)		
资产处置收益(损失以"－"号填列)		
二、营业利润(亏损以"－"号填列)		
加:营业外收入		
减:营业外支出		
三、利润总额(亏损总额以"－"号填列)		
减:所得税费用		
四、净利润(净亏损以"－"号填列)		
(一)持续经营净利润(净亏损以"－"号填列)		
(二)终止经营净利润(净亏损以"－"号填列)		
五、其他综合收益的税后净额		
(一)以后不能重分类进损益的其他综合收益		
1.重新计量设定受益计划变动额		
2.权益法下不能转损益的其他综合收益		
3.其他权益工具投资公允价值变动		
4.企业自身信用风险公允价值变动		
……		
(二)以后将重分类进损益的其他综合收益		
1.权益法下可转损益的其他综合收益		
2.其他债权投资公允价值变动		
3.金融资产重分类计入其他综合收益的金额		
4.其他债权投资信用减值准备		
5.现金流量套期储备		

（续表）

项　目	本期金额	上期金额
6. 外币财务报表折算差额		
……		
六、综合收益总额		
七、每股收益		
（一）基本每股收益		
（二）稀释每股收益		

7.3.3　利润表的填列

在填制利润表时，须填列"本期金额"和"上期金额"两栏。其中，"本期金额"栏反映各项目的本期实际发生数。如果上年度利润表的项目名称和内容与本年度利润表不一致，应对上年度利润表项目的名称和内容按本年度规定进行调整，填入"上期金额"栏。

利润表各项目的具体填列方法如下所示：

（1）"营业收入"项目，反映企业经营主要业务和其他业务所确认的收入总额。本项目根据"主营业务收入"和"其他业务收入"账户的发生额分析填列。

（2）"营业成本"项目，反映企业经营主要业务和其他业务所发生的成本总额。本项目根据"主营业务成本"和"其他业务成本"账户的发生额分析填列。

（3）"税金及附加"项目，反映企业经营过程中应负担的消费税、城市维护建设税和教育费附加、资源税、土地增值税、房产税、车船税、印花税等。本项目根据"税金及附加"账户的发生额分析填列。

（4）"销售费用"项目，反映企业在销售商品过程中发生的包装费、广告费等费用和为销售本企业商品而专设的销售机构的职工薪酬、业务费等经营费用。本项目根据"销售费用"账户的发生额分析填列。

（5）"管理费用"项目，反映企业为组织和管理生产经营发生的管理费用。本项目根据"管理费用"账户的发生额分析填列。

（6）"研发费用"项目，反映企业进行研究与开发过程中发生的费用化支出以及计入管理费的自行开发无形资产的摊销。该项目应根据"管理费用"账户下的"研发费用"明细账户的发生额填列以及"管理费用"账户下的"无形资产摊销"明细账户的发生额分析填列。

（7）"财务费用"项目，反映企业筹集生产经营所需资金等而发生的筹资费用。本项目根据"财务费用"账户的发生额分析填列。

（8）"其他收益"项目，反映计入其他收益的政府补助等。该项目应根据"其他收益"账户的发生额分析填列。

（9）"投资收益"项目，反映企业以各种方式对外投资所取得的收益。本项目根据"投资收益"账户的发生额分析填列。如果为投资损失，本项目以"—"号填列。

（10）"净敞口套期收益"项目，反映净敞口套期下被套期项目累计公允价值变动转入当期损益的金额或现金流量套期储备转入当期损益的金额。该项目根据"净敞口套期损益"账户的发生额填列；如为套期损失，以"—"号填列。

（11）"公允价值变动收益"项目，反映企业应计入当期损益的资产或负债公允价值变动的收益。本项目根据"公允价值变动收益"账户的发生额分析填列，如果为净损失，本项目以"－"号填列。

（12）"信用减值损失"项目，反映企业按照《企业会计准则第22号——金融工具确认和计量》（财会〔2017〕7号）的要求计提的各项金融工具信用减值准备所确认的信用损失。该项目应根据"信用减值损失"账户的发生额分析填列。

（13）"资产减值损失"项目，反映企业各项资产发生的减值损失。本项目根据"资产减值损失"账户的发生额分析填列。

（14）"资产处置收益"项目，反映企业出售划分为持有待售的非流动资产（金融工具、长期股权投资和投资性房地产除外）或处置组（子公司和业务除外）时确认的处置利得或损失，以及处置未划分为持有待售的固定资产、在建工程、生产性生物资产及无形资产而产生的处置利得或损失。债务重组中因处置非流动资产产生的利得或损失和非货币性资产交换产生的利得或损失也包括在本项目内。本项目应根据在损益类账户新设置的"资产处置收益"账户的发生额分析填列；如为处置损失，以"－"号填列。

（15）"营业利润"项目，反映企业实现的营业利润。如果为亏损，本项目以"－"号填列。

（16）"营业外收入"项目，反映企业发生的除营业利润以外的收益，主要包括债务重组利得、与企业日常活动无关的政府补助、盘盈利得、捐赠利得等。本项目根据"营业外收入"账户的发生额分析填列。

（17）"营业外支出"项目，反映企业发生的除营业利润以外的支出。主要包括债务重组损失、公益性捐赠支出、非常损失、盘亏损失、非流动资产毁损报废损失等。本项目根据"营业外支出"账户的发生额分析填列。

（18）"利润总额"项目，反映企业实现的利润。如果为亏损，本项目以"－"号填列。

（19）"所得税费用"项目，反映企业应从当期利润总额中扣除的所得税费用。本项目根据"所得税费用"账户的发生额分析填列。

（20）"净利润"项目，反映企业实现的净利润。如果为亏损，本项目以"－"号填列。

（21）"其他综合收益"项目，反映企业根据企业会计准则规定未在损益中确认的各项利得和损失扣除所得税影响后的净额。

延伸阅读 7-1

其他综合收益项目的分类

其他综合收益项目分为下列两类：

（1）以后会计期间不能重分类进损益的其他综合收益项目，主要包括：重新设定受益计划净负债或净资产导致的变动、按照权益法核算的在被投资单位不能重分类进损益的其他综合收益变动中所享有的份额等。

（2）以后会计期间在满足规定条件时将重分类进损益的其他综合收益项目，主要包括：按照权益法核算的在被投资单位可重分类进损益的其他综合收益变动中所享有的份额、其他权益工具公允价值变动形成的利得或损失、金融资产重分类形成的利得或损失、现金流量套期工具产生的利得或损失中属于有效套期部分、外币财务报表折算差额、自用房地产或作为存货的房地产转换为以公允价值模式计量的投资性房地产在转换日公允价值大于账面价值的部分等。

（22）"综合收益总额"项目，企业净利润与其他综合收益税后净额的合计金额。

【例 7-2】 表 7-5 为 SF 物流公司 2×19 年度的利润表。

表 7-5

利润表

编制单位：SF 物流公司　　　　　　　　　　2×19 年度　　　　　　　　　　金额单位：元

项　　目	本期金额	上期金额
一、营业收入	6 059 493.67	
减：营业成本	3 753 210	
税金及附加	200 000	
销售费用	150 000	
管理费用	1 000 000	
财务费用	650 000	
其中：利息费用	100 000	
利息收入	750 000	
加：其他收益	0	
投资收益（损失以"一"号填列）	7 600 000	
其中：对联营企业与合营企业的投资收益	7 600 000	
以摊余成本计量的金融资产终止确认收益（损失以"一"号填列）	0	
净敞口套期收益（损失以"一"号填列）	0	
公允价值变动收益（损失以"一"号填列）	100 000	
资产减值损失（损失以"一"号填列）	136 017	
信用减值损失（损失以"一"号填列）	0	
资产处置收益（损失以"一"号填列）	0	
二、营业利润（亏损以"一"号填列）	7 870 266.67	
加：营业外收入	20 000	
减：营业外支出	23 600	
三、利润总额（亏损总额以"一"号填列）	7 866 666.67	
减：所得税费用	1 966 666.67	
四、净利润（净亏损以"一"号填列）	5 900 000	
（一）持续经营净利润（净亏损以"一"号填列）	5 900 000	
（二）终止经营净利润（净亏损以"一"号填列）	0	
五、其他综合收益的税后净额	0	
（一）以后不能重分类进损益的其他综合收益	0	
（二）以后将重分类进损益的其他综合收益	0	
六、综合收益总额	5 900 000	

（续表）

项　　目	本期金额	上期金额
七、每股收益	略	
（一）基本每股收益		
（二）稀释每股收益		

（1）本期摊销长期待摊费用 150 000 元，其中计入：生产成本 80 000 元，制造费用 50 000 元，管理费用 20 000 元。

（2）本期折旧总额为 750 000 元，其中计入：制造费用 350 000 元，管理费用 250 000 元，销售费用 150 000 元。

（3）本期管理费用合计 100 000。

（4）本期无形资产摊销 650 000 元，计入管理费用。

（5）本期资产负债表应收账款项目增加 400 000 元，本期计提坏账准备 100 000 元。

（6）本期资产负债表应付账款项目增加 500 000 元。

（7）报废固定资产、无形资产和其他长期资产损失 23 600 元。

（8）交易性金融资产公允价值上升 100 000 元。

（9）本期资产负债表存货项目减少 200 000 元，本期计提存货跌价准备 25 000 元。

（10）本期确认投资收益 7 600 000 元。

（11）本期计提资产减值准备 136 017 元。

7.4 | 现金流量表

7.4.1　现金流量表的概念和作用

1. 现金流量表的概念

现金流量表是指反映企业在一定会计期间现金和现金等价物流入和流出的报表。

从编制原则上看，现金流量表按照收付实现制原则编制，将权责发生制下的盈利信息调整为收付实现制下的现金流量信息，便于信息使用者了解企业净利润的质量。

从内容上看，现金流量表被划分为经营活动、投资活动和筹资活动三个部分，每类活动又分为各具体项目，这些项目从不同角度反映企业业务活动的现金流入与流出，弥补了资产负债表和利润表提供信息的不足。

2. 现金流量表的作用

物流企业编制现金流量表的主要目的是使财务报表使用者了解和评价企业获取现金和现金等价物的能力，并预测企业的未来现金流量。具体来讲，现金流量表的作用表现在以下几个方面：

（1）有助于评价企业的支付能力、偿债能力和周转能力。

（2）有助于预测企业未来现金流量。

（3）有助于分析企业收益质量和影响现金净流量的因素，掌握企业经营活动、投资活动和筹资活动的现金流量，从现金流量的角度了解净利润的质量，为分析判断企业的财务前景提供信息。

7.4.2 现金流量表的结构和内容

1. 现金流量表的结构

现金流量表由表头、正表和补充资料三部分内容组成：

（1）表头部分主要说明财务报表的名称、编制单位的名称和编制日期等信息。

（2）正表是现金流量表的主体，企业一定期间的现金流入、现金流出和现金净流量信息主要由正表提供。现金流量表正表采用报告式的结构，分类反映经营活动产生的现金流量、投资活动产生的现金流量和筹资活动产生的现金流量，最后汇总反映企业现金及现金等价物净增加额。在有外币现金流量及境外子公司的现金流量折算为人民币的企业，正表中还应单设"汇率变动对现金及现金等价物的影响"项目。

（3）补充资料部分主要包括三部分内容：

① 将净利润调节为经营活动的现金流量。

② 不涉及现金收支的投资和筹资活动。

③ 现金及现金等价物净增加情况。

2. 现金流量表的内容

根据物流企业业务活动的性质和现金流量的来源，现金流量表在结构上将企业一定期间产生的现金流量分为三类，即经营活动产生的现金流量、投资活动产生的现金流量和筹资活动产生的现金流量。

（1）经营活动产生的现金流量。经营活动是指企业投资活动和筹资活动以外的所有交易和事项，包括销售商品或提供劳务、购买商品或接受劳务、收到返还的税费、经营性租赁、支付工资、支付广告费用、缴纳各项税款等。

（2）投资活动产生的现金流量。投资活动是指企业长期资产的购建和不包括在现金等价物范围内的投资及其处置活动，包括取得和收回投资、购建和处置固定资产、购买和处置无形资产等。

（3）筹资活动产生的现金流量。筹资活动是指导致企业资本及债务规模和构成发生变化的活动，包括发行股票或接受投入资本、分派现金股利、取得和偿还银行借款、发行和偿还公司债券等。

"短期借款""长期借款""应付债券""长期应付款""应付利息"账户核算的有关影响现金流量的业务属于筹资活动。

现金流量表的具体格式如表 7-6 所示。

表 7-6 　　　　　　　　　　　　　　　　　　**现金流量表**

编制单位：　　　　　　　　　　　年度　　　　　　　　　　　　金额单位：元

项目	本期金额	上期金额
一、经营活动产生的现金流量		
销售商品、提供劳务收到的现金		
收到的税费返还		
收到的其他与经营活动有关的现金		

（续表）

项目	本期金额	上期金额
经营活动现金流入小计		
购买商品、接受劳务支付的现金		
支付给职工以及为职工支付的现金		
支付的各项税费		
支付其他与经营活动有关的现金		
经营活动现金流出小计		
经营活动产生的现金流量净额		
二、投资活动产生的现金流量		
收回投资收到的现金		
取得投资收益收到的现金		
处置固定资产、无形资产和其他长期资产收回的现金净额		
处置子公司及其他营业单位收到的现金净额		
收到其他与投资活动有关的现金		
投资活动现金流入小计		
购建固定资产、无形资产和其他长期资产支付的现金		
投资支付的现金		
取得子公司及其他营业单位支付的现金净额		
支付其他与投资活动有关的现金		
投资活动现金流出小计		
投资活动产生的现金流量净额		
三、筹资活动产生的现金流量		
吸收投资收到的现金		
取得借款收到的现金		
收到其他与筹资活动有关的现金		
筹资活动现金流入小计		
偿还债务支付的现金		
分配股利、利润或偿付利息支付的现金		
支付其他与筹资活动有关的现金		
筹资活动现金流出小计		
筹资活动产生的现金流量净额		
四、汇率变动对现金及现金等价物的影响		
五、现金及现金等价物净增加额		
加：期初现金及现金等价物余额		
六、期末现金及现金等价物余额		

7.4.3　现金流量表的编制方法和程序

1. 现金流量表的编制方法

编制现金流量表时,列报经营活动现金流量的方法有直接法和间接法两种。

(1) 直接法。在直接法下,一般是以利润表中的营业收入为起算点,调节与经营活动有关的项目的增减变动,然后计算出经营活动产生的现金流量。

采用直接法编报的现金流量表,便于企业分析经营活动产生的现金流量的来源和用途,预测企业现金流量的未来前景。

(2) 间接法。在间接法下,将净利润调节为经营活动现金流量,实际上就是将按权责发生制原则确定的净利润调整为现金净流入,并剔除投资活动和筹资活动对现金流量的影响。

采用间接法编报现金流量表,便于将净利润与经营活动产生的现金流量净额进行比较,从而了解净利润与经营活动产生的现金流量之间存在差异的原因,从现金流量的角度分析净利润的质量。

延伸阅读 7-2

我国《企业会计准则》规定,现金流量表主表须采用直接法编制,同时要求在现金流量表附注中披露将净利润调节为经营活动现金流量的信息,也就是用间接法来计算出经营活动的现金流量。

2. 现金流量表的编制程序

在具体编制现金流量表时,可以采用工作底稿法或 T 型账户法,也可以根据有关账户记录分析填列。

1) 工作底稿法

工作底稿法是以工作底稿为手段,以利润表和资产负债表数据为基础,结合有关账户的记录,对现金流量表的每一项目进行分析并编制调整分录,从而编制出现金流量表的一种方法。其编制程序是:

第一步,将资产负债表的年初余额和期末余额过入工作底稿的期初数栏和期末数栏。

第二步,对当期业务进行分析并编制调整分录。编制调整分录时,要以利润表项目为基础,从"营业收入"开始,结合资产负债表项目逐一进行分析。在调整分录中,有关现金及现金等价物的事项,并不直接借记或贷记现金,而是分别记入"经营活动产生的现金流量""投资活动产生的现金流量""筹资活动产生的现金流量"等项目,借记表明现金流入,贷记表明现金流出。

第三步,将调整分录过入工作底稿中的相应部分。

第四步,核对调整分录,借贷合计应当相等,资产负债表项目期初数加减调整分录中的借贷金额以后,应当等于期末数。

第五步,根据工作底稿中的现金流量表项目部分编制正式的现金流量表。

2) T 型账户法

T 型账户法是先将所有的非现金账户分别开设一个 T 型账户,现金及等价物单独开设 T 型账户。然后分析每一个非现金项目的变化,编制出与工作底稿法类似的调整分录。再将这些分录过入对应的 T 型账户。最后根据现金及现金等价物的 T 型账户编制现金流量表。其编制程序是:

第一步,为所有的非现金项目(包括资产负债表项目和利润表项目)分别开设T型账户,并将各自的期末期初变动数记入各该账户。

第二步,开设一个大的"现金及现金等价物"T型账户,每边分为经营活动、投资活动和筹资活动三个部分,左边记现金流入,右边记现金流出。与其他账户一样,过入期末期初变动数。

第三步,以利润表项目为基础,结合资产负债表分析每一个非现金项目的增减变动,并据此编制调整分录。

第四步,将调整分录过入各T型账户,并进行核对。该账户借贷相抵后的余额与原先过入的期末期初变动数应当一致。

第五步,根据大的"现金及现金等价物"T型账户编制正式的现金流量表。

3)分析填列法

分析填列法是直接根据资产负债表、利润表和有关会计账户明细账的记录,分析计算出现金流量表各项目的金额,并据以编制现金流量表的一种方法。

7.4.4 现金流量表的填列

1. 经营活动产生的现金流量的填列

(1)销售商品、提供劳务收到的现金。该项目反映本期销售商品、提供劳务收到的现金,以及前期销售商品、提供劳务本期收到的现金和本期预收的款项,减去本期销售本期退回的商品和前期销售本期退回的商品支付的现金。企业销售材料和代购代销业务收到的现金也在本项目反映。

【例7-3】 SF物流公司本期销售一批商品,其开出的增值税专用发票上注明的销售价款为1 400 000元,增值税销项税额为224 000元,以银行存款收讫;应收票据期初余额为135 000元,期末余额为30 000元;应收账款期初余额为500 000元,期末余额为200 000元;年度内核销的坏账损失为10 000元。另外,本期因商品质量问题发生退货,支付银行存款15 000元,货款已通过银行转账支付。

本期销售商品、提供劳务收到的现金计算如下:

本期销售商品收到的现金	1 624 000元
加:本期收到前期的应收票据(135 000—30 000)	105 000元
本期收到前期的应收账款(500 000—200 000—10 000)	290 000元
减:本期因销售退回支付的现金	15 000元
本期销售商品、提供劳务收到的现金	2 004 000元

(2)收到的税费返还。该项目反映企业收到返还的各种税费,如增值税、所得税、消费税、关税和教育费附加返还款等。

【例7-4】 SF物流公司前期出口商品一批,已缴纳增值税,按规定应退增值税4 250元,前期未退,本期以转账方式收讫;本期收到退回的关税税款9 000元、收到的教育费附加返还款11 500元,款项已存入银行。

本期收到的税费返还计算如下:

本期收到的出口退增值税税额	4 250 元
加:收到的退关税税额	9 000 元
收到的退教育费附加返还额	11 500 元
本期收到的税费返还	24 750 元

（3）收到其他与经营活动有关的现金。该项目反映除上述项目外，收到的其他与经营活动有关的现金，如罚款收入、租赁收入、经营租赁固定资产收到的现金、流动资产损失中由个人赔偿的现金收入、除税费返还外的其他政府补助收入等。其他与经营活动有关的现金，如果其价值较大，应单独列示。

（4）购买商品、接受劳务支付的现金。项目反映本期购买商品、接受劳务支付的现金，以及本期支付前期购买商品、接受劳务的未付款项和本期预付款项，减去本期发生的购货退回收到的现金。

【例 7-5】 SF 物流公司本期购买原材料，收到的增值税专用发票上注明的材料价款为75 000 元，增值税进项税额为 12 000 元，款项已通过银行转账支付；本期支付应付票据50 000 元；用银行汇票支付材料价款，收到银行转来的银行汇票余款收账通知，余款 1 170元，材料及运费 49 900 元，其相应的增值税为 7 984 元；购买工程用物资 75 000 元，货款已通过银行转账支付。

本期购买商品、接受劳务支付的现金计算如下：

本期购买原材料支付的价款	75 000 元
本期购买原材料支付的增值税进项税额	12 000 元
本期购买材料及支付运费的价款	49 900 元
本期购买材料及支付运费的增值税进项税额	7 984 元
加:本期支付的应付票据	50 000 元
购买商品、接受劳务支付的现金	194 884 元

（5）支付给职工以及为职工支付的现金。该项目反映企业实际支付给职工的现金以及为职工支付的现金，包括企业为获得职工提供的服务，本期实际给予各种形式的报酬及其他相关支出以及为职工支付的其他费用，不包括支付给在建工程人员的工资。

（6）支付的各项税费。该项目反映企业按规定支付的各项税费，包括本期发生并支付的税费，以及本期支付以前各期发生的税费和预交的税金，如支付的教育费附加、印花税、房产税、土地增值税、车船税、增值税、所得税等，不包括本期退回的增值税、所得税。

【例 7-6】 SF 物流公司本期向税务机关缴纳增值税 17 000 元；本期发生的所得税1 550 000元已全部缴纳；企业期初未交所得税 140 000 元；期末未交所得税 60 000 元。

本期支付的各项税费计算如下：

本期支付的增值税税额	17 000 元
加:本期发生并缴纳的所得税额	1 550 000 元
前期发生本期缴纳的所得税税额(140 000－60 000)	80 000 元
支付的各项税费	1 647 000 元

（7）支付其他与经营活动有关的现金。该项反映除上述项目外，支付的其他与经营活动有关的现金，如罚款支出、支付的差旅费、业务招待费、保险费、经营租赁支付的现金等。

其他与经营活动有关的现金,如果其价值较大,应单独列示。

2. 投资活动产生的现金流量的填列

(1)收回投资收到的现金。该项目反映企业出售、转让或到期收回除现金等价物以外的以公允价值计量且其变动计入当期损益的金融资产、以摊余成本计量的金融资产、以公允价值计量且其变动计入其他综合收益的金融资产、长期股权投资等而收到的现金,不包括债权性投资收回的利息、收回的非现金资产,以及处置子公司及其他营业单位收到的现金净额。

【例7-7】 SF物流公司某项权益性投资本金为2 500 000元,公司出售该投资,收回的全部投资金额为2 400 000元;收回公司债权性投资本金1 750 000元,公司出售该投资,收回的全部投资金额为2 050 000元,其中300 000元是债券利息。

本期收回投资收到的现金计算如下:

收回权益性投资金额	2 400 000元
加:收回债权性投资本金	1 750 000元
收回投资收到的现金	4 150 000元

(2)取得投资收益收到的现金。该项目反映企业因股权性投资而分得的现金股利,从子公司、联营企业或合营企业分回利润而收到的现金,因债权性投资而取得的现金利息收入。股票股利不在本项目中反映。

【例7-8】 SF物流公司期初长期投资余额10 000 000元,均为股票投资,其中7 500 000元投资于A企业,占其股本的75%,采用权益法核算,另外1 000 000元和1 500 000元分别投资于B企业和C企业,各占接受投资企业总股本的5%和10%,采用成本法核算。期末长期投资余额为14 500 000元;当年A企业盈利10 000 000元,分配现金股利4 000 000元;B企业亏损,没有分配股利;C企业盈利3 000 000元,分配现金股利1 000 000元。公司已如数收到现金股利。

本期取得投资收益所收到的现金计算如下:

取得A企业实际分回的投资收益(4 000 000×75%)	3 000 000元
加:取得B企业实际分回的投资收益	0
取得C企业实际分回的投资收益(1 000 000×10%)	100 000元
取得投资收益收到的现金	3 100 000元

(3)处置固定资产、无形资产和其他长期资产收回的现金净额。该项目反映企业出售固定资产、无形资产和其他长期资产所取得的现金,减去为处置这些资产而支付的有关费用后的净额。由于自然灾害等原因所造成的固定资产等长期资产报废、毁损而收到的保险赔偿收入,在本项目中反映。

【例7-9】 SF物流公司出售一台不需用设备,收到价款150 000元。该设备原价200 000元,已计提折旧75 000元。支付该项设备拆卸费用1 000元,运输费用400元,设备已由购入单位运走。

本期处置固定资产、无形资产和其他长期资产收回的现金净额计算如下:

本期出售固定资产收到的现金	150 000元
减:支付出售固定资产的清理费用(1 000+400)	1 400元
处置固定资产、无形资产和其他长期资产收回的现金净额	148 600元

（4）处置子公司及其他营业单位收到的现金净额。该项目反映企业处置子公司及其他营业单位所取得的现金减去子公司及其他营业单位持有的现金和现金等价物以及相关处置费用后的净额。

（5）收到其他与投资活动有关的现金。该项目反映企业除上述项目外，收到的其他与投资活动有关的现金。其他与投资活动有关的现金，如果其价值较大，应单独列示。

（6）购建固定资产、无形资产和其他长期资产支付的现金。该项目反映企业购买、建造固定资产，取得无形资产和其他长期资产支付的现金，包括购买机器设备所支付的现金及增值税款、建造工程支付的现金、支付在建工程人员的工资等现金支出，不包括为购建固定资产、无形资产和其他长期资产而发生的借款利息资本化部分，以及融资租入固定资产所支付的租赁费。

【例7-10】 SF物流公司购入房屋一幢，价款9 250 000元，通过银行转账9 000 000元，其他价款用公司存货抵偿。为在建厂房购进建筑材料一批，价值为800 000元，价款已通过银行转账支付。

本期购建固定资产、无形资产和其他长期资产所支付的现金计算如下：

购买房屋支付的现金	9 000 000元
加：为在建工程购买材料支付的现金	800 000元
购建固定资产、无形资产和其他长期资产支付的现金	9 800 000元

（7）投资支付的现金。该项目反映企业进行权益性投资和债权性投资所支付的现金，包括企业取得除现金等价物以外的以公允价值计量且其变动计入当期损益的金融资产、以摊余成本计量的金融资产、以公允价值计量且其变动计入其他综合收益的金融资产、长期股权投资而支付的现金，以及支付的佣金、手续费等交易费用。

【例7-11】 SF物流公司以银行存款10 000 000元分别投资于A企业、B企业和C企业，其中，7 500 000元投资于A企业，占其股本总额的45％，采用权益法核算；1 000 000元投资于B企业，占其股本总额的50％，采用成本法核算；1 500 000元投资于C企业，占其股本总额的60％，采用成本法核算。此外，购买中国建设银行发行的金融债券，面值总额1 000 000元，票面利率8％，实际支付金额为1 020 000元。

本期投资所支付的现金计算如下：

投资于A企业的现金总额	7 500 000元
加：投资于B企业的现金总额	1 000 000元
投资于C企业的现金总额	1 500 000元
投资于中国建设银行金融债券的现金总额	1 020 000元
投资支付的现金	11 020 000元

（8）取得子公司及其他营业单位支付的现金净额。该项目反映企业取得子公司及其他营业单位购买出价中以现金支付的部分，减去子公司及其他营业单位持有的现金和现金等价物后的净额，可根据有关项目的记录分析填列。

（9）支付其他与投资活动有关的现金。该项目反映企业除上述项目外，支付的其他与投资活动有关的现金。其他与投资活动有关的现金，如果其价值较大，应单独列示。

3. 筹资活动产生的现金流量的填列

（1）吸收投资收到的现金。该项目反映企业以发行股票、债券等方式筹集资金实际收到的款项净额(发行收入减去支付的佣金等发行费用后的净额)。以发行股票等方式筹集资金而由企业直接支付的审计、咨询等费用,不在本项目中反映。由金融企业直接支付的手续费、宣传费、咨询费、印刷费等费用,从发行股票、债券取得的现金收入中扣除,以净额列示。

【例7-12】 SF物流公司对外公开募集股份5 000 000股,每股1元,发行价每股1.1元,代理发行的证券公司为其支付的各种费用共计75 000元。此外,SF物流公司为建设新项目,批准发行10 000 000元的长期债券。与证券公司签署的协议规定:该批长期债券委托证券公司代理发行,发行手续费为发行总额的3.5%,宣传及印刷费由证券公司代为支付,并从发行总额中扣除。SF物流公司至委托协议签署为止,已支付咨询费、公证费等2 900元。证券公司按面值发行,价款全部收到,支付宣传及印刷费等各种费用57 100元。按协议将发行款划至SF物流公司在银行的存款账户上。

本期吸收投资所收到的现金计算如下:

发行股票取得的现金	5 425 000元
其中:发行总额(5 000 000×1.1)	5 500 000元
减:发行费用	75 000元
加:发行债券取得的现金	9 592 900元
其中:发行总额	10 000 000元
减:发行手续费(10 000 000×3.5%)	350 000元
减:证券公司代付的各种费用	57 100元
吸收投资收到的现金	15 017 900元

(2)取得借款收到的现金。该项目反映企业举借各种短期、长期借款而收到的现金。

(3)收到其他与筹资活动有关的现金。该项目反映企业除上述项目外,收到的其他与筹资活动有关的现金。其他与筹资活动有关的现金,如果其价值较大,应单独列示。

(4)偿还债务支付的现金。该项目反映企业以现金偿还债务的本金,包括归还金融企业的借款本金、偿付到期的债券本金等。

(5)分配股利、利润或偿付利息支付的现金。该项目反映企业实际支付的现金股利、支付给其他投资单位的利润或用现金支付的借款利息、债券利息。不同用途的借款,如在建工程、财务费用等均在本项目中反映。

【例7-13】 SF物流公司期初应付现金股利为105 000元,本期宣告并发放现金股利250 000元,期末应付现金股利60 000元。

本期分配股利、利润或偿付利息支付的现金计算如下:

本期宣告并发放的现金股利	250 000元
加:本期支付的前期应付股利(105 000-60 000)	45 000元
分配股利、利润或偿付利息支付的现金	295 000元

(6)支付其他与投资活动有关的现金。该项目反映企业除上述项目外,支付的其他与筹资活动有关的现金。其他与筹资活动有关的现金,如果其价值较大,应单独列示。

4. 汇率变动对现金及现金等价物的影响

汇率变动对现金及现金等价物的影响是指企业外币现金流量及境外子公司的现金流量折算成记账本位币时,所采用的是现金流量发生日的汇率或按照系统合理的方法确定的与现金流量发生日即期汇率近似的汇率,而现金流量表中的"现金及现金等价物净增加额"项目中外币现金净增加额是按资产负债表日的即期汇率折算。这两者之间的差额为汇率变动对现金的影响。

5. 现金流量表补充资料

除现金流量表反映的信息外,企业还应在附注中披露将净利润调节为经营活动现金流量、不涉及现金收支的重大投资或筹资活动、现金及现金等价物净变动情况等信息。

(1) 将净利润调节为经营活动现金流量。补充资料中的"将净利润调节为经营活动现金流量",实际上是以间接法编制的经营活动的现金流量。间接法是以净利润为出发点,通过对若干项目的调整,最终计算确定经营活动产生的现金流量。其基本原理是:

$$经营活动产生的现金流量净额 = 净利润 + 不影响经营活动现金流量但减少净利润的项目$$
$$- 不影响经营活动现金流量但增加净利润的项目$$
$$+ 与净利润无关但增加经营活动现金流量的项目$$
$$- 与净利润无关但减少经营活动现金流量的项目$$

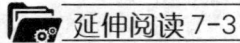

延伸阅读 7-3

采用间接法列报经营活动现金流量的调整项目

采用间接法列报经营活动产生的现金流量时,需要对四大类项目进行调整:

(1) 实际没有支付现金的费用。

(2) 实际没有收到现金的收益。

(3) 不属于经营活动的损益。

(4) 经营性应收应付项目的增减变动。

(2) 不涉及现金收支的重大投资或筹资活动。不涉及现金收支的重大投资和筹资活动,反映企业一定期间内影响资产或负债但不形成该期现金收支的所有投资和筹资活动的信息。这些投资或筹资活动虽然不涉及现金收支,但对以后各期的现金流量有重大影响,例如,企业融资租入设备,将形成的负债记入"长期应付款"账户,当期并不支付设备款及租金,但以后各期必须为此支付现金,从而在一定期间内形成了一项固定的现金支出。

企业应当在附注中披露不涉及当期现金收支、但影响企业财务状况或在未来可能影响企业现金流量的重大投资和筹资活动,主要包括:

① 债务转为资本,反映企业本期转为资本的债务金额。

② 1 年内到期的可转换公司债券,反映企业 1 年内到期的可转换公司债券的本息。

③ 融资租入固定资产,反映企业本期融资租入固定资产。

【例 7-14】 SF 物流公司 2×19 年度的现金流量表如表 7-7 所示。

表 7-7　　　　　　　　　　　　　　　　**现金流量表**

编制单位:SF 物流公司　　　　　　　2×19 年度　　　　　　　　　　　　　金额单位:元

项目	本期金额	上期金额(略)
一、经营活动产生的现金流量		
销售商品、提供劳务收到的现金	2 018 000	
收到的税费返还	29 750	
收到的其他与经营活动有关的现金	0	

（续表）

项目	本期金额	上期金额（略）
经营活动现金流入小计	2 047 750	
购买商品、接受劳务支付的现金	196 133	
支付给职工以及为职工支付的现金	120 133	
支付的各项税费	1 647 000	
支付其他与经营活动有关的现金	0	
经营活动现金流出小计	1 963 133	
经营活动产生的现金流量净额	84 617	
二、投资活动产生的现金流量		
收回投资收到的现金	4 150 000	
取得投资收益收到的现金	3 100 000	
处置固定资产、无形资产和其他长期资产收回的现金净额	148 600	
处置子公司及其他营业单位收到的现金净额	0	
收到其他与投资活动有关的现金	4 200 000	
投资活动现金流入小计	11 598 600	
购建固定资产、无形资产和其他长期资产支付的现金	9 800 000	
投资支付的现金	11 020 000	
取得子公司及其他营业单位支付的现金净额	0	
支付其他与投资活动有关的现金	0	
投资活动现金流出小计	20 820 000	
投资活动产生的现金流量净额	−9 221 400	
三、筹资活动产生的现金流量		
吸收投资收到的现金	15 017 900	
取得借款收到的现金	320 000	
收到其他与筹资活动有关的现金	0	
筹资活动现金流入小计	15 337 900	
偿还债务支付的现金	1 000 000	
分配股利、利润或偿付利息支付的现金	295 000	
支付其他与筹资活动有关的现金	0	
筹资活动现金流出小计	1 295 000	
筹资活动产生的现金流量净额	14 042 900	
四、汇率变动对现金及现金等价物的影响	0	
五、现金及现金等价物净增加额	4 906 117	
加：期初现金及现金等价物余额	1 125 040	
六、期末现金及现金等价物余额	6 031 157	

【例 7-15】 SF 物流公司 2×19 年实现净利润 5 900 000 元，其他资料如下：

（1）本期摊销长期待摊费用 150 000 元，其中计入生产成本 80 000 元、制造费用 50 000

元、管理费用 20 000 元。

（2）本期折旧总额 750 000 元，其中计入制造费用 350 000 元、管理费用 250 000 元、销售费用 100 000 元。

（3）本期管理费用 31 000 元，其中，坏账准备 21 000，商誉摊销 10 000 元。

（4）本期无形资产摊销 650 000 元，计入管理费用。

（5）本期资产负债表应收账款项目增加 400 000 元，本期计提坏账准备 100 000 元。

（6）本期资产负债表应付账款项目增加 500 000 元。

（7）处置固定资产、无形资产和其他长期资产的损失 23 600 元。

（8）交易性金融资产公允价值上升 100 000 元。

（9）本期资产负债表存货项目减少 200 000 元，本期计提存货跌价准备 25 000 元。

（10）本期确认投资收益 7 600 000 元。

（11）本期计提资产减值准备 136 017 元。

根据以上资料，编制现金流量表补充资料，如表 7-8 所示。

表 7-8　　　　　　　　　　　　　**现金流量表**　　　　　　　　　　　金额单位：元

补充资料	本期金额	上期金额（略）
1. 将净利润调节为经营活动现金流量		
净利润	5 900 000	
加：资产减值准备	136 017	
固定资产折旧、油气资产折耗、生产性生物资产折旧	750 000	
无形资产摊销	650 000	
长期待摊费用摊销	150 000	
处置固定资产、无形资产和其他长期资产的损失（收益以"－"号填列）	23 600	
固定资产报废损失（收益以"－"号填列）	0	
公允价值变动损失（收益以"－"号填列）	−100 000	
财务费用（收益以"－"号填列）	0	
投资损失（收益以"－"号填列）	−7 600 000	
递延所得税资产的减少（增加以"－"号填列）	0	
递延所得税负债的增加（减少以"－"号填列）	0	
存货的减少（增加以"－"号填列）	175 000	
经营性应收项目的减少（增加以"－"号填列）	−500 000	
经营性应付项目的增加（减少以"－"号填列）	500 000	
其他	0	
经营活动产生现金流量净额	84 617	
2. 不涉及现金收支的重大投资和筹资活动		
债务转为资本	0	
一年内到期的可转换公司债券	0	
融资租入固定资产	0	
3. 现金及现金等价物净变动情况		

(续表)

补充资料	本期金额	上期金额(略)
现金的期末余额	6 031 157	
减:现金的期初余额	1 125 040	
加:现金等价物的期末余额	0	
减:现金等价物的期初余额	0	
现金及现金等价物净增加额	4 906 117	

7.5 | 财务报表的报送与审核

为了充分发挥财务会计报表的作用,各单位在编制报表后应按照规定的期限和程序及时报送上级主管部门和其他有关单位。上级主管部门对上报的财务会计报表应及时组织审查和汇总。

7.5.1 财务报表的报送

企业在报送财务会计报表之前,必须由本单位会计主管人员和企业负责人进行认真的复核。主要是复核报表的项目是否齐全,补充资料填列是否完整,是否附有必要的编制说明,报表与报表的有关指标是否衔接一致。经审核无误后,应将财务会计报表依次编订页数,加具封面,装订成册,加盖公章。

封面上应注明:企业名称、地址、报表所属年度、月份、送出日期等,并由公司法定代表人、总会计师和会计主管人员签名或盖章。

基层企业财务会计报表报送的单位一般包括:上级主管部门、财税部门、开户银行、投资人等。另外,国家财政、审计、税务、人民银行、证券监管等部门应依照有关法规规定的职责,对有关单位的会计资料实施监督检查。

财务会计报表的报出应在规定的时限内,根据《企业会计制度》的规定,月度会计报表应于月份终了后 6 天内报出,期中会计报表应于年度终了后 60 天内报出,年度会计报表应于年度终了后 4 个月内报出。

7.5.2 财务报表的审核

财税部门、开户银行和上级主管部门对报送的会计报表应当认真审核,审核的主要内容包括:

(1)审核财务会计报表的编制是否符合会计制度的有关规定,如报表的项目和指标是否填列齐全,报表的种类和份数是否是按规定报送的等。

(2)审核财务会计报表的内容是否真实可靠,是否是按照会计核算的一般原则进行确认和计量的。

(3)审核各项指标的完成情况。

在审核过程中,如果发现报表编制有错误,或不符合制度规定的要求,应及时通知填报单位进行更正,如果发现有违反财经纪律的情况,应查明原因,及时纠正,严肃处理。

7.5.3　财务报表汇总

汇总财务会计报表是根据所属各企业财务会计报告和汇编单位本身的财务会计报表加以整理和汇总而成的,以反映各级汇总单位所属企业整体的财务状况和经营情况。

各级主管部门在汇编时,必须注意汇编的单位是否齐全,对所属各单位的财务会计报表必须全面地加以汇编,不得漏报和漏编。

汇总财务会计报表的编制方法是按照所属单位的报表资料加以汇总,但有一部分项目不能简单地加计总数,而应在日常核算资料的基础上重新计算分析。

重 要 概 念

财务报表　资产负债表　利润表　现金流量表

思 考 题

1. 什么是财务报表? 编制财务报表的目的和意义是什么?
2. 什么是资产负债表? 资产负债表各项目的填列方法是什么?
3. 什么是利润表? 利润表所反映的内容及各项目的填列方法是什么?
4. 什么是现金流量表? 现金流量表所反映的内容是什么?
5. 现金流量表各项目的填列方法是什么?
6. 财务报表审核的内容是什么?

第8章 物流企业税金的核算及纳税申报

内容提要

本章主要阐述物流企业税金的核算及纳税申报。物流企业交纳的税金,具体包括增值税、城市维护建设税、城镇土地使用税、房产税、车船税以及企业所得税等。

重点难点

本章重点为物流企业税金的核算及纳税申报,难点为纳税申报。

学习目标

通过本章的学习,学生应了解税金的核算及纳税申报,掌握税金核算的相关知识,为学习物流企业会计核算实务奠定基础。

知识框架

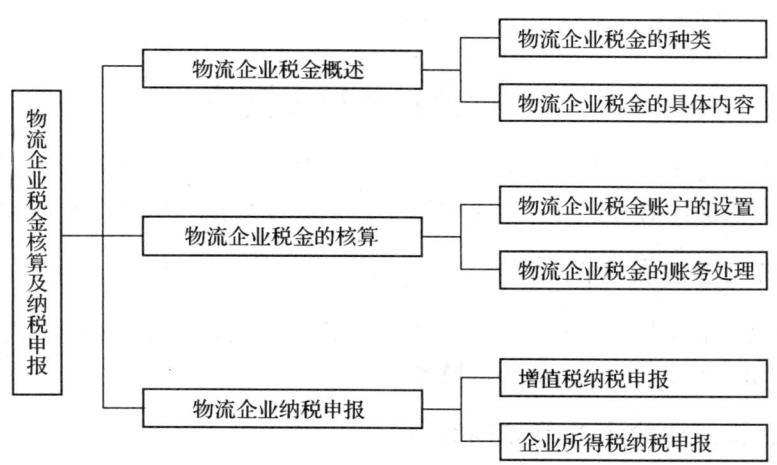

引例 医药商业如何实现降低费用增加效益

据有关信息透露,2010年医药经营行业总体费用率为5.16％,比上年下降1.29％,而行业平均毛利率为7.09％,比上年上升0.03％,行业总体呈现降费增效的态势。但随着CPI、PPI等物价指数不断上升,费用增加、成本上涨导致企业经营压力不断加大。如何在不断上涨的经营成本下,医药商业实现降费增效,是当前需要认真探讨和分析的重要问题。

医药经营企业在业务运营过程中,影响费用总水平的因素主要是物流成本、人工成本、销售费用及财务用等。

(1) 物流成本主要包括燃油、路桥、保险等配送费用,以及物流托运费用。

(2) 人工成本主要包括人工工资、社保统筹、人员培训、绩效奖励等费用。

(3) 销售费用主要包括年销返利、商业促销费用、临床营销费用等。

(4) 财务费用主要包括财务融资费用、应收及预付资金占用,以及相关税费等。

那么,通过哪些方法可以降低经营费用提高经营效益呢?

医药商业由于毛利低、费用大,需要在降费和增效方面寻求更多办法。总体来说,就是抓销售、毛利提升,抓费用、成本控制,抓效益、效率提高,抓开源、节流深化,抓科技、管理创新。

(1) 提高规模销量,即在控制总体费用的前提下,通过扩大销量降低综合费用率。主要方式:一是抓网络;二是抓品种。

(2) 提升毛利水平,即采取各种方式不断提升整体收入水平。主要方式:一是增加经营毛利;二是开拓多种收入来源。

(3) 控制配送费用,即通过加强配送管理,降低配送储运成本。主要方式:一是提高配送满载率;二是优化配送路径;三是控制在途运输费用。

(4) 贵廉药品价格搭配,即通过销售开票、市场促销环节,通过提高单次销售金额来降低费用率。主要方式:一是在销售开票时,尽量要求客户对价格相对较高的品种进行一定的基础采购,做到价高、价低品种有机搭配;二是推动大品种和量小品种销售搭配,在客户采购大品种时,加强对小品种的推销,增加销售开票的品种件数。

(5) 运用现代化物流技术,即加快医药物流项目建设,引进现代医药物流技术,推动物流配送方式转型。主要方式:一是提升库容使用率;二是提高储运发货速度;三是增强分拣调度准确性。

8.1 | 物流企业税金概述

税金是指政府为了提供公共服务及公共财产,依照法律规定,对个人或民间企业(法人)无偿征收货币或资源的总称。物流企业作为企业单位,需要依照税法规定向国家缴纳税金。

8.1.1 物流企业税金的种类

物流企业在日常经营过程中,经常会发生一些税费,如增值税、城市维护建设税、城镇土地使用税、房产税、车船税、印花税、所得税等。

8.1.2 物流企业税金的具体内容

1. 增值税

增值税是指对我国境内销售货物、进口货物,或提供加工、修理修配劳务、应税服务(具体包括交通运输服务、建筑服务、电信服务、邮政服务、金融服务、生活服务、现代服务等)以及销售无形资产、不动产的增值额征收的一种流转税。增值税的纳税人是在我国境内销售货物、进口货物,或提供加工、修理修配劳务、应税服务以及销售无形资产、不动产的单位和个人。

按照纳税人的经营规模及会计核算的健全程度,增值税纳税人分为一般纳税人和小规模纳税人。一般纳税人应纳增值税额,根据当期销项额减去当期进项额计算确定;小规模纳税人应纳增值税额,按照销售额和规定的征收率计算确定。

1) 一般纳税人应交增值税的计算

根据税法规定,一般纳税人是指年应征增值税销售额,超过财政部、国家税务总局规定的小规模纳税人标准(年应税销售额500万)的企业和企业性单位。

一般纳税人的税率设为以下几挡:13％、9％和6％以及零税率。一般纳税人购入货物或接受劳务及服务支付的增值税(即进项税额),允许从销项税额中抵扣。

$$一般纳税人当期应纳税额 = 当期销项税额 - 当期进项税额 + 进项税额转出$$

(1) 当期销项税额的计算。销项税额是纳税人销售货物或提供应税劳务及服务,按照销售额和税率计算并向购买方收取的增值税额,其计算方法为:

$$销项税额 = 销售额 \times 适用税率$$

需要注意的是,由于增值税是价外税,因此,公式中的销售额为不含税价款,若为含税价应先还原为不含税销售额,其换算公式为:

$$不含税销售额 = 含税销售额 \div (1 + 税率)$$

(2) 当期进项税额的核算。进项税额是指纳税人购进货物或者接受应税劳务及服务支付或者负担的增值税额。

a. 进项税额允许抵扣的情况。根据我国增值税法规定,一般纳税人的进项税额准予从销项税额中抵扣的情况为:

第一,从销货方取得的增值税专用发票上注明的增值税税额。需要注意的是,自2009年1月1日起,我国开始实行消费型增值税,企业当期外购的生产经营用固定资产(非不动产)的增值税进项税额,允许从当期的销项税额中抵扣。

第二,从海关取得的海关进口增值税专用缴款书上注明的增值税税额。

第三,购进农产品,准予从销项税额中抵扣产品买价和9％的扣除率计算的进项税额;纳税人购进用于生产或者委托加工13％税率货物的农产品,按照10％的扣除率计算进项税额。

b. 进项税额不允许抵扣的情况。下列项目中的进项税额不得从销项税额中抵扣:

第一,将购进货物改变用途,如用于集体福利或个人消费等。

第二,购进的货物因管理不善造成的被盗、丢失、霉烂变质而发生的非常损失(不包括自然灾害造成的损失)。

2) 小规模纳税人增值税的计算

小规模纳税企业应当按照不含税销售额和规定的增值税征收率计算交纳增值税,销售货物或提供应税劳务及服务时只能开具普通发票,不能开具增值税专用发票,但是可以找税务机关代开。小规模纳税企业不享有进项税额的抵扣权,其购进货物或接受应税劳务及服务支付的增值税直接计入有关货物或劳务及服务的成本。

小规模纳税人应纳增值税额采用简易办法计算,按照不含税销售额和征收率计算确定。小规模纳税人的增值税征收率一般为3%,其应纳增值税公式为:

$$应纳税额 = 不含税销售额 \times 征收率$$

$$不含税销售额 = 含税销售额 \div (1 + 3\%)$$

延伸阅读8-1

营业税改征增值税政策简介

2011年,经国务院批准,财政部、国家税务总局联合下发营业税改增值税试点方案。从2012年1月1日起,在上海交通运输业和部分现代服务业开展营业税改征增值税试点。至此,货物劳务税收制度的改革拉开序幕。自2012年8月1日起至2012年年底,国务院将扩大营改增试点至10省市,北京或9月启动。截至2013年8月1日,"营改增"范围已推广到全国试行。国务院总理李克强12月4日主持召开国务院常务会议,决定从2014年1月1日起,将铁路运输和邮政服务业纳入营业税改征增值税试点,至此交通运输业已全部纳入营改增范围。自2014年6月1日起,将电信业纳入营业税改征增值税试点范围。

2016年,已纳入"营改增"的行业减税规模估计有2 000亿元,金融业、房地产和建筑业、生活服务业等行业减税规模接近4 000亿元,2016年"营改增"减税总规模接近6 000亿元。"营改增"会确保所有行业的税负只减不增。

自2016年5月1日起,中国全面实施营改增,将建筑业、房地产业、金融业、生活服务业纳入试点范围。建筑业和房地产业税率确定为11%,金融业和生活服务业则确定为6%。从此营业税退出了历史舞台,增值税制度将更加规范。这是自1994年分税制改革以来,财税体制的又一次深刻变革。

延伸阅读8-2

营改增试点增值税税率表

征收范围	税率	具体内容
销售服务	6%	1. 电信服务:增值电信服务 2. 金融服务:贷款、直接收费、保险、金融商品装让服务 3. 现代服务:研发和技术、信息技术、文化创意、物流辅助、鉴证咨询、广播影视、商务辅助以及其他服务 4. 生活服务:文化体育、教育医疗、旅游娱乐、餐饮住宿、居民日常以及其他服务
	9%	1. 交通运输:陆路、水路、航空运输服务 2. 电信服务:基础电信服务 3. 邮政服务:普通、特殊以及其他邮政服务 4. 建筑服务:工程、安装、修缮、装饰以及其他服务 5. 现代服务:不动产融资、经营租赁服务
	13%	现代服务:有形动产融资、经营租赁
销售无形资产	6%	技术、商标、著作权、商誉、自然资源使用权以及其他
	9%	土地使用权
销售不动产	9%	建筑物、构筑物
其他	0	1. 国际运输 2. 航天运输 3. 向境外单位提供完全在境外消费的服务:研发、合同能源管理、设计服务、广播影视节目制作和发行、软件服务、电路设计及测试、信息系统、业务流程管理、离岸服务外包、转让技术

2016 年 4 月 30 日前签订的合同,符合财税〔2013〕106 号附件 4 和财税〔2015〕118 号规定的零税率或者免税政策条件的,在合同到期前可以继续销售零税率或者免税政策。

2. 企业所得税

企业所得税是对企业生产经营所得和其他所得征收的一种所得税。在中华人民共和国境内,企业和其他取得收入的组织为企业所得税的纳税人,依照《中华人民共和国企业所得税法》的规定缴纳企业所得税。企业所得税采取收入来源地管辖权和居民管辖权相结合的双重管辖权,把企业分为居民企业和非居民企业,分别确定不同的纳税义务。企业所得税实行比率税率,适用税率为 25％和 20％。企业所得税的应纳税额计算公式为:

$$应纳税额 = 应纳税所得额 × 适用税率 - 减免税额 - 抵免税额$$

3. 其他税金

其他税金是指除上述税金以外还会发生的一些税金,包括城市维护建设税、土地增值税、房产税、城镇土地使用税、车船税、教育费附加、所得税等。

1）城市维护建设税、教育费附加

城市维护建设税是以增值税、消费税为计税依据征收的一种税。其纳税人为交纳增值税、消费税的单位和个人,税率因纳税人所在地不同从 1％～7％不等。教育费附加是为了发展教育事业而向企业征收的附加费用,企业按应交流转税的一定比例计算交纳。城市维护建设税应纳税额计算公式为:

$$应纳税额 =（应交增值税 + 应交消费税）× 适用税率$$

2）房产税

房产税是国家对在城市、县城、建制县和工矿区征收的由产权所有人缴纳的一种税。房产税依照房产原值一次减除 10％～30％后的余额计算交纳。没有房产原值作为依据的,由房产所在地税务机关参考同类房产核定;房产出租的,以房产租金收入为房产税的计税依据。

3）城镇土地使用税

城镇土地使用税是国家为了合理利用城镇土地,调节土地级差收入,提高土地使用效益,加强土地管理而开征的一种税,以纳税人实际占用的土地面积为计税依据,依照规定税额计算征收。

4）车船税

车船税是指在中华人民共和国境内的车辆、船舶的所有人或者管理人应缴纳的一种税。车船税的征税范围是指在中华人民共和国境内属于车船税法所附《车船税税目税额表》规定的车辆、船舶。车船税采用定额税率,即对征税的车船规定单位固定税额。纳税人按照纳税地点所在的省、自治区、直辖市人民政府确定的具体适用税额缴纳车船税。

8.2 | 物流企业税金的核算

8.2.1 物流企业税金账户的设置

企业应设置"应交税费"账户,总括反映各种税费的缴纳情况,包括增值税、所得税、土地增值税、城市维护建设税、房产税、车船税、教育费附加等。此外,企业代扣代缴的个人所得税,也在本账户中核算。

"应交税费"账户按照应交税费的种类进行明细核算。该账户贷方登记应缴纳的各种税费等,借方登记实际缴纳的税费;期末余额一般在贷方,反映企业尚未缴纳的税费,期末余额如在借方,则反映企业多交或尚未抵扣的税费。

需要注意的是:企业缴纳的印花税、耕地占用税等不需要提前预计应交的税金,因此,不通过"应交税费"账户核算,而是在实际发生时,直接用银行存款交付。

1. 应交增值税账户设置

1) 一般纳税人增值税的账户设置

为了核算企业应交增值税的发生、抵扣、缴纳、退税及转出等情况,应在"应交税费"账户下设置"应交增值税""未交增值税"两个明细账户,并在"应交增值税"多栏式明细账内设置"进项税额""销项税额""出口退税""已交税金""进项税额转出"等专栏。增值税一般纳税人常用会计账户列示:

(1)"进项税额"专栏,核算的内容是企业购入货物、接受劳务及应税服务而支付的、准予从销项税额中抵扣的增值税额。对于企业购入货物或接受应税劳务支付的进项税额,用蓝色登记;退回所购货物应冲销的进项税额,用红字登记。

(2)"销项税额"专栏,记录企业销售货物、提供应税劳务及应税服务应收取的增值税额。企业销售货物、提供应税劳务及应税服务应收取销项税额,用蓝字登记;退回销售货物应冲销的销项税额,用红字登记。

(3)"已交税金"专栏,核算企业当月上缴本月增值税额。

(4)"进项税额转出"专栏,记录企业的购进货物、在产品、产成品等发生非正常损失以及其他原因而不应从销项税额中抵扣,按规定转出的进项税额。

(5)"出口退税"专栏,记录企业出口适用零税率的货物,向海关办理报关出口手续后,凭出口报关单等有关凭证,向税务机关申报办理出口退税而收到退回的税款。出口货物退回的增值税额,用蓝字登记;出口货物办理退税后发生退货或者退关而补交已退的税款,用红字登记。

(6)"转出未交增值税"专栏,核算企业月终转出应缴未缴的增值税。月末企业"应交税费——应交增值税"明细账出现贷方余额时,根据余额借记本账户,贷记"应交税费——未交增值税"账户。

(7)"转出多交增值税"用来核算一般纳税人企业月终转出多缴的增值税。月末企业"应交税费——应交增值税"明细账出现借方余额时,根据当前预缴税款与余额比较,按照较小金额借记"应交税费——未交增值税"账户,贷记本账户。

2) 小规模纳税人增值税核算的账户设置

小规模纳税企业只需在"应交税费"账户下设置"应交增值税"明细账户,不需要在"应交增值税"明细账户中设置专栏,"应交税费——应交增值税"账户贷方登记应交纳的增值税,借方登记已交纳的增值税;期末贷方余额为尚未交纳的增值税,借方余额为多交纳的增值税。

2. 其他应交税费账户设置

其他应交税费是指除上述应交税费以外的应交税费,包括应交城市维护建设税、应交城镇土地增值税、应交房产税、应交城镇土地使用税、应交车船税、应交教育费附加、应交所得税等。

企业应当在"应交税费"账户下设置相应的明细账户进行核算,贷方登记应交纳的有关税费,借方登记已交纳的相关税费,期末贷方余额表示尚未交纳的相关税费。

8.2.2 物流企业税金的账务处理

1. 物流企业在购销环节有关增值税的账务处理

(1)企业购进时,按专用发票注明的增值税额,作会计分录如下:

借:固定资产等账户
　　应交税费——应交增值税(进项税额)
　　　贷:银行存款等账户

购入货物发生的退货,作相反会计分录。

(2)企业接受投资转入的商品,按照专用发票上注明的增值税额,作会计分录如下:

借:库存商品
　　应交税费——应交增值税(进项税额)
　　　贷:实收资本

(3)企业接受捐赠转入的商品、物资等,按照专用发票上注明的增值税额,作会计分录如下:

借:库存商品等账户
　　应交税费——应交增值税(进项税额)
　　　贷:营业外收入

(4)企业接受应税劳务,按照专用发票上注明的增值税额,作会计分录如下:

借:其他业务支出
　　委托加工物资
　　销售费用
　　管理费用
　　应交税费——应交增值税(进项税额)
　　　贷:银行存款
　　　　　应付账款等账户

(5)企业提供服务,按照实现的销售收入和按规定收取的增值税额,作会计分录如下:

借:应收账款
　　银行存款等账户
　　　贷:应交税费——应交增值税(销项税额)
　　　　　主营业务收入

发生的销售退回,作相反会计分录。

(6)企业将购买的货物作为投资,提供给其他单位或个体经营者,应视同销售货物计算应交增值税,作会计分录如下:

借:长期股权投资
　　　贷:应交税费——应交增值税(销项税额)

(7) 企业将购买的货物无偿赠送他人,应视同销售货物计算应交增值税,作会计分录如下:

借:营业外支出
  贷:应交税费——应交增值税(销项税额)

(8) 企业购进的材料物资发生非正常损失,以及购进的物资改变用途等原因,其进项税额,应相应转入有关账户,作会计分录如下:

借:待处理财产损溢
  在建工程
  应付职工薪酬等账户
  贷:应交税费——应交增值税(进项税额转出)

属于转作待处理财产损失的部分,应与遭受非正常损失的购进货物的成本一并处理。

(9) 企业上交增值税时,作会计分录如下:

借:应交税费——应交增值税(已交税金)
  贷:银行存款

收到退回多交的增值税,作相反的会计分录。

2. 销售环节税金及附加的账务处理

销售环节应纳的税金及教育费附加除增值税以外,其余的都在"税金及附加"账户内核算,包括城市维护建设税、教育费附加、土地增值税等。该账户属损益类账户,借方主要登记应交纳的销售税金及附加,期末应将本账户余额结转至"本年利润"账户,结转后本账户应无余额。

商品销售环节交纳的"教育费附加"是指国家为了发展我国的教育事业,提高人民文化素质而征收的一种费用。这项费用按照企业交纳销售税金的一定比例计算,并与销售税金一起交纳。教育费附加一般按实际交纳的增值税、消费税的 3% 计算交纳。其核算步骤如下:

(1) 计算出应交的销售税金及附加时,作会计分录如下:

借:税金及附加——××税
  贷:应交税费——应交××税
        ——应交教育费附加

(2) 交纳税金时,作会计分录如下:

借:应交税费——应交××税
        ——应交教育费附加
  贷:银行存款

(3) 期末将余额结转"本年利润"账户时,作会计分录如下:

借:本年利润
  贷:税金及附加——××税

【例 8-1】 某船运公司为增值税一般纳税人,2019 年 6 月购进船舶配件取得的增值税专用发票上注明价款 360 万元,税额 46.8 万元,另外取得的含税收入包括国内运输收入 1 264.4 万元、期租业务收入 250.7 万元、打捞收入 116.6 万元。该公司 6 月份应缴纳的增值税是多少?

已知:交通运输服务增值税税率 9%,物流辅助服务增值税税率 6%。

(1)销项税额=1 264.4÷(1+9%)×9%+250.7÷(1+9%)×9%+116.6÷(1+6%)×6%=131.7(万元)

(2)进项税额为 46.8(万元)

(3)应缴纳的增值税=131.7-46.8=84.9(万元)

【例 8-2】 甲公司为增值税一般纳税人,主要从事货物运输服务,2019 年 8 月有关经济业务如下:

(1)购进办公用小轿车一部,取得增值税专用发票上注明的税额为 25 500 元;购进货车用柴油,取得增值税专用发票上注明的税额为 51 000 元。

(2)提供货物运输服务,取得含增值税价款 1 090 000 元,同时收取保价费 2 180 元。

(3)提供货物装卸搬运服务,取得含增值税价款 31 800 元。

(4)提供货物仓储服务,取得含增值税价款 116 600 元,另外收取货物逾期保管费 21 200 元。

已知:交通运输服务增值税税率 9%,物流辅助服务增值税税率 6%。

要求:计算甲公司当月应纳增值税税额。

(1)销项税额=(1 090 000+2 180)÷(1+9%)×9%+31 800÷(1+6%)×6%+(116 600+21 200)÷(1+6%)×6%=99 780(元)

(2)进项税额=255 00+51 000=76 500(元)

(3)应缴纳的增值税=99 780-76 500=23 280(元)

8.3 物流企业纳税申报

8.3.1 增值税的纳税申报

增值税纳税申报是指纳税人按增值税纳税申报要求,计算当期应纳增值税额,填制增值税纳税申报表及附列资料,收集或整理增值税纳税申报资料,在规定的纳税申报期内向主管税务机关报送纳税申报资料,履行增值税纳税申报义务。

1. 增值税纳税申报方式

增值税纳税申报方式分为远程申报和上门申报。远程申报是指纳税人借助于网络、电话或其他手段,将申报资料传输至税务机关进行申报的一种方式;上门申报是指纳税人携带申报资料,直接到税务机关申报征收窗口进行申报的一种方式。

2. 增值税纳税申报期限

根据《中华人民共和国增值税暂行条例》和《财政部 国家税务总局关于全面推开营业税改征增值税试点的通知》(财税〔2016〕36 号)的规定,增值税的纳税期限分别为 1 日、3 日、5 日、10 日、15 日、1 个月或者 1 个季度。纳税人的具体纳税期限,由主管税务机关根据纳税人应纳税额的大小分别核定。以 1 个季度为纳税期限的规定适用于小规模纳税人、银行、财务公司、信托投资公司、信用社,以及财政部和国家税务总局规定的其他纳税人。不能按照固定期限纳税的,可以按次纳税。

纳税人以 1 个月或者 1 个季度为 1 个纳税期的,自期满之日起 15 日内申报纳税;以 1 日、3 日、5 日、10 日或者 15 日为 1 个纳税期的,自期满之日起 5 日内预缴税款,于次月 1 日起 15 日内申报纳税并结清上月应纳税款。

3. 增值税纳税申报表的填写

我国现行增值税将纳税人分为一般纳税人和小规模纳税人,由于两类纳税人增值税的计税方法和使用的发票种类不同,适用的纳税申报表及其附列资料也有差异。

【例 8-3】 琴岛物流公司为增值税一般纳税人,于 2×19 年 4 月 10 日申报上月增值税。

(1) 根据 3 月份增值税发票汇总表所示,防伪税控开具的增值税专用发票上注明销售额为 500 000 元,销项税额为 45 000 元。

(2) 本期认证可抵扣的进项税额为 38 400 元。

(3) 上期留抵税额为 500 000 元。

(4) 本期没有认证固定资产类的增值税专用发票,且前期没有固定资产进项抵扣。

要求:根据对增值税一般纳税人的要求,计算填列增值税纳税申报表及其相关附表。

表 8-1 至表 8-7 为增值税一般纳税人纳税申报表及附表。

表 8-1

增值税纳税申报表

(一般纳税人适用)

根据国家税收法律法规及增值税相关规定制定本表。纳税人不论有无销售额,均应按税务机关核定的纳税期限填写本表,并向当地税务机关申报。

税款所属期间:2019-03-01 至 2019-03-31 填表日期:2019-04-10 　　　　　　金额单位:元(列至角分)

纳税人识别号:	913702000000000000		所属行业:			
纳税人名称(公章):	琴岛物流公司	法定代表人姓名:	注册地址:		生产经营地址:	
开户银行及账号:			登记注册类型:		电话号码:	

	项目	栏次	一般项目		即征即退项目	
			本月数	本年累计(略)	本月数	本年累计
销售额	(一) 按适用税率计税销售额	1	500 000.00	0	0	0
	其中:应税货物销售额	2	0	0	0	0
	应税劳务销售额	3	500 000.00	0	0	0
	纳税检查调整的销售额	4	0	0	0	0
	(二) 按简易办法计税销售额	5	0	0	0	0
	其中:纳税检查调整的销售额	6	0	0	0	0
	(三) 免、抵、退办法出口销售额	7	0		0	
	(四) 免税销售额	8	0	0	—	—
	其中:免税货物销售额	9	0	0	—	—
	免税劳务销售额	10	0	0	—	—

（续表）

项目		栏次	一般项目		即征即退项目	
			本月数	本年累计(略)	本月数	本年累计
税款计算	销项税额	11	45 000.00	0	0	0
	进项税额	12	38 400.00	0	0	0
	上期留抵税额	13	5 000.00	0	0	0
	进项税额转出	14	0	0	0	0
	免、抵、退应退税额	15	0	0	—	—
	按适用税率计算的纳税检查应补缴税额	16	0	0	—	—
	应抵扣税额合计	17	43 400.00	0	0	—
	实际抵扣税额	18	43 400.00	0	0	0
	应纳税额	19	1 600.00	0	0	0
	期末留抵税额	20	0	0	0	—
	简易计税办法计算的应纳税额	21	0	0	0	0
	按简易计税办法计算的纳税检查应补缴税额	22	0	0	0	0
	应纳税额减征额	23	0	0	0	0
	应纳税额合计	24	1 600.00	0	0	0
缴纳税款	期初未缴税额(多缴为负数)	25	0	0	0	0
	实收出口开具专用缴款书退税额	26	0	0	0	0
	本期已缴税额	27	0	0	0	0
	① 分次预缴税额	28	0	0	—	—
	② 出口开具专用缴款书预缴税额	29	0	0	—	—
	③ 本期缴纳上期应纳税额	30	0	0	0	0
	④ 本期缴纳欠缴税额	31	0	0	0	0
	期末未缴税额(多缴为负数)	32	0	0	0	0
	其中:欠缴税额(≥0)	33	0	—	0	—
	本期应补(退)税额	34	1 600.00	0	0	0
	即征即退实际退税额	35	—	—	0	0
	期初未缴查补税额	36	0	0	—	—
	本期入库查补税额	37	0	0	—	—
	期末未缴查补税额	38	0	0	—	—

是否代理申报: ○是 ⊙否	代理人名称:	代理人地址:
代理人员身份证件类型:		代理人员身份证件号码:

授权声明	如果你已委托代理人申报,请填写下列资料: 为代理一切税务事宜,现授权 （地址） 为本纳税人的代理申报人,任何与本申报表有关的往来文件,都可寄予此人。 授权人签字:	申报人声明	本纳税申报表是根据国家税收法律法规及相关规定填报的,我确定它是真实的、可靠的、完整的。 声明人签字:费立成

主管税务机关: 　　　　接收人: 　　　　接收日期:

表8-2

增值税纳税申报表附列资料（一）

（本期销售情况明细）

纳税人名称（公章）：青岛物流公司

税款所属期间：2019-03-01 至 2019-03-31　　纳税人识别号：91370200000000000000

填表日期：2019-04-10　　　　　　　　　　金额单位：元至角分（列至角分）

项目及栏次		开具增值税专用发票		开具其他发票		未开具发票		纳税检查调整		合计			服务、不动产和无形资产扣除项目	扣除后	
		销售额	销项（应）纳税额	销售额	销项（应）纳税额	销售额	销项（应）纳税额	销售额	销项（应）纳税额	销售额	销项（应）纳税额	价税合计	本期实际扣除金额	含税（免税）销售额	销项（应）纳税额
		1	2	3	4	5	6	7	8	9=1+3+5+7	10=2+4+6+8	11=9+10	12	13=11-12	$14=13\div(100\%+$税率或征收率$)\times$税率或征收率
一、一般计税方法计税　全部征税项目	13%税率的货物及加工修理修配劳务	0	0	0	0	0	0	0	0	0	0	0	—	0	—
	13%税率的服务、不动产和无形资产	0	0	0	0	0	0	0	0	0	0	0	—	0	0
	9%税率的货物及加工修理修配劳务	0	0	0	0	0	0	0	0	0	0	0	—	0	—
	9%税率的服务、不动产和无形资产	500 000.00	45 000.00	0	0	0	0	0	0	0	0	0	0	0	0
	6%税率	0	0	0	0	0	0	0	0	0	0	0	—	0	0
其中：即征即退项目	即征即退货物及加工修理修配劳务	—	—	—	—	0	0	0	—	—	0	—	—	0	—
	即征即退服务、不动产和无形资产	—	—	—	—	0	0	0	—	—	0	0	—	0	0
二、简易计税方法计税　全部征税项目	6%征收率	0	0	0	0	0	0	0	0	0	0	0	—	0	—
	5%征收率的货物及加工修理修配劳务	0	0	0	0	0	0	0	0	0	0	0	—	0	0
	5%征收率的服务、不动产和无形资产	0	0	0	0	0	0	0	0	0	0	0	—	0	0

（续表）

项目及栏次		栏次	开具增值税专用发票 销售额 (1)	销项(应)纳税额 (2)	开具其他发票 销售额 (3)	销项(应)纳税额 (4)	未开具发票 销售额 (5)	销项(应)纳税额 (6)	纳税检查调整 销售额 (7)	销项(应)纳税额 (8)	合计 销售额 (9=1+3+5+7)	销项(应)纳税额 (10=2+4+6+8)	价税合计 (11=9+10)	服务、不动产和无形资产项目本期实际扣除金额 (12)	扣除后 含税(免税)销售额 (13=11-12)	销项(应)纳税额 (14=13÷(100%+税率或征收率)×税率或征收率)
一、全部征税项目	4%征收率	10	0	0	0	0	0	0	—	—	0	0	—	—	—	—
	3%征收率的货物及加工修理修配劳务	11	0	0	0	0	0	0	—	—	0	0	—	—	—	—
二、简易计税方法	3%征收率的服务、不动产和无形资产	12	0	0	0	0	0	0	—	—	0	0	0	0	0	0
	预征率 0.00%	13a	0	0	0	0	0	0	—	—	0	0	0	0	0	0
	预征率 0.00%	13b	0	0	0	0	0	0	—	—	0	0	0	0	0	0
	预征率 0.00%	13c	0	0	0	0	0	0	—	—	0	0	0	0	0	0
其中：即征即退项目	即征即退货物及加工修理修配劳务	14	—	—	—	—	—	—	—	—	0	0	—	—	—	—
	即征即退服务、不动产和无形资产项目	15	—	—	—	—	—	—	—	—	0	0	0	0	0	0
三、免抵退税	货物及加工修理修配劳务	16	—	—	0	0	0	0	—	—	0	0	—	—	—	—
	服务、不动产和无形资产	17	—	—	0	0	0	0	—	—	0	0	0	0	0	0
四、免税	货物及加工修理修配劳务	18	0	0	0	0	0	0	—	—	0	0	—	—	—	—
	服务、不动产和无形资产	19	—	—	0	0	0	0	—	—	0	0	0	0	0	0

表 8-3

增值税纳税申报表附列资料(表二)

(本期进项税额明细)

税款所属期间:2019-03-01 至 2019-03-31

纳税人识别号:913702000000000000

纳税人名称(公章):琴岛物流公司

金额单位:元(列至角分)

一、申报抵扣的进项税额

项目	栏次	份数	金额	税额
(一)认证相符的增值税专用发票	1=2+3	10	295 384.62	38 400.00
其中:本期认证相符且本期申报抵扣	2	10	295 384.62	38 400.00
前期认证相符且本期申报抵扣	3	0	0	0
(二)其他扣税凭证	4=5+6+7+8	0	0	0
其中:海关进口增值税专用缴款书	5	0	0	0
农产品收购发票或者销售发票	6	0	0	0
代扣代缴税收缴款凭证	7	0	0	0
加计扣除农产品进项税额	8a	—	—	0
其他	8b	0	0	0
(三)本期用于购建不动产的扣税凭证	9	0	0	0
(四)本期用于抵扣的旅客运输服务扣税凭证	10	0	0	0
(五)外贸企业进项税额抵扣证明	11	—	—	0
当期申报抵扣进项税额合计	12=1+4+11	10	295 384.62	38 400.00

二、进项税额转出额

项目	栏次	税额
本期进项税额转出额	13=14 至 23 之和	0
其中:免税项目用	14	0
集体福利、个人消费	15	0
非正常损失	16	0
简易计税方法征税项目用	17	0
免抵退税办法不得抵扣的进项税额	18	0
纳税检查调减进项税额	19	0
红字专用发票信息表注明的进项税额	20	0
上期留抵税额抵减欠税	21	0
上期留抵税额退税	22	0
其他应作进项税额转出的情形	23	0

（续表）

三、待抵扣进项税额

项目	栏次	份数	金额	税额
（一）认证相符的增值税专用发票	24	—	—	—
期初已认证相符但未申报抵扣	25	0	0	0
本期认证相符且本期未申报抵扣	26	0	0	0
期末已认证相符但未申报抵扣	27	0	0	0
其中：按照税法规定不允许抵扣	28	0	0	0
（二）其他扣税凭证	29＝30 至 33 之和	0	0	0
其中：海关进口增值税专用缴款书	30	0	0	0
农产品收购发票或者销售发票	31	0	0	0
代扣代缴税收缴款凭证	32	0	—	0
其他	33	0	0	0
	34	—	—	—

四、其他

项目	栏次	份数	金额	税额
本期认证相符的增值税专用发票	35	10	295 384.62	38 400.00
代扣代缴税额	36	—		0

表 8-4

增值税纳税申报表附列资料（三）

（服务、不动产和无形资产扣除项目明细）

税款所属时间：2019-03-01 至 2019-03-31

纳税人名称（公章）：琴岛物流公司 　　　　　　　　　　　　　　　金额单位：元（列至角分）

项目及栏次		本期服务、不动产和无形资产价税合计额（免税销售额）	服务、不动产和无形资产扣除项目				
			期初余额	本期发生额	本期应扣除金额	本期实际扣除金额	期末余额
		1	2	3	4＝2＋3	5(5≤1 且 5≤4)	6＝4－5
13％税率的项目	1	0	0	0	0	0	0
9％税率的项目	2	0	0	0	0	0	0
6％税率的项目（不含金融商品转让）	3	0	0	0	0	0	0
6％税率的金融商品转让项目	4	0	0	0	0	0	0
5％征收率的项目	5	0	0	0	0	0	0
3％征收率的项目	6	0	0	0	0	0	0
免抵退税的项目	7	0	0	0	0	0	0
免税的项目	8	0	0	0	0	0	0

表 8-5

增值税纳税申报表附列资料(四)

(税额抵减情况表)

税款所属时间:2019-03-01 至 2019-03-31

纳税人名称(公章):琴岛物流公司

金额单位:元(列至角分)

一、税额抵减情况

序号	抵减	期初余额	本期发生额	本期应抵减税额	本期实际抵减税额	期末余额
	项目	1	2	3=1+2	4≤3	5=3-4
1	增值税税控系统专用设备费及技术维护费	0	0	0	0	0
2	分支机构预征缴纳税款	0	0	0	0	0
3	建筑服务预征缴纳税款	0	0	0	0	0
4	销售不动产预征缴纳税款	0	0	0	0	0
5	出租不动产预征缴纳税款	0	0	0	0	0

二、加计抵减情况

序号	抵减	期初余额	本期发生额	本期调减额	本期可抵减额	本期实际抵减额	期末余额
	项目	1	2	3	4=1+2-3	5	6=4-5
6	一般项目加计抵减额计算	0	0	0	0	0	0
7	即征即退项目加计抵减额计算	0	0	0	0	0	0
8	合计	0	0	0	0	0	0

表 8-6

增值税减免税申报明细表

税款所属期间:2019-03-01 至 2019-03-31

纳税人名称(公章):琴岛物流公司

金额单位:元(列至角分)

一、减税项目

减税性质代码及名称	栏次	期初余额	本期发生额	本期应抵减税额	本期实际抵减税额	期末余额
		1	2	3=1+2	4≤3	5=3-2
合计		0	0	0	0	0

二、免税项目

免税性质代码及名称	栏次	免征增值税项目销售额	免税销售额扣除项目本期实际扣除金额	扣除后免税销售额	免税销售额对应的进项税额	适用税率	免税额
		1	2	3	4		5
合计							
出口免税			—	—	—		—
其中:跨境服务			—	—	—		—

表 8-7   **增值税减免税申报明细表**

税款所属期间:2019-03-01 至 2019-03-31

纳税人名称(公章):琴岛物流公司   金额单位:元(列至角分)

一、减税项目						
减税性质代码及名称	栏次	期初余额	本期发生额	本期应抵减税额	本期实际抵减税额	期末余额
		1	2	3=1+2	4≤3	5=3-4

二、免税项目					
免税性质代码及名称	栏次	免征增值税项目销售额	免税销售额扣除项目本期实际扣除金额	扣除后免税销售额	免税销售额对应的进项税额	免税额
		1	2	3	4	5

纳税人数字签名:_____

【例8-4】 东方物流公司为增值税小规模纳税人 2×19 年 1～3 月取得收入共计 618 000 元。已知,本期销售均已开具发票。

要求:根据对增值税小规模纳税人的要求,计算填列增值税纳税申报表及其相关附表。

表 8-8 和表 8-9 为增值税小规模纳税人纳税申报表及附表。

表 8-8   **增值税纳税申报表**

(小规模纳税人适用)

纳税人识别号:9137021111111111111

纳税人名称(公章):东方物流公司   金额单位:元(列至角分)

税款所属期:2×19 年 01 月 01 日至 2×19 年 03 月 31 日   填表日期:2×19 年 04 月 10 日

项目	栏次	本期数		本年累计	
		货物及劳务	服务、不动产和无形资产	货物及劳务	服务、不动产和无形资产
一、计税依据　(一)应征增值税不含税销售额(3%征收率)	1	0	600 000.00	0	600 000.00
税务机关代开的增值税专用发票不含税销售额	2	0	0	0	0
税控器具开具的普通发票不含税销售额	3	0	600 000.00	0	600 000.00
(二)应征增值税不含税销售额(5%征收率)	4	0	0	0	0
税务机关代开的增值税专用发票不含税销售额	5	0	0	0	0
税控器具开具的普通发票不含税销售额	6	0	0	0	0
(三)销售使用过的固定资产不含税销售额	7(7≥8)	0	0	0	0
其中:税控器具开具的普通发票不含税销售额	8	0	0	0	0
(四)免税销售额	9=10+11+12	0	0	0	0
其中:小微企业免税销售额	10	0	0	0	0

（续表）

项　目	栏次	本期数		本年累计	
		货物及劳务	服务、不动产和无形资产	货物及劳务	服务、不动产和无形资产
一、计税依据　未达起征点销售额	11	0	0	0	0
其他免税销售额	12	0	0	0	0
（五）出口免税销售额	13(13≥14)	0	0	0	0
其中：税控器具开具的普通发票不含税销售额	14	0	0	0	0
核定销售额	15	0	0	0	0
二、税款计算　本期应纳税额	16	0	0	0	0
核定应纳税额	17	0	0	0	0
本期应纳税额减征额	18	0	0	0	0
本期免税额	19	0	0	0	0
其中：小微企业免税额	20	0	0	0	0
未达起征点免税额	21	0	0	0	0
应纳税额合计	22=16-18	0	18 000.00	0	18 000.00
本期预缴税额	23	0	0	—	—
本期应补（退）税额	24=22-23	0	18 000.00	—	—

纳税人或代理人声明： 　　本纳税申报表是根据国家税收法律法规及相关规定填报的，我确定它是真实的、可靠的、完整的。	如纳税人填报，由纳税人填写以下各栏：	
	办税人员：	财务负责人：
	法定代表人：	联系电话：
	如委托代理人填报，由代理人填写以下各栏：	
	代理人名称（公章）：	经办人（签章）：
		联系电话：

主管税务机关：　　　　　　　　　　　接收人：　　　　　　　　　　　　接收日期：

表8-9　**增值税纳税申报表（适用于小规模纳税人）附列资料**

税款所属期：　　　　　　　　　　　　　　　　　填表日期：2×19年04月10日

纳税人名称（公章）：东方物流公司　　　　　　　　金额单位：元（列至角分）

应税行为（3%征收率）扣除额计算			
期初余额	本期发生额	本期扣除额	期末余额
1	2	3(3≤1+2之和，且3≤5)	4=1+2-3
0	0	0	0
全部含税收入（适用3%征收率）	本期扣除额	含税销售额	不含税销售额
5	6=3	7=5-6	8=7÷1.03
0	0	0	0

应税行为（5%征收率）扣除额计算

期初余额	本期发生额	本期扣除额	期末余额
9	10	11(11≤9+10之和，且11≤13)	12=9+10-11
0	0	0	0
全部含税收入（适用5%征收率）	本期扣除额	含税销售额	不含税销售额
13	14=11	15=13-14	16=15÷1.05
0	0	0	0

8.3.2 企业所得税纳税申报

1. 企业所得税的计算方法

应纳所得税额 = 应纳税所得额 × 税率 − 减免税额 − 抵免税额

应纳税所得额 = 收入总额 − 不征税收入 − 免税收入 − 各项扣除 − 允许弥补的以前年度亏损

2. 企业所得税纳税申报表的填写

根据税法规定,纳税人在月份或者季度终了后15日内报送申报表及月份或者季度财务报表,履行月份或者季度纳税申报手续。自2015年7月1日起,国家税务总局修订的《中华人民共和国企业所得税月(季)度预缴纳税申报表(A类,2015年版)》《中华人民共和国企业所得税月(季)度和年度纳税申报表(B类,2015年版)》《中华人民共和国企业所得税汇总纳税分支机构所得税分配表(2015年版)》开始施行,具体规定为《中华人民共和国企业所得税月(季)度预缴纳税申报表(A类,2015年版)》适用于实行查账征收企业所得税的居民企业;《中华人民共和国企业所得税月(季)度和年度纳税申报表(B类,2015年版)》适用于实行核定征收企业所得税的居民企业。跨地区经营汇总纳税企业的分支机构,使用《中华人民共和国企业所得税月(季)度预缴纳税申报表(A类,2015年版)》进行年度企业所得税汇算清缴申报。

【例8-3】 琴岛物流公司企业所得税采用按季预缴方式缴纳,无减免所得税。请根据2×19年第一季度利润表于2×19年4月10日代为填制所得税纳税申报表。具体如表8-10至表8-14所示。

表8-10 　　　　　　　　　　**利润表**　　　　　　　　　会企02表
编制单位:琴岛物流有限公司　　　　　2×19年度1~3月　　　　　金额单位:元

项　目	本期金额	上期金额
一、营业收入	5 000 000.00	(略)
减:营业成本	3 000 000.00	
税金及附加	100 000.00	
销售费用	30 000 00	
管理费用	20 000.00	
财务费用	30 000.00	
资产减值损失	20 000.00	
加:公允价值变动收益(损失以"−"填列)	0	
投资收益(损失以"−"填列)	0	
其中:对联营企业和合营企业的投资收益	0	
资产处置收益(损失"−"号填列)	0	
其他收益	0	
二、营业利润(亏损以"−"填列)	1 800 000.00	
加:营业外收入	0	
减:营业外支出	0	

（续表）

项　目	本期金额	上期金额
其中:非流动资产处置损失	0	
三、利润总额(亏损总额以"一"填列)	1 800 000.00	
减:所得税费用	450 000.00	
四、净利润(净亏损以"一"填列)	1 350 000.00	
五、每股收益	(略)	
（一）基本每股收益		
（二）稀释每股收益		
六、其他综合收益	(略)	
七、综合收益总额	(略)	

表 8-11　　　中华人民共和国企业所得税月(季)度预缴纳税申报表(A 类,2018 年版)

税款所属期间: 年 月 日至 年 月 日

纳税人识别号:□□□□□□□□□□□□□□□□□□

纳税人名称:　　　　　　　　　　　　　　　　金额单位:人民币元(列至角分)

行次	项　目	本期金额	累计金额
1	一、按照实际利润额预缴		
2	营业收入	5 000 000.00	5 000 000.00
3	营业成本	3 000 000.00	3 000 000.00
4	利润总额	1 800 000.00	1 800 000.00
5	加:特定业务计算的应纳税所得额	0	0
6	减:不征税收入和税基减免应纳税所得额(请填附表 1)	0	0
7	固定资产加速折旧(扣除)调减额(请填附表 2)	0	0
8	弥补以前年度亏损	0	0
9	实际利润额(4 行＋5 行－6 行－7 行－8 行)	1 800 000.00	1 800 000.00
10	税率(25%)	0.25	0.25
11	应纳所得税额(9 行×10 行)	450 000.00	450 000.00
12	减:减免所得税额(请填附表 3)	0	0
13	实际已预缴所得税额	—	
14	特定业务预缴(征)所得税额	0	0
15	应补(退)所得税额(11 行－12 行－13 行－14 行)	—	
16	减:以前年度多缴在本期抵缴所得税额	0	0
17	本月(季)实际应补(退)所得税额	450 000.00	450 000.00
18	二、按照上一纳税年度应纳税所得额平均额预缴		
19	上一纳税年度应纳税所得额	—	

（续表）

行次	项 目	本期金额	累计金额
20	本月（季）应纳税所得额（19 行×1/4 或 1/12）	0	0
21	税率（25％）	0	0
22	本月（季）应纳所得税额（20 行×21 行）	0	0
23	减：减免所得税额（请填附表 3）	0	0
24	本月（季）实际应纳所得税额（22 行—23 行）	0	0
25	三、按照税务机关确定的其他方法预缴		
26	本月（季）税务机关确定的预缴所得税额	0	0
27	总分机构纳税人		
28	总机构 总机构分摊所得税额（15 行或 24 行或 26 行×总机构分摊预缴比例）	0	0
29	财政集中分配所得税额	0	0
30	分支机构分摊所得税额（15 行或 24 行或 26 行×分支机构分摊比例）	0	0
31	其中：总机构独立生产经营部门应分摊所得税额	0	0
32	分支机构 分配比例	0	0
33	分配所得税额	0	0

是否属于小型微利企业： 是 □ 否 ✓

谨声明：此纳税申报表是根据《中华人民共和国企业所得税法》、《中华人民共和国企业所得税法实施条例》和国家有关税收规定填报的，是真实的、可靠的、完整的。

法定代表人（签字）： 年 月 日

纳税人公章： 会计主管： 填表日期： 年 月 日	代理申报中介机构公章： 经办人： 经办人执业证件号码： 代理申报日期： 年 月 日	主管税务机关受理专用章： 受理人： 受理日期： 年 月 日

表 8-12 **中华人民共和国企业所得税月（季）度预缴纳税申报表（A 类，2018 年版）附表 1**

不征税收入和税基类减免应纳税所得额明细表

税款所属期间：2×19 年 01 月 31 日至 2×19 年 03 月 31 日

纳税人识别号：

纳税人名称： 单位：人民币元（列至角分）

行次	项 目	本期金额	累计金额
1	合计（2 行＋3 行＋14 行＋19 行＋30 行＋31 行＋32 行＋33 行＋34 行…）	0	0
2	一、不征税收入	0	0
3	二、免税收入（4 行＋5 行＋……＋13 行）	0	0

（续表）

行次	项 目	本期金额	累计金额
4	1. 国债利息收入	0	0
5	2.. 地方政府债券利息收入	0	0
6	3. 符合条件的居民企业之间的股息、红利等权益性投资收益	0	0
7	4. 符合条件的非营利组织的收入	0	0
8	5. 证券投资基金投资者取得的免税收入	0	0
9	6. 证券投资基金管理人取得的免税收入	0	0
10	7. 中国清洁发展机制基金取得的收入	0	0
11	8. 受灾地区企业取得的救灾和灾后恢复重建款项等收入	0	0
12	9. 其他1:	0	0
13	10. 其他2:	0	0
14	三、减计收入(15行＋16行＋17行＋18行)	0	0
15	1. 综合利用资源生产产品取得的收入	0	0
16	2. 金融、保险等机构取得的涉农利息、保费收入	0	0
17	3. 取得的中国铁路建设债券利息收入	0	0
18	4. 其他:	0	0
19	四、所得减免(20行＋23行＋24行＋25行＋26行＋27行＋28行＋29行)	0	0
20	1. 农、林、牧、渔业项目	0	0
21	其中:免税项目	0	0
22	减半征收项目	0	0
23	2. 国家重点扶持的公共基础设施项目	0	0
24	3. 符合条件的环境保护、节能节水项目	0	0
25	4. 符合条件的技术转让项目	0	0
26	5. 实施清洁发展机制项目	0	0
27	6. 节能服务公司实施合同能源管理项目	0	0
28	7. 其他1:	0	0
29	8. 其他2:	0	0
30	五、新产品、新工艺、新技术研发费用加计扣除	0	0
31	六、抵扣应纳税所得额	0	0
32	七、其他1:	0	0
33	其他2:	0	0
34	其他3:	0	0

表8-13

中华人民共和国企业所得税月(季)度预缴申报表(A类,2018年版)附表2

固定资产加速折旧、扣除明细表

金额单位:元(列至角分)

行次	项目	房屋、建筑物 税收折旧(扣除)额			机器设备和其他固定资产 税收折旧(扣除)额			合计										
								原值	本期折旧(扣除)额					累计折旧(扣除)额				
		原值	本期	累计	原值	本期	累计		合计折旧额	正常折旧额	税收折旧额	纳税调整额	加速折旧优惠统计额	合计折旧额	正常折旧额	税收折旧额	纳税调整额	加速折旧优惠统计额
		1	2	3	4	5	6	7=1+4	8	9	10=2+5	11=10-8	12=10-9	13	14	15=6+3	16=15-13	17=15-14
1	一、重要行业固定资产加速折旧 税会处理一致	0	0	0	0	0	—	0	0	0	0	0	0	0	0	0	0	0
2	税会处理不一致	0	0	0	0	0	—	0	*	0	0	*	0	*	0	0	*	0
3	二、其他行业加速折旧	0	0	0	0	0	—	0	0	*	0	0	*	0	*	0	0	*
4	单价100万以上专用研发设备 税会处理一致	*	*	*	0	0	—	0	0	0	0	0	0	0	0	0	0	0
5	税会处理不一致	*	*	*	0	0	—	0	*	*	0	*	0	*	*	0	*	0
6	税会处理不一致	*	*	*	0	0	—	0	0	*	0	0	*	0	*	0	0	*
7	三、允许一次性扣除的固定资产	*	*	*	0	0	—	0	0	0	0	0	0	0	0	0	0	0
8	(一)单位价值不超过100万元的研发设备	*	*	*	0	0	—	0	0	0	0	0	0	0	0	0	0	0

（续表）

行次	项目	房屋、建筑物 原值	房屋、建筑物 税收折旧（扣除）额 本期	房屋、建筑物 税收折旧（扣除）额 累计	机器设备和其他固定资产 原值	机器设备和其他固定资产 税收折旧（扣除）额 本期	机器设备和其他固定资产 税收折旧（扣除）额 累计	合计 原值	合计 本期折旧（扣除）额 合计折旧额	合计 本期折旧（扣除）额 正常折旧额	合计 本期折旧（扣除）额 税收折旧额	合计 本期折旧（扣除）额 纳税调整额	合计 本期折旧（扣除）额 加速折旧优惠统计额	合计 累计折旧（扣除）额 合计折旧额	合计 累计折旧（扣除）额 正常折旧额	合计 累计折旧（扣除）额 税收折旧额	合计 累计折旧（扣除）额 纳税调整额	合计 累计折旧（扣除）额 加速折旧优惠统计额
		1	2	3	4	5	6	7=1+4	8	9	10=2+5	11=10−8	12=10−9	13	14	15=6+3	16=15−13	17=15−14
9	税会处理一致	*	*	*	0	0	0	0	*	0	0	*	0	*	0	0	*	0
10	税会处理不一致	*	*	*	0	0	0	0	0	*	0	0	*	0	*	0	0	*
11	（二）单位价值不超过5 000元的固定资产	0	0	0	0	0	0	0	0	0	0	0	0	0	0	0	0	0
12	税会处理一致	0	0	0	0	0	0	0	*	0	0	*	0	*	0	0	*	0
13	* 税会处理不一致	0	0	0	0	0	0	0	0	*	0	0	*	0	*	0	0	*
14	合计	0	0	0	0	0	0	0	0	0	0	0	0	0	0	0	0	0

表 8-14 中华人民共和国企业所得税月(季)度预缴纳税申报表(A 类,2018 年版)附表 3
减免所得税额明细表

金额单位:人民币元(列至角分)

行次	项 目	本 期 金 额	累 计 金 额
1	合计(2 行+4 行+5 行+6 行)	0	0
2	一、符合条件的小型微利企业	0	0
3	其中:减半征税	0	0
4	二、国家需要重点扶持的高新技术企业	0	0
5	三、减免地方分享所得税的民族自治地方企业	0	0
6	四、其他专项优惠(7 行+8 行+9 行+…30 行)	0	0
7	(一)经济特区和上海浦东新区新设立的高新技术企业	0	0
8	(二)经营性文化事业单位转制企业	0	0
9	(三)动漫企业	0	0
10	(四)受灾地区损失严重的企业	0	0
11	(五)受灾地区农村信用社	0	0
12	(六)受灾地区的促进就业企业	0	0
13	(七)技术先进型服务企业	0	0
14	(八)新疆困难地区新办企业	0	0
15	(九)新疆喀什、霍尔果斯特殊经济开发区新办企业	0	0
16	(十)支持和促进重点群体创业就业企业	0	0
17	(十一)集成电路线宽小于 0.8 微米(含)的集成电路生产企业	0	0
18	(十二)集成电路线宽小于 0.25 微米的集成电路生产企业	0	0
19	(十三)投资额超过 80 亿元人民币的集成电路生产企业	0	0
20	(十四)新办集成电路设计企业	0	0
21	(十五)国家规划布局内重点集成电路设计企业	0	0
22	(十六)符合条件的软件企业	0	0
23	(十七)国家规划布局内重点软件企业	0	0
24	(十八)设在西部地区的鼓励类产业企业	0	0
25	(十九)符合条件的生产和装配伤残人员专门用品企业	0	0
26	(二十)中关村国家自主创新示范区从事文化产业支撑技术等领域的高新技术企业	0	0
27	(二十一)享受过渡期税收优惠企业	0	0
28	(二十二)横琴新区、平潭综合实验区和前海深港现代化服务业合作区企业	0	0
29	(二十三)其他 1:	0	0
30	(二十四)其他 2:	0	0

重 要 概 念

物流企业税金　税金核算　应交税费　纳税申报

思 考 题

1. 物流企业需要交纳的税金一般有哪几类？
2. 物流企业核算税金时需要设置哪些账户？

第 9 章 物流企业财务报表分析

内容提要

本章主要讲解财务分析的概述,包括概念、目的、方法与局限性;物流企业盈利能力分析、资产运营能力分析、偿债能力分析和发展能力分析。

重点难点

本章重点为因素分析法及评价物流企业盈利能力、资产运营能力、偿债能力和发展能力的各项财务指标的计算和作用。

学习目标

通过本章的学习,学生应能理解财务分析的概念、目的与方法;理解并领会财务分析存在局限性的原因;能够应用因素分析法对财务差异进行分析;掌握各种财务比率分析的作用和相应财务指标的计算。

知识框架

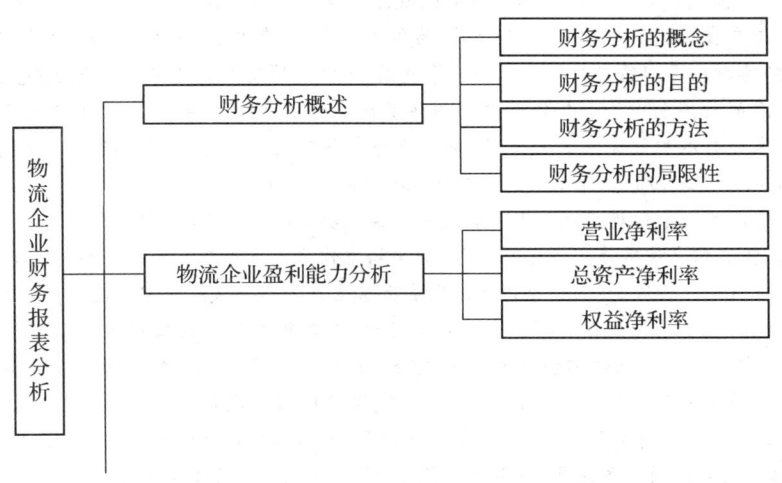

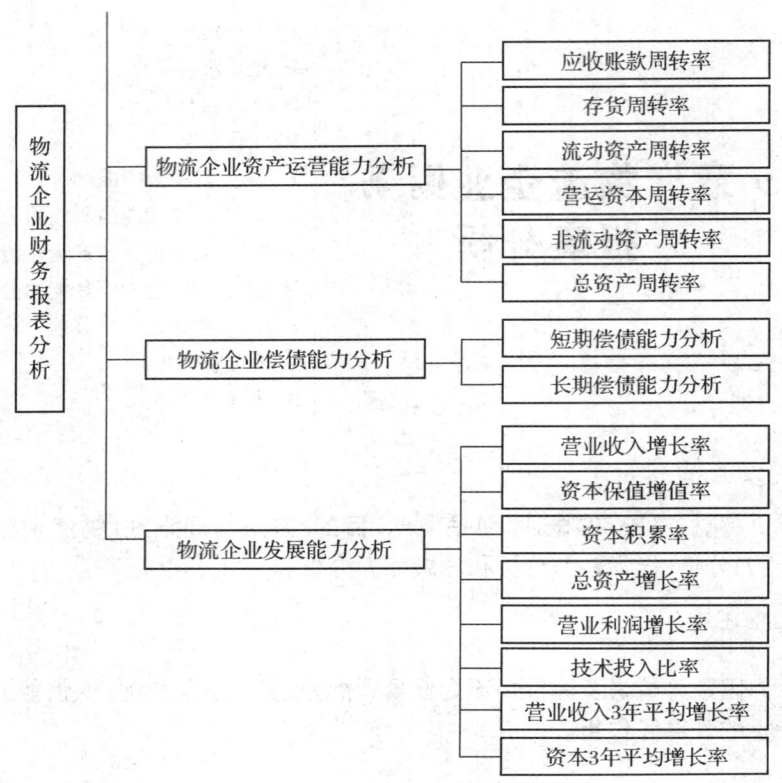

引例 皖江物流财务造假事件

2014年10月9日,皖江物流因涉嫌信息披露不合法合规,被中国证券监督管理委员会调查。2015年6月18日公司收到中国证券监督管理委员会的《行政处罚及市场禁入事先告知书》。该《告知书》显示,因公司涉嫌信息披露违法违规案,已由证监会调查完毕,查明皖江物流涉嫌存在四项违法行为:

一是皖江物流2012年虚增收入45.51亿元,占2012年年报收入的14.05%;虚增利润2.56亿元,占2012年年报利润总额的51.36%。2013年虚增收入46.03亿元,占2013年年报收入的13.48%,虚增利润2.34亿元,占2013年年报利润总额的64.64%。算下来,两年时间皖江物流合计虚增收入91.54亿元,虚增利润4.9亿元。

二是皖江物流未在2011年年报披露淮矿物流为华中有色、上海中望、中西部钢铁、溧阳建新制铁有限公司(以下简称溧阳建新)、溧阳昌兴炉料有限公司等提供16亿元的动产差额回购担保业务。

三是2014年淮矿物流向中西部钢铁等公司提供共计2.2亿元的最高额担保,2013年至2014年淮矿物流为江苏匡克等8家公司承担最高额为13.05亿余元的动产差额回购担保。皖江物流未按规定披露上述事项,其中1.56亿元动产差额回购担保事项也未在2013年年报中披露。

四是2013年皖江物流未按规定披露淮矿物流与福鹏系公司30亿债务转移情况。

事实上,皖江物流信息披露违规源于2010年,淮矿物流作为优质资产注入皖江物流旗下,成为皖江物流的全资子公司。按照皖江物流的规划,公司试图做成大宗生产资料领域的阿里巴巴。但事与愿违,仅4年,淮矿物流就成为皖江物流的一个麻烦制造者。公告显示,淮矿物流因重大信用风险事项,涉及债务167.49亿元,已出现20.69亿元债务逾期情形和重大坏账风险。2014年7月23日,皖江物流就承认西林钢铁占用淮矿物流2.1亿元资金,但皖江物流并未予以信息披露,经媒体报道之后皖江物流才披露。当时的公告显示,皖江物流认为,淮矿物流的风险可控,然而仅仅过去两个月,淮矿物流就被曝出百亿元债务黑洞。

此外,2014年4月皖江物流原董事、常务副总经理,淮矿物流董事长汪晓秀离职,不再担任上述职务,皖江物流在对其进行离任审计过程中,发现淮矿物流的应收款项存在重大坏账风险,根据企业会计准则计提坏账、减值准备后,皖江物流预计将出现重大亏损。此后 5 个月内,皖江物流公告中并未提到上述离任审计情况。直到淮矿物流因无足额资金支付到期债务被民生银行上海分行起诉时,皖江物流才披露了上述离任审计情况。

随后经查证,截至 2014 年 9 月 12 日,淮矿物流债务总额167.49亿元,其中已到期债务20.69亿元,未到期债务146.8亿元。根据债权人性质将债务划分为金融类债务和非金融类债务,金融类债务总额127.18亿元,涉及 19 家银行。其中已到期债务9.98亿元,未到期债务117.2亿元。非金融类债务40.31亿元,其中已到期债务10.71亿元,未到期债务29.6亿元。

为了解决债务问题,2014 年 10 月 8 日,控股股东淮南矿业拟筹划与皖江物流进行重大资产重组,随后在 10 月 14 日发布重大资产重组公告。

请思考:财务分析的作用和意义是什么? 企业该如何通过财务指标分析评价公司的业绩?

9.1 财务分析概述

9.1.1 财务分析的概念

财务分析是一个完整的体系,其分析的内容涉及企业财务分析的各个方面,分析方法和指标适用于任何企业及企业内的各个部门,只是不同的企业和部门具体应用时需要注意各自的特征。财务分析的概念有广义和狭义之分。

广义的财务分析应包括企业一般与具体、整体与部门、内部与外部、目前与未来、价值与非价值等各种与企业经营成果和财务状况相关的内容分析。同时,财务分析也不受时间的限制,除了要进行定期的财务分析外,也可在平时对重要事项进行不定期分析,对特殊项目进行专项分析等,以帮助企业解决日常经营问题和特殊事项的决策问题。

从狭义上讲,财务分析是对各项财务指标完成情况所进行的分析,或将其理解为会计报表分析。

本章讲解的财务分析,主要是进行狭义上的财务分析,即会计报表分析。

9.1.2 财务分析的目的

财务报表分析的目的是将财务报表数据转换成有用的信息,以帮助信息使用者改善决策。现代财务报表分析一般包括战略分析、会计分析、财务分析和前景分析四个维度。

1. 战略分析的目的

确定主要的利润动因及经营风险并定性评估公司盈利能力,包括宏观分析、行业分析和公司竞争策略分析等。

2. 会计分析的目的

评价公司会计反映其经济业务的程度,包括评估公司会计的灵活性和恰当性、修正会计数据等。

3. 财务分析的目的

主要运用财务数据评价公司当前及过去的业绩并评估,包括比率分析和现金流量分析等。

4. 前景分析的目的

预测企业未来,包括财务报表预测和公司估值等内容。

9.1.3　财务分析的方法

财务分析的方法有很多种,一般可归为比较分析法和因素分析法两类。

1. 比较分析法

比较是认识事物的最基本方法,没有比较就没有鉴别。财务报表分析的比较分析法,是对两个或两个以上有关的可比数据进行对比,从而揭示其存在的趋势或差异。

按照不同的标准,比较分析法有不同的分类。

1) 按比较分析的对象分类

(1) 与本企业历史的比较分析,即不同时期(2~10 年)指标相比,也称为"趋势分析"。

(2) 本企业与同类企业的比较分析,即与行业平均数或竞争企业比较,也称为"横向比较"。

(3) 本企业实际与计划预算的比较分析,即实际执行结果与计划预算指标比较,也称为"预算差异分析"。

2) 按比较分析的内容分类

(1) 会计要素的总量比较分析。总量是指报表项目的总金额,例如,总资产、净资产、净利润等。总量比较主要采用时间序列分析,如研究利润的逐年变化趋势,看其增长潜力。有时也用于同业对比,分析企业相对规模和竞争地位的变化。

(2) 结构百分比的比较分析。把资产负债表、利润表、现金流量表转换成结构百分比报表。例如,以收入为 100%,分析利润表各项目的比重。结构百分比报表用于发现有显著问题的项目,揭示进一步分析的方向。

(3) 财务比率的比较分析。财务比率是各会计指标之间的数量关系,反映它们的内在联系。财务比率是相对数,排除了规模的影响,具有较好的可比性,是最重要的分析比较内容。财务比率的计算相对简单,但对其加以说明和解释却比较复杂和困难。

2. 因素分析法

1) 因素分析法的概念

因素分析法是依据财务指标与其驱动因素之间的关系,从数量上确定各因素对指标影响程度的一种方法。该方法将分析指标分解为各个可以量化的因素,并根据各因素之间的依存关系,顺次用各因素的比较值(通常为实际值)替代基准值(通常为标准值或计划值),据以测定各因素对分析指标的影响。由于在分析时,要逐次进行各因素的有序替代,因此又称为连环替代法。

2) 因素分析法的步骤

(1) 确定分析对象,即确定需要分析的财务指标,比较其实际数额和标准数额(如上年实际数额),并计算两者的差额。

(2) 确定该财务指标的驱动因素,即根据该财务指标的形成过程,建立财务指标与各驱动因素之间的函数关系模型。

(3) 确定驱动因素的替代顺序。

(4) 按顺序计算各驱动因素脱离标准的差异对财务指标的影响。

【例 9-1】　某企业2018年 8 月某种原材料费用的实际数是 6 720 元,而其计划数是 5 400元,实际比计划增加620 元。由于原材料费用由产品产量、单位产品材料消耗量和材料单价三个因素的乘积组成,对此,可以把材料费用这一总指标分解为三个因素,进而逐个来分析它们对材料费用总额的影响程度。现假设这三个因素的数值如表 9-1 所示。

表 9-1   企业相关数据

项目	单位	计划数	实际数
产品产量	件	120	140
单位产品材料消耗量	千克	9	8
材料单价	元	5	6
材料费用总额	元	5 400	6 720

根据表 9-1 中资料,材料费用总额实际数较计划数增加 1 320 元。运用连环替代法,可以计算各因素变动对材料费用总额的影响。

计划指标: 120×9×5 = 5 400(元)   ①
第一次替代: 140×9×5 = 6 300(元)   ②
第二次替代: 140×8×5 = 5 600(元)   ③
第三次替代: 140×8×6 = 6 720(元)   ④
因素分析:

②－①＝6 300－5 400＝900(元)   产量增加的影响
③－②＝5 600－6 300＝700(元)   材料消耗的影响
④－③＝6 720－5 600＝1 120(元)   价格变化的影响
900－700＋1 120＝1 320(元)   全部因素的总影响

3)需要注意的问题

因素分析法的优点是既可以全面分析各因素对经济指标的影响,又可以单独分析某因素对经济指标的影响,在财务分析中应用颇为广泛。但在采用时,应注意以下问题:

(1)因素分解的关联性。构成经济指标的因素,必须是客观上存在着的因果关系,要能够反映形成该项指标差异的内在构成原因,否则就失去了应用价值。

(2)因素替代的顺序性。确定替代因素时,必须根据各因素的依存关系,遵循一定的顺序并依次替代,不可随意加以颠倒,否则就会得出不同的计算结果。

(3)顺序替代的顺序性。因素分析法在计算每一因素变动的影响时,都是在前一次计算的基础上进行,并采用连环比较的方法确定因素变化影响结果。

(4)计算结果的假定性。由于因素分析法计算的各因素变动的影响数,会因替代顺序不同而有差别,因而计算结果不免带有假定性,即它不可能使每个因素计算的结果,都达到绝对的准确。为此,分析时应力求使这种假定合乎逻辑,具有实际经济意义。这样,计算结果的假定性,才不至于妨碍分析的有效性。

9.1.4 财务分析的局限性

财务分析以财务报表为主进行分析,但财务报表却存在先天不足。

1. 财务报表本身的局限性

财务报表是企业会计系统的产物,每个企业的会计系统都会受会计环境和企业会计战略的影响。

会计环境包括会计规范和会计管理、税务与会计的关系、外部审计、会计争端处理的法律系统、资本市场结构、公同治理结构等，这些因素是决定企业会计系统质量的外部因素。会计环境缺陷会导致会计系统缺陷，使之不能完全反映企业的实际状况。会计环境的重要变化会导致会计系统的变化，影响财务数据的可比性。例如，会计规范要求以历史成本报告资产，使财务数据不代表其现行成本或变现价值；会计规范要求假设币值不变，使财务数据不被通货膨胀率或物价水平调整；会计规范要求遵循谨慎原则，使会计预计损失而不预计收益，有可能少记收益和资产；会计规范要求按年度分期报告，使会计报表只报告短期信息，不提供反映长期潜力的信息等。

企业会计战略是企业根据环境和经营目标做出的主观选择，不同企业会有不同的会计战略。企业会计战略包括选择会计政策、会计估计、补充披露及报告具体格式。不同的会计战略会导致不同企业财务报告的差异，并影响其可比性。例如，对同一会计事项的账务处理，会计准则允许公司选择不同的会计政策，包括存货计价方法和固定资产折旧方法等。虽然财务报表附注对会计政策选择有一定的表述，但报表使用人未必能完成可比性的调整工作。

由于上述两方面原因，财务报表存在以下三方面局限性：

(1) 财务报表没有披露企业的全部信息，管理层拥有更多的信息，披露的只是其中的一部分。

(2) 已经披露的财务信息存在会计估计误差，不一定是真实情况的准确计量。

(3) 管理层的各项会计政策选择，有可能粉饰财务报表。

2. 财务报表的可靠性问题

只有根据符合规范的、可靠的财务报表，才能得出正确的分析结论。所谓"符合规范"，是指除了以上三点局限性以外，没有更进一步的虚假陈述。外部分析人员很难认定是否存在虚假陈述，财务报表的可靠性问题主要依靠注册会计师鉴证、把关。但是，注册会计师不能保证财务报表没有任何错报和漏报，而且并非所有注册会计师都是尽职尽责的。因此，分析人员必须自己关注财务报表的可靠性，对于可能存在的问题保持足够的警惕。

外部分析人员虽然不能认定是否存在虚假陈述，但是可以发现一些"危险信号"。对于存有危险信号的报表，分析人员要通过更细致的考察或获取其他有关信息，对报表的可靠性作出判断。

常见的危险信号包括：

(1) 财务报告形式不规范。不规范的财务报告，其可靠性也应受到怀疑。分析人员要注意财务报告是否遗漏，因为遗漏违背充分披露原则，遗漏可能是因不想讲真话引起；要注意是否及时提供财务报告，不能及时提供报告暗示企业当局与注册会计师存在分歧。

(2) 数据反常。反常数据如无合理原因，应考虑该数据的真实性和一贯性是否存在问题。例如，原因不明的会计调整，可能是利用会计政策的灵活性"粉饰"报表；与销售相比应收账款异常增加，可能存在提前确认收入问题；报告净利润与经营活动产生的现金流量净额的缺口增加，报告利润总额与应纳税所得额之间的缺口增加，可能存在盈余管理；大额的资产冲销和第4季度的大额调整，可能是中期报告存在问题，年底受到注册会计师的压力被迫调整。

（3）大额关联方交易。关联方交易的价格缺乏客观性,会计估计有较大主观性,可能存在转移利润的动机。

（4）大额资本利得。在经营业绩不佳时,公司可能通过出售长期资产、债转股等交易实现资本利得。

（5）异常审计报告。无正当理由更换注册会计师,或审计报告附有保留意见,暗示企业财务报告可能粉饰过度。

3. 比较基础问题

在比较分析时,需要选择比较的参照标准,包括同业数据、本企业历史数据和计划预算数据。

横向比较时需要使用同业标准。同业平均数只有一般性的指导作用,不一定有代表性,不是合理性的标志。选同行业一组有代表性的企业求平均数,作为同业标准,可能比整个行业的平均数更有意义。近年来,分析人员更重视以竞争对手的数据作为分析基础。不少公司实行多种经营,没有明确的行业归属,同业比较更加困难。

趋势分析应以本企业历史数据为比较基础。历史数据代表过去,并不代表合理性。经营环境变化后,某年比上年利润提高了,不一定说明已经达到应该达到的水平,甚至不一定说明管理有了改进。会计规范的改变会使财务数据失去直接可比性,要恢复其可比性成本很大,甚至缺乏必要的信息。

实际与计划的差异分析应以预算为比较基础。实际和预算出现差异,可能是执行中有问题,也可能是预算不合理,两者的区分并非易事。

总之,对比较基础本身要准确理解,并且要在限定意义上使用分析结论,避免简单化和绝对化。

9.2 | 物流企业盈利能力分析

盈利能力是指企业获取利润的能力,是企业生存发展的基础。利润是企业内外有关各方都关心的中心问题、利润是投资者取得投资收益、债权人收取本息的资金来源,是经营者经营业绩和管理效能的集中表现,也是职工集体福利设施不断完善的重要保障。因此,企业盈利能力分析十分重要。通常评价物流企业盈利能力的指标主要有营业净利率、总资产净利率和权益净利率等。

9.2.1 营业净利率

营业净利率是指企业的净利润与营业收入的比率,通常用百分比表示,其计算公式为:

$$营业净利率 = 净利润/营业收入 \times 100\%$$

【例9-2】 YT物流公司20×8年净利润为136万元,营业收入为3 000万元,计算20×8年年末公司的营业净利率。

解:

$$营业净利率 = 136 \div 3\ 000 \times 100\% = 4.53\%$$

在财务分析中,通过这一比率可以分析、评价企业的营业获利能力。这个比率越高,表明企业的营业获利水平越高,企业通过扩大营业水平获取利润的能力越强。

9.2.2　总资产净利率

总资产净利率是企业净利润与平均资产总额的比率,通常用百分比表示,它反映每1元资产能够创造的净利润额,其计算公式为:

$$总资产净利率 = 净利润 \div 平均资产总额 \times 100\%$$
$$平均资产总额 = (期初资产总额 + 期末资产总额) \div 2$$

【例9-3】　YT物流公司20×8年净利润为136万元,20×8年期初资产总额与期末资产总额分别为1 680万元、2 000万元,请计算20×8年年末公司的总资产净利率。

解:

$$平均资产总额 = (1 680 + 2 000) \div 2 = 1 840 万元$$
$$总资产净利率 = 136/1 840 \times 100\% = 7.39\%$$

该指标越高,表明资产的利用效率越高,财务管理水平也越高,说明企业在增收节支和节约资金使用等方面取得了良好的效果。

9.2.3　权益净利率

权益净利率是企业实现的净利润与平均股东权益的百分比比率,通常用百分比表示,又叫股东权益利润率或净资产收益率,它反映每1元股东资本赚取的净利润,可以衡量企业的总体盈利能力,其计算公式如下:

$$权益净利率 = 净利润 \div 平均股东权益 \times 100\%$$
$$平均股东权益 = (期初股东权益总额 + 期末股东权益总额) \div 2$$

【例9-4】　YT物流公司20×8年净利润为136万元,20×8年期初股东权益与期末股东权益分别为880万元、960万元,请计算20×8年年末公司的权益净利率。

解:

$$权益净利率 = 136 \div [(880 + 960) \div 2] \times 100\% = 14.78\%$$

该项比率越高,表明股东投资的收益水平越高,获利能力越强。权益净利率的分母是股东的收入,分子是股东的所得。对于股权投资者来说,具有非常好的综合性,概括了企业的全部经营业绩和财务业绩。

9.3 | 物流企业资产运营能力分析

资产运营能力是企业运用各项资产以赚取利润的能力。资产运营能力首先表现为各项资产周转率和周转额的贡献上;其次,通过这种贡献作用面对增值目标的实现产生基础性影响。从这种意义上讲,营运能力决定着企业的偿债能力和获利能力,而且是整个财务分析的核心。

物流企业资产运营能力的财务分析比率有:应收账款周转率、存货周转率、流动资产周转率、营运资本周转率、非流动资产周转率和总资产周转率。

9.3.1 应收账款周转率

应收账款周转率是营业收入与平均应收账款余额的比率,它反映年度内应收账款转为现金的平均次数。其计算公式如下:

$$应收账款周转率(次数)＝营业收入÷平均应收账款余额$$

用时间表示的周转速度是应收账款周转天数,也叫平均应收账款回收期或平均收现期,它表示企业从取得应收账款的权利到收回款项转换为现金所需要的时间,其计算公式如下:

$$应收账款周转天数＝365÷应收账款周转率$$

【例9-5】 YT物流公司20×8年营业收入为3 000万元,20×8年期初和期末的应收账款分别为199万元、398万元,请计算20×8年年末公司的应收账款周转率与应收账款天数。

解:

$$应收账款周转率(次)＝3\,000÷[(199＋398)÷2]＝10.05(次/年)$$
$$应收账款天数＝365÷10.05＝36.32(天/次)$$

一般来说,应收账款周转率越高,平均收账期越短,说明应收账款的收回越快,资产利用效率越高;否则,企业的营运资金会过多地呆滞在应收账款上,影响正常的资金周转。

📁 延伸阅读9-1

在计算和使用应收账款周转率时应注意的问题

(1) 销售收入的赊销比例问题。从理论上讲,应收账款是赊销引起的,其对应的流量是赊销额,而非全部销售收入。因此,计算时应使用赊销额而非销售收入。但是,外部分析人员无法取得赊销数据,只好直接使用销售收入进行计算。实际上相当于假设现销是收现时间等于零的应收账款。只要现销与赊销的比例保持稳定,不妨碍与上期数据的可比性,只是一贯高估了周转次数。但问题是与其他企业比较时,不知道可比企业的赊销比例,也就无从知道应收账款周转率是否可比。

(2) 应收账款的减值准备问题。财务报表上列示的应收账款是已经计提坏账准备后的净额,而销售收入并未相应减少。其结果是,计提的坏账准备越多,应收账款周转次数越多、天数越少。这种周转次数增加、天数减少不是业绩改善的结果,反而说明应收账款管理欠佳。如果坏账准备的金额较大,就应进行调整,使用未计提坏账准备的应收账款进行计算。报表附注中披露的应收账款坏账准备信息,可作为调整的依据。

(3) 应收账款周转天数是否越少越好。应收账款是赊销引起的,如果赊销有可能比现销更有利,周转天数就不是越少越好。收现时间的长短与企业的信用政策有关。如甲企业的应收账款周转天数是18天,信用期是20天;乙企业的应收账款周转天数是13天,信用期是10天。前者的收款业绩优于后者,尽管其周转天数较多。改变信用政策,通常会引起企业应收账款周转天数的变化。信用政策的评价涉及多种因素,不能仅仅考虑周转天数的缩短。

(4) 应收账款分析应与销售额分析、现金分析相联系。应收账款的起点是销售,终点是现金。正常情况是销售增加引起应收账款增加,现金存量和经营活动现金流量也会随之增加。如果一个企业应收账款日益增加,而销售和现金日益减少,则可能是销售出了比较严重的问题,以致放宽信用政策,甚至随意发货,但现金却收不回来。

9.3.2　存货周转率

存货周转率是企业一定时期内营业成本与平均存货余额的比率,表明1年中存货周转的次数,是衡量和评价企业购入存货、投入生产、销售收回等各环节管理状况的综合性指标。其计算公式如下:

$$存货周转率(次数) = 营业成本÷平均存货余额$$

用时间表示的存货周转率就是存货周转天数,表明存货周转一次需要的时间,即存货转换成现金平均需要的时间。其计算公式如下:

$$存货周转天数 = 365÷存货周转次数$$

【例9-6】　YT物流公司20×8年营业成本为2 644万元,期初和期末的存货余额分别为326万元、119万元,请计算20×8年年末公司的存货周转次数与存货周转天数。

解:

$$存货周转次数 = 2 644÷[(326 + 119) ÷2]=11.88(次/年)$$
$$存货周转天数 = 365÷11.88 =30.72(天/次)$$

存货周转率指标的好坏反映企业存货管理水平的高低,它影响到企业的短期偿债能力,是整个企业管理的一项重要内容。一般来讲,存货周转速度越快,存货的占用水平越低,流动性越强,存货转换为现金或应收账款的速度越快。因此,提高存货周转率可以提高企业的变现能力。

延伸阅读9-2

在计算和使用存货周转率时应注意的问题

(1) 计算存货周转率时,使用"营业收入"还是"营业成本"作为周转额,要看分析的目的。在短期偿债能力分析中,为了评估资产的变现能力需要计量存货转换为现金的金额和时间,应采用"营业收入"。在分解总资产周转率时,为系统分析各项资产的周转情况并识别主要的影响因素,应统一使用"营业收入"计算周转率。如果是为了评估存货管理的业绩,应当使用"营业成本"计算存货周转率,使其分子和分母保持口径一致。实际上,两种周转率的差额是毛利引起的,用哪一个计算都能达到分析目的。

(2) 存货周转天数不是越少越好。存货过多会浪费资金,存货过少不能满足流转需要,在特定的生产经营条件下存在一个最佳的存货水平,所以存货不是越少越好。

9.3.3　流动资产周转率

流动资产周转率是营业收入与平均流动资产余额的比率,表明1年中流动资产周转的次数,其计算公式为:

$$流动资产周转率(次数) = 营业收入÷平均流动资产余额$$

用时间表示的流动资产周转率就是流动资产周转天数,表明流动资产周转一次需要的时间。其计算公式如下:

$$流动资产周转天数 = 365÷流动资产周转次数$$

【例 9-7】 YT 物流公司 20×8 年营业收入为 3 000 万元,期初和期末的流动资产余额分别为 610 万元、700 万元,请计算 20×8 年年末公司的流动资产周转率和流动资产周转天数。

解:

$$流动资产周转率 = 3\,000 \div [(610 + 700) \div 2] = 4.58(次/年)$$
$$流动资产周转天数 = 365 \div 4.58 = 79.69(天/次)$$

流动资产周转率反映流动资产的周转速度。周转速度快,会相对节约流动资产,等于相对扩大资产投入,增强企业盈利能力;而延缓周转速度,需要补充流动资产参加周转,形成资金浪费,降低企业盈利能力。

9.3.4 营运资本周转率

营运资本周转率是营业收入与营运资本的比率,有三种计量方式,计算公式为:

$$营运资本周转次数 = 营业收入/营运资本$$
$$营运资本周转天数 = 365/(营业收入/营运资本) = 365/营运资本周转次数$$
$$营运资本与收入比 = 营运资本/营业收入$$

【例 9-8】 YT 物流公司 20×8 年年末流动资产为 700 万元,流动负债为 300 万元,营业收入为 3 000 万元,请计算 20×8 年年末公司的营运资本周转次数、营运资本周转天数与营运资本与收入比

解:

$$营运资本周转次数 = 3\,000 \div (700 - 300) = 7.5(次/年)$$
$$营运资本周转天数 = 365 \div 7.5 = 48.67(天/次)$$
$$营运资本与收入比 = (700 - 300) \div 3\,000 = 13.33\%$$

营运资本周转次数,表明 1 年中营运资本周转的次数;营运资本周转天数表明营运资本周转一次需要的时间;营运资本与收入比,表明每 1 元销售收入需要的营运资本投资。

营运资本周转率是一个综合性的比率。严格意义上,应仅有经营性资产和负债被用于计算这一指标,即短期借款、有价证券和超额现金等因不是经营活动必需的而应被排除在外。

9.3.5 非流动资产周转率

非流动资产周转率是营业收入与非流动资产的比率,有三种计量方式,计算公式为:

$$非流动资产周转次数 = 营业收入 \div 非流动资产$$
$$非流动资产周转天数 = 365 \div (营业收入 \div 非流动资产)$$
$$= 365 \div 非流动资产周转次数$$
$$非流动资产与收入比 = 非流动资产 \div 营业收入$$

【例 9-9】 YT 物流公司 20×8 年年末非流动资产为 1 300 万元,营业收入为 3 000 万元,请计算 20×8 年年末公司的非流动资产周转次数、非流动资产周转天数与非流动资产与收入比。

解：

$$非流动资产周转次数 = 3\ 000 \div 1\ 300 = 2.31(次/年)$$
$$非流动资产周转天数 = 365 \div 2.3 = 158.70(天/次)$$
$$非流动资产与收入比 = 1\ 300 \div 3\ 000 = 43.33\%$$

非流动资产周转次数，表明 1 年中非流动资产周转的次数；非流动资产周转天数表明非流动资产周转一次需要的时间；非流动资产与收入比，表明每 1 元销售收入需要的非流动资产投资。

非流动资产周转率反映非流动资产的管理效率。主要是针对投资预算和项目管理进行分析，以确定投资与竞争战略是否一致，收购和剥离政策是否合理等。

9.3.6　总资产周转率

总资产周转率是营业收入与平均资产总额的比值，其计算公式为：

$$总资产周转率(次数) = 营业收入 \div 平均资产总额$$

【例 9-10】　YT 物流公司 20×8 年营业收入为 3 000 万元，期初资产总额与期末资产总额分别为 1 680 万元、2 000 万元，请计算 20×8 年年末公司的总资产周转率。

解：
$$总资产周转率 = 3\ 000 \div [(1\ 680 + 2\ 000) \div 2] = 1.63(次/年)$$

在财务分析中，总资产周转率可用以分析、评价企业全部资产的使用效率。在一般情况下，这一比率越高，表明企业通过对全部资产的利用所带来的收入也越多，从而其使用效率也较高，反之较差。

9.4 ｜ 物流企业偿债能力分析

企业的偿债能力是指企业偿还到期债务的能力，是反映企业财务状况的重要标志。企业偿债能力低，不仅说明企业资金紧张，难以支付日常经营支出，而且说明企业资金周转不灵，难以偿还到期债务，甚至面临破产危险。企业偿债能力分析包括短期偿债能力分析和长期偿债能力分析。

9.4.1　短期偿债能力分析

偿债能力的衡量方法有两种：一种是比较可供偿债资产与债务的存量，资产存量超过债务存量较多，则认为偿债能力强；另一种是比较经营活动现金流量和偿债所需资金，如果产生的现金超过需要的现金较多，则认为偿债能力强。

1. 可偿债资产与短期债务的存量比较

可偿债资产的存量，是资产负债表中列示的流动资产年末余额。短期债务的存量，是资产负债表中列示的流动负债年末余额。流动资产将在 1 年或 1 个营业周期内消耗或转变为现金，流动负债将在 1 年或 1 个营业周期内偿还，因此两者的比较可以反映短期偿债能力。

流动资产与流动负债的存量比较有两种方法：一种是差额比较，两者相减的差额称为净营运资本;另一种是比率比较,两者相除的比率称为短期债务的存量比率。

1) 营运资本

营运资本是指流动资产超过流动负债的部分,其计算公式如下:

$$营运资本 = 流动资产 - 流动负债$$

【例 9-11】 YT 物流公司 20×8 年年末流动资产为 700 万元,流动负债为 300 万元,请计算 20×8 年年末公司的营运资本。

解:

$$营运资本 = 700 - 300 = 400(万元)$$

计算净营运资本使用的"流动资产"和"流动负债",通常可以直接取自资产负债表。正是为了便于计算净资本和分析流动性,资产负债表项目才区分为流动项目和非流动项目,并且按照流动性强弱排序。

如果流动资产与流动负债相等,并不足以保证负债能到期偿还,因为债务的到期与流动资产的现金生成,不可能同步同量。为维持经营,企业不可能清算全部流动资产来偿还流动负债,而是必须维持最低水平的现金、存货、应收账款等,何况,流动资产中有些项目的消耗并不会带来可用来偿还流动负债的现金。因此,企业必须保持流动资产大于流动负债,即保有一定数额的净营运资本作为安全边际,以防止流动负债"穿透"流动资产。净营运资本越多,流动负债的偿还越有保障,短期偿债能力越强。

营运资本之所以能够成为流动负债的"缓冲垫",是因为它是长期资本用于流动资产的部分,不需要在 1 年内偿还。

$$
\begin{aligned}
营运资本 &= 流动资产 - 流动负债 \\
&= (总资产 - 非流动资产) - (总资产 - 股东权益 - 非流动负债) \\
&= (股东权益 + 非流动负债) - 非流动资产 \\
&= 长期资本 - 长期资产
\end{aligned}
$$

当流动资产大于流动负债时,营运资本为正数,表明长期资本的数额大于长期资产,超出部分被用于流动资产。营运资本的数额越大,财务状况越稳定。当全部流动资产未由任何流动负债提供资金来源,而全部由长期资本提供时,企业没有任何短期偿债压力

反过来,当流动资产小于流动负债时,营运资本为负数,表明长期资本小于长期资产,有部分长期资产由流动负债提供资本来源。由于流动负债在 1 年或 1 个营业周期内需要偿还,而长期资产在 1 年或 1 个营业周期内不能变现,偿债所需现金不足,必须设法另外筹资,这意味着财务状况不稳定。

2) 短期债务的存量比率

短期债务的存量比率包括流动比率、速动比率和现金比率。

(1) 流动比率。流动比率是物流企业流动资产与流动负债之比。它表明企业每 1 元流动负债有多少流动资产作为其偿还的保证,反映企业用可在短期内转变为现金的流动资产偿还到期流动负债的能力,其计算公式为:

$$流动比率 = 流动资产 \div 流动负债 \times 100\%$$

【例 9-12】 YT 物流公司 20×8 年年末流动资产为 700 万元,流动负债为 300 万元,请计算 20×8 年年末公司的流动比率。

解:

$$流动比率＝700÷300×100\%＝2.33$$

通常情况下,流动比率越高,反映企业的短期偿债能力越强,债权人的权益越有保证,同时表明企业的财务状况稳定可靠,除了满足日常生产经营的流动资金需要外,还有足够的财力偿还到期短期债务。如果比例过低,则表示企业可能难以如期偿还债务。

 **延伸阅读 9-3**

需要注意的问题

需要注意的是,不存在统一、标准的流动比率数值。不同行业的流动比率,通常有明显差别。营业周期越短的行业,合理的流动比率越低。在过去很长一段时期里,人们认为生产型企业合理的最低流动比率是 2。这是因为流动资产中变现能力最差的存货金额约占流动资产总额的一半,剩下的流动性较好的流动资产至少要等于流动负债,才能保证企业最低的短期偿债能力。这种认识一直未能从理论上证明。最近几十年,企业的经营方式和金融环境发生了很大变化,流动比率有下降的趋势,许多成功企业的流动比率都低于 2。

如果流动比率相对上年发生较大变动,或与行业平均值出现重大偏离,就应对构成流动比率的流动资产和流动负债的各项目逐一分析,寻找形成差异的原因。为了考察流动资产的变现能力,有时还需要分析其周转率。

(2) 速动比率。构成流动资产的各项目,流动性差别很大。其中,货币资金、交易性金融资产和各种应收款项等,可以在较短时间内变现,称为速动资产;另外的流动资产包括存货、预付款项、1 年内到期的非流动资产及其他流动资产等,称为非速动资产。

非速动资产的变现金额和时间具有较大的不确定:

① 存货的变现速度比应收款项要慢得多;部分存货可能已毁损报废、尚未处理,或者已抵押给某债权人,不能用于偿债;存货估价有多种方法,可能与变现金额相距甚远。

② 1 年内到期的非流动资产和其他流动资产的金额有偶然性,不代表正常的变现能力。因此,将可偿债资产定义为速动资产,计算短期债务的存量比率更可信。

速动比率是物流企业速动资产与流动负债之比,它表明 1 元流动负债有多少速动资产作为偿还的保证,其公式如下:

$$速动比率 = 速动资产/流动负债 × 100\%$$

【例 9-13】 YT 物流公司 20×8 年年末流动资产为 700 万元,存货为 119 万元,预付款项为 22 万元,1 年内到期的非流动资产为 77 万元,其他流动资产为 8 万元,流动负债为 300 万元,请计算 20×8 年年末公司的速动比率。

解:

$$速动比率 = (700－119－22－77－8)÷300 × 100\%＝1.58$$

一般认为速动比率为 1 比较合适,速动比率过低,企业会面临偿债风险,但速动比率过高会因占用现金及应收账款过多而增加企业的机会成本。

影响速动比率可信性的重要因素

影响速动比率可信性的重要因素是应收款项的变现能力。账面上的应收款项不一定都能变成现金,实际坏账可能比计提的准备要多;季节性的变化,可能使报表上的应收款项金额不能反映平均水平。这些情况,外部分析人员不易了解,而内部人员则有可能作出估计。

(3)现金比率。速动资产中,流动性最强、可直接用于偿债的资产称为现金资产。现金资产包括货币资金、交易性金融资产等。与其他速动资产不同,它们本身就是可以直接偿债的资产,而其他速动资产需要等待不确定的时间,才能转换为不确定金额的现金。

现金比率是企业现金类资产与流动负债的比率,它表明1元流动负债有多少现金资产作为偿债保障,其计算公式为:

$$现金比率 = (货币资金 + 交易性金融资产) \div 流动负债 \times 100\%$$

【例9-14】 YT物流公司20×8年年末货币资金为44万元,交易性金融资产为6万元,流动负债为300万元,请计算20×8年年末公司的现金比率。

解:

$$现金比率 = (44+6) \div 300 \times 100\% = 0.17$$

一般认为,现金比率在20%以上较好。但也不能认为该指标越高越好,因为,如果该比率过高,可能意味着企业的现金资产存量过大,而现金类资产获利能力低。因此,这类资产金额太高会导致企业机会成本增加。

2. 经营活动现金流量与短期债务的比较

经营活动现金流量净额是可以偿债的现金流量,流动负债所需现金是偿还短期债务所需的现金,两者的比值称为现金流量比率,它表明每1元流动负债的经营活动现金流量保障程度。其计算公式为:

$$现金流量比率 = 经营活动现金流量净额 \div 流动负债 \times 100\%$$

其中,"经营活动现金流量净额"通常使用现金流量表中的"经营活动产生的现金流量净额",它代表企业自发创造现金的能力,已经扣除了经营活动自身所需的现金流出,是可以用来偿债的现金流量。"流动负债"通常使用资产负债表中"流动负债"的期末数,而不是年初与年末的平均数。因为实际需要偿还的是期末金额,而非平均金额。

【例9-15】 YT物流公司20×8年经营活动现金流量净额为323万元,流动负债为300万元,请计算20×8年年末公司的现金流量比率。

解:

$$现金流量比率 = 323 \div 300 \times 100\% = 1.08$$

一般而言,现金流量比率越高,偿债能力越强。

用经营活动现金净额流量代替可偿债资产存量,与短期债务进行比较以反映偿债力,更具说服力。因为一方面它克服了可偿债资产未考虑未来变化及变现能力等问题;另一方面,实际用以支付债务的通常是现金,而不是其他可偿债资产。

📁 延伸阅读 9-5

影响短期偿债能力的其他因素

上述短期偿债能力比率,都是根据财务报表数据计算而得。还有一些表外因素也会影响企业的短期偿债能力。因此,财务报表使用者应尽可能了解这方面信息,作出正确判断。

1. 增强物流企业短期偿债能力的表外因素

(1) 可动用的银行贷款指标:银行已同意、企业未办理贷款手续的银行贷款限额,可以随时增加企业的现金,提高支付能力。这一数据会在董事会决议中披露。

(2) 准备很快变现的非流动资产:企业可能有一些长期资产可以随时出手变现,而不出现在"一年内到期的非流动资产"项目中。例如,储备的土地、目前出租的房屋等。在企业发生周转困难时,将其出手并不影响企业的持续经营。

(3) 偿债能力的声誉:如果企业的信用很好,在短期偿债方面出现暂时困难,比较容易筹集到短缺现金。

2. 降低物流企业短期偿债能力的表外因素

(1) 与担保有关的或有负债:如果该金额较大且很可能发生,应在评价偿债能力时给予关注。

(2) 经营租赁合同中的承诺付款:很可能是需要偿付的义务。

9.4.2 长期偿债能力分析

衡量长期偿债能力的财务比率,分为存量比率和流量比率两类。

1. 总债务存量比率

从长期角度看,所有债务都要偿还。因此,反应长期偿债能力的存量比率是总资产、总负债和股东权益之间的比例关系。常用比率包括:资产负债率、产权比率、权益乘数和长期资本负债率。

1) 资产负债率

资产负债率是物流企业负债总额与资产总额之比,其计算公式为:

$$资产负债率 = 负债总额/资产总额 \times 100\%$$

【例 9-16】 YT 物流公司 20×8 年年末资产总额为 2 000 万元,负债总额为 1 040 万元,请计算 20×8 年年末公司的资产负债率。

解:

$$资产负债率 = 1\,040/2\,000 \times 100\% = 52\%$$

资产负债率反映总资产中有多大比例是通过负债取得的。它可以衡量企业清算时对债权人利益的保护程度。资产负债率越低,企业偿债越有保证,贷款越安全。资产负债率还代表企业的举债能力。一个企业的资产负债率越低,举债越容易。如果资产负债率高到一定程度,没有人愿意提供贷款了,则表明企业的举债能力已经用尽。

2) 产权比率和权益乘数

产权比率和权益乘数是资产负债率的另外两种表现形式。

产权比率又称资本负债率,是负债总额与所有者权益之比,它表明每 1 元股东权益借入的债务额。

权益乘数是资产总额与股东权益之比,它表明每 1 元股东权益拥有的资产额。

两者的计算公式为：

$$产权比率 ＝ 负债总额/所有者权益 × 100\%$$
$$权益乘数 ＝ 资产总额/所有者权益 × 100\%$$

【例 9-17】 YT 物流公司 20×8 年年末资产总额为 2 000 万元，负债总额为 1 040 万元，所有者权益为 960 万元，请计算 20×8 年年末公司的产权比率与权益乘数。

解：

$$产权比率 ＝ 1 040÷960 × 100\% ＝1.08$$
$$权益乘数 ＝ 2 000÷960 × 100\% ＝2.08$$

产权比率和权益乘数是两种常用的财务杠杆比率，影响特定情况下资产净利率和权益净利率之间的关系。财务杠杆既表明债务多少，与偿债能力有关；还表明权益净利率的风险，与盈利能力有关。

3）长期资本负债率

长期资本负债率是指非流动负债占长期资本的百分比，其计算公式如下：

$$长期资本负债率 ＝[非流动负债÷（非流动负债 ＋ 股东权益）] × 100\%$$

【例 9-18】 YT 物流公司 20×8 年年末非流动负债为 740 万元，股东权益为 960 万元，请计算 20×8 年年末公司的长期资本负债率。

解：

$$长期资本负债率 ＝[740÷（740 ＋960）] × 100\% ＝43.53\%$$

长期资本负债率反映企业长期资本结构。由于流动负债的金额经常变化，资本结构管理大多使用长期资本结构。

2. 总债务流量比率

衡量总债务流量常用比率有利息保障倍数、现金流量利息保障倍数和现金流量债务比。

1）利息保障倍数

利息保障倍数，是指企业息税前利润与利息费用之比，又称已获利息倍数，它表明每 1 元利息支付有多少倍的息税前利润作保障，用以衡量企业偿付借款利息的能力，其计算公式为：

$$利息保障倍数 ＝ 息税前利润÷利息费用$$

值得注意的是，公式中的"息税前利润"是指利润表中未扣除利息费用和所得税前的利润，即息税前利润＝净利润＋利息费用＋所得税费用。公式中的"利息费用"是指本期发生的全部应付利息，不仅包括财务费用中的利息费用，还应包括计入固定资产成本的资本化利息。实务中，如果本期资本化利息金额较小，可将财务费用金额作为分母中的利息费用。

【例 9-19】 YT 物流公司 20×8 年净利润为 136 万元，所得税费用为 64 万元，利息费用为 110 万元，请计算 20×8 年年末公司的利息保障倍数。

解：

$$利息保障倍数 ＝(136＋64＋110) ÷110＝2.82$$

长期债务不需要每年还本，却需要每年付息。利息保障倍数可以反映债务政策的风险大小。如果企业一直保持按时付息的信誉，则长期负债可以延续，举借新债也比较容易。利息保障倍数越大,利息支付越有保障。如果利息支付尚且缺乏保障,归还本金就更难指望。因此,利息保障倍数可以反映长期偿债能力。如果利息保障倍数小于1,表明自身产生的经营收益不能支持现有的债务规模。利息保障倍数等于1也很危险,因为息税前利润受经营风险的影响,很不稳定,而利息支付却是固定的。利息保障倍数越大,公司拥有的偿还利息的缓冲资金越多。

2) 现金流量利息保障倍数

现金流量利息保障倍数,是指经营活动现金流量对利息费用的倍数,它表明每1元利息费用有多少倍的经营活动现金流量作保障,其计算公式为:

$$现金流量利息保障倍数 = 经营活动现金流量/利息费用$$

【例 9-20】 YT 物流公司 20×8 年经营活动现金流量为 323 万元,利息费用为 110 万元,请计算 20×8 年年末公司的现金流量利息保障倍数。

解:

$$现金流量利息保障倍数 = 323/110 = 2.94$$

现金流量利息保障倍数是现金基础的利息保障倍数,它比利润基础的利息保障倍数更可靠,因为实际用以支付利息的是现金,而不是利润。

3) 现金流量债务比

现金流量债务比,是指经营活动现金流量与负债总额的比率,其计算公式为:

$$经营现金流量债务比 = (经营活动现金流量/负债总额) \times 100\%$$

【例 9-21】 YT 物流公司 20×8 年经营活动现金流量为 323 万元,负债总额为 1 040 万元,请计算 20×8 年年末公司的经营现金流量债务比。

解:

$$经营现金流量债务比 = (323 \div 1\ 040) \times 100\% = 31.06\%$$

一般来讲,该比率中的债务总额采用期末数而非平均数,因为实际需要偿还的是期末金额,而非平均金额。该比率表明企业用经营活动现金流量偿付全部债务的能力。比率越高,偿还债务总额的能力越强。

 延伸阅读9-6

影响长期偿债能力的其他因素

上述长期偿债能力比率,都是根据财务报表数据计算而得。还有一些表外因素影响企业长期偿债能力,必须引起足够重视。

(1) 长期租赁。当企业急需某种设备或厂房而又缺乏足够资金时,可以通过租赁的方式解决。财产租赁的形式包括融资租赁和经营租赁。融资租赁形成的负债会反映在资产负债表中,而经营租赁的负债则未反映在资产负债表中。当企业的经营租赁额比较大、期限比较长或具有经常性时,就形成了一种长期性融资,因此,经营性租赁也是一种表外融资。这种长期性融资,到期时必须支付现金,会对偿债能力产生影响。因此,如果企业经常发生经营租赁业务,应考虑租赁费用对偿债能力的影响。

(2) 债务担保。担保项目的时间长短不一,有的涉及企业的长期负债,有的涉及企业的流动负债。在分析企业长期偿债能力时,应根据有关资料判断担保责任带来的潜在长期负债问题。

（3）未决诉讼。未决诉讼一旦判决败诉,便会影响企业的偿债能力,因此在评价企业长期偿债能力时要考虑其潜在影响。

9.5 物流企业发展能力分析

发展能力是物流企业在生存的基础上,扩大规模、壮大实力的潜在能力。物流企业发展能力的分析指标主要有:营业收入增长率、资本保值增值率、资本积累率、总资产增长率、营业利润增长率、技术投入比率、营业收入3年平均增长率和资本3年平均增长率。

9.5.1 营业收入增长率

营业收入增长率,是企业本年营业收入增长额与上年营业收入总额的比率,它反映企业营业收入的增减变动情况,其计算公式为:

$$营业收入增长率 = 本年营业收入增长额/上年营业收入总额 \times 100\%$$

其中:

$$本年营业收入增长额 = 本年营业收入总额 - 本年营业收入总额$$

【例9-22】 YT物流公司20×8年的营业收入总额与上年营业收入总额分别为3 000万元与2 850万元,请计算20×8年年末公司的营业收入增长率。

解:

$$营业收入增长率 = （3 000 - 2 850)/2 850 \times 100\% = 5.26\%$$

营业收入增长率是评价企业成长状况和发展能力的重要指标。该指标大于零,表明企业本年营业收入有所增长。该指标值越高,表明企业营业收入的增长速度越快,企业市场前景越好。

9.5.2 资本保值增值率

资本保值增值率,是企业扣除客观因素后的本年末所有者权益总额与年初所有者权益总额的比率,反映企业当年资本在企业自身努力下实际增减变动的情况,其计算公式为:

$$资本保值增值率 = 扣除客观因素后的本年末所有者权益总额/年初所有者权益总额 \times 100\%$$

【例9-23】 YT物流公司20×8年扣除客观因素后的本年末所有者权益总额为960万元、年初所有者权益总额880万元,请计算20×8年年末公司的资本保值增值率。

解:

$$资本保值增值率 = 960 \div 880 \times 100\% = 109.09\%$$

一般认为,资本保值增值率越高,表明企业的资本保全状况越好,所有者权益增长越快,债权人的债务越有保障。该指标通常应当大于100%。

9.5.3 资本积累率

资本积累率,是企业本年所有者权益增长额与年初所有者权益的比率,反映企业当年资

本的积累能力,其计算公式为:

$$资本积累率 = 本年所有者权益增长额 \div 年初所有者权益 \times 100\%$$

【例 9-24】 YT 物流公司 20×8 年年末所有者权益总额为 960 万元、年初所有者权益总额 880 万元,请计算 20×8 年年末公司的资本积累率。

解:

$$资本积累率 = (960 - 880) \div 880 \times 100\% = 9.09\%$$

资本积累率越高,表明企业的资本积累越多,应对风险、持续发展的能力越强。

9.5.4 总资产增长率

总资产增长率,是企业本年总资产增长额同年初资产总额的比率,反映企业本期资产规模的增长情况,其计算公式为:

$$总资产增长率 = 本年总资产增长额 \div 年初资产总额 \times 100\%$$

其中:

$$本年总资产增长额 = 年末资产总额 - 年初资产总额$$

【例 9-25】 YT 物流公司 20×8 年年初资产总额与年末资产总额分别为 1 680 万元、2 000 万元,请计算 20×8 年年末公司的总资产增长率。

解:

$$总资产增长率 = (2\ 000 - 1\ 680) \div 1\ 680 \times 100\% = 19.05\%$$

总资产增长率越高,表明企业一定时期内资产经营规模扩张的速度越快。但在分析时,需要关注资产规模扩张时质和量的关系,以及企业的后续发展能力,避免盲目扩张。

9.5.5 营业利润增长率

营业利润增长率,是企业本年营业利润增长额与上年营业利润总额的比率,反映企业营业利润的增减变动情况,其计算公式为:

$$营业利润增长率 = 本年营业利润增长额 \div 上年营业利润总额 \times 100\%$$

其中:

$$本年营业利润增长额 = 本年营业利润总额 - 上年营业利润总额$$

【例 9-26】 YT 物流公司 20×8 年本年营业利润总额与上年营业利润总额分别为 156 万元、163 万元,请计算 20×8 年年末公司的营业利润增长率。

解:

$$营业利润增长率 = (156 - 163) \div 163 \times 100\% = -4.29\%$$

9.5.6 技术投入比率

技术投入比率,是企业本年科技支出(包括用于研究开发、技术改造、科技创新等方面的

支出)与本年营业收入的比率,反映企业在科技进步方面的投入,在一定程度上可以体现企业的发展潜力,其计算公式为:

$$技术投入比率 = 本年科技支出合计 \div 本年营业收入 \times 100\%$$

9.5.7　营业收入 3 年平均增长率

营业收入 3 年平均增长率表明企业营业收入连续 3 年的增长情况,反映企业的持续发展态势和市场扩张能力,其计算公式为:

$$营业收入 3 年平均增长率 = \left(\sqrt[3]{\frac{本年营业收入}{3 年前营业收入}} - 1\right) \times 100\%$$

一般认为,营业收入 3 年平均增长率越高,表明企业营业持续增长势头越好,市场扩张能力越强。

9.5.8　资本 3 年平均增长率

资本 3 年平均增长率表示企业资本连续 3 年的积累情况,在一定程度上反映了企业的持续发展水平和发展趋势,其计算公式为:

$$资本 3 年平均增长率 = \left(\sqrt[3]{\frac{年末所有者权益总额}{3 年前年末所有者权益总额}} - 1\right) \times 100\%$$

一般认为,资本 3 年平均增长率越高,表明企业所有者权益得到保障的程度越大,应对风险和持续发展的能力越强。

重 要 概 念

财务分析　因素分析法　盈利能力　资产运营能力　偿债能力　发展能力

思 考 题

1. 什么是财务分析?并阐述企业进行财务分析的必要性与重要性。
2. 财务分析的方法有哪些?
3. 评价物流企业盈利能力的指标有哪些?
4. 评价物流企业资产运营能力的指标有哪些?
5. 评价物流企业偿债能力的指标有哪些?
6. 评价物流企业发展能力的指标有哪些?

参 考 文 献

［1］孙光国,陈艳丽,刘英明.物流企业会计[M].3 版.大连:东北财经大学出版社,2018.

［2］丁元霖.物流企业会计(第三版)[M].上海:立信会计出版社,2016.

［3］陈德英.基础会计(第 2 版)[M].上海:立信会计出版社,2018.

［4］王满,耿云江.物流企业财务管理[M].大连:东北财经大学出版社,2009.

［5］张川,肖康元,金丽玉.物流企业会计与财务管理[M].复旦大学出版社,2016.

［6］李创,王丽萍.物流管理[M].2 版.北京:清华大学出版社,2016.

［7］刘彦平.物流管理[M].北京:北京交通大学出版社,2015.

［8］刘东明.物流企业会计[M].北京:中国财政经济出版社,2013.

［9］严玉康.物流企业会计[M].3 版.上海:立信会计出版社,2014.

［10］张川.物流企业会计(基于管理者视角)[M].北京:中国人民大学出版社,2017.